PRINCÍPIOS DO ESTRATEGISTA

FELIPE MIRANDA
RICARDO MIOTO

ESTRATEGISTA

O BOM INVESTIDOR E O CAMINHO PARA A RIQUEZA

Copyright © 2020 by Felipe Miranda e Ricardo Mioto

REVISÃO
Luiz Felipe Fonseca

PROJETO GRÁFICO E DESIGN DE CAPA
Anderson Junqueira

DIAGRAMAÇÃO
Anderson Junqueira
Tebhata Spekman

FOTO DOS AUTORES
Renato Parada

CIP-BRASIL. CATALOGAÇÃO NA PUBLICAÇÃO
SINDICATO NACIONAL DOS EDITORES DE LIVROS, RJ

M642p

Miranda, Felipe
　　Princípios do estrategista : o bom investidor e o caminho para a riqueza / Felipe Miranda, Ricardo Mioto. - 1. ed. - Rio de Janeiro : Intrínseca, 2020.
　　320 p. : il. ; 23 cm.

　　Inclui bibliografia e índice
　　ISBN 978-65-5560-081-0

　　1. Investimentos. 2. Mercado financeiro. 3. Fundos de investimentos. 4. Segurança financeira. I. Mioto, Ricardo. II. Título.

20-66629　　　　　　　　　　CDD: 332.6
　　　　　　　　　　　　　　 CDU: 330.322

Camila Donis Hartmann - Bibliotecária - CRB-7/6472
18/09/2020　　21/09/2020

[2020]
Todos os direitos desta edição reservados à
EDITORA INTRÍNSECA LTDA.
Rua Marquês de São Vicente, 99, 3º andar
22451-041 — Gávea
Rio de Janeiro — RJ
Tel./Fax: (21) 3206-7400
www.intrinseca.com.br

SUMÁRIO

O novo Brasil dos investidores
por André Esteves **VII**

O mercado de capitais que buscamos
por Gilson Finkelsztain **X**

PARTE 1
AS DIFICULDADES

1
O ELOGIO À IGNORÂNCIA 4

2
OS MERCADOS SÃO MAIS EFICIENTES DO QUE VOCÊ 34

3
COMO ENGANAR UM INVESTIDOR 52

4
A AUTÓPSIA DE UMA MENTE LIMITADA 64

PARTE 2
AS RESPOSTAS

5
UMA QUESTÃO DE PACIÊNCIA 92

6
O QUE É UMA BOA EMPRESA 108

7
O QUE É UMA EMPRESA BARATA 144

8
O MILAGRE DA CONVEXIDADE 164

9
EM BUSCA DA CARTEIRA PERFEITA 210

PARTE 3
A RAZÃO DE TUDO ISSO

10
QUANTA VERDADE VOCÊ TOLERA? 242

11
UMA MENSAGEM FINAL 266

Agradecimentos 273

Os livros deste livro 274

Apêndice técnico 286

Índice remissivo 299

Sobre os autores 306

O NOVO BRASIL DOS INVESTIDORES
POR ANDRÉ ESTEVES

Nós não podemos nos esquecer do quanto o Brasil melhorou em três décadas.

Quando eu entrei na faculdade, em 1987, os militares estavam deixando o poder em meio a um ambiente econômico caótico. A minha grande preocupação era se eu ia achar um emprego, mesmo sendo um bom aluno. Eu estava assustado. Nem gostava tanto de computadores, mas fui estudar informática, que na época era uma modalidade do curso de matemática, porque parecia ser uma área mais fácil de achar trabalho.

Para qualquer jovem de classe média naquela época, empreender ou investir no mercado de capitais era uma realidade distante, cheia de histórias de fracassos no caminho. O país era muito imprevisível para isso.

Mas essa realidade começou a mudar a partir dos anos 1990. Primeiro veio a abertura da economia, depois o Plano Real. Desde então, demos vários passos na direção da estabilização macroeconômica do país. Foi uma dura conquista da nossa sociedade ao longo de vários governos, cujo marco mais recente foi a reforma da Previdência.

Claro que houve e haverá muitos altos e baixos nesse processo. Algo dessa magnitude não se faz sem reveses. O importante é não deixar o noticiário de curto prazo contaminar nossa leitura sobre a transformação estrutural do país. O filme dessa transformação é sempre mais importante do que a fotografia da vez.

A principal recompensa desses trinta anos de persistência na direção certa foi a consolidação de um novo patamar de taxas de juros no Brasil, muito abaixo do que poderíamos imaginar no passado. Pode haver oscilações para cima ou para baixo, mas os juros mudaram de ordem de grandeza no Brasil, assumindo um patamar civilizado que veio para ficar. E isso muda tudo.

Daqui em diante, vamos viver um momento muito diferente. Com juros baixos, assistiremos àquilo que gosto de chamar de *financial deepening*. Trata-se de um grande desenvolvimento do mercado de capitais, com o surgimento de novas classes de ativos, alongamento de prazos e, acima de tudo, a migração do dinheiro da renda fixa tradicional para ativos de risco, inclusive e notoriamente ações. Ninguém vivo no Brasil jamais viu algo assim.

O mercado americano já passou por esse fenômeno. Os impactos são brutais no PIB, na Bolsa, no surgimento de novas empresas e tecnologias, uma vez que empreendedores passam a ter muito mais facilidade para encontrar capital. Isso é espetacular para a sociedade. Para o investidor também se trata de um momento de muitas opções e oportunidades, que trazem porém uma nova necessidade: educar-se.

No Brasil do passado, bastava comprar títulos do governo de curto prazo e ir para a praia. Agora será necessário estudar e buscar orientação para aproveitar oportunidade em ações, em fundos imobiliários, em crédito privado, em várias classes de ativos que antes não existiam ou podiam ser ignoradas. Será necessário aprender também sobre alocação, ou seja, sobre como diversificar o dinheiro nesses diferentes investimentos de modo a aumentar a rentabilidade e reduzir o risco. É possível que o investidor individual muitas vezes se veja perdido, sem saber por onde começar.

Este livro, escrito pelos meus amigos da Empiricus, Felipe Miranda e Ricardo Mioto, é uma ótima solução para esse problema. É o tipo de leitura de que eu gosto: um texto agradável, mas denso. Está na fronteira do que é discutido internacionalmente em finanças, em linguagem compreensível, divertida e direta, com uma visão ajustada às particularidades brasileiras. A busca por pensar probabilisticamente, entendendo que o mercado oferece tendências mas raramente certezas absolutas e que é necessário sempre gerenciar riscos, relaciona-se de forma profunda com o modo como construímos e administramos o BTG Pactual.

Eu acredito muito que investidores individuais possam ter uma carteira de investimentos de alto nível, que não deixe a desejar quando comparada com a dos investidores profissionais, desde que corretamente orientadas. Este livro, assim como o trabalho que a Empiricus vem fazendo para educar centenas de milhares de investidores na gestão do seu patrimônio, mostra que essa é uma crença compartilhada pelos seus autores.

A transformação que vem adiante é secular, geracional. Os juros mais baixos estarão entre nós por muitos anos, e os seus efeitos estão apenas começando a ser sentidos no Brasil. O leitor tem em mãos um belo mapa para participar desta revolução.

Boa leitura.

ANDRÉ ESTEVES é sócio sênior do BTG Pactual.

O MERCADO DE CAPITAIS QUE BUSCAMOS
POR GILSON FINKELSZTAIN

A o mergulhar na leitura do livro do Felipe Miranda e do Ricardo Mioto, você verá que se trata de uma obra sobre como o mercado de capitais pode ser um instrumento de desenvolvimento e de construção de riqueza coletiva.

Ao mostrar as limitações no funcionamento dos mercados e no resultado dos investimentos que fazemos, e ao reconhecer o peso do que é imprevisível e que sempre há aquilo que simplesmente não sabemos, o livro ensina a usar ferramentas e conceitos que guiam uma nova geração de investidores.

É um trabalho que busca fortalecer, esclarecer e educar o investidor nesse momento inédito em que o Brasil se aproxima da realidade de juros reais baixos, observada há muito tempo em mercados mais desenvolvidos.

Há agora um desenho inédito no mercado de capitais no país, fruto da combinação desse cenário de juros historicamente baixos com outros fatores:

❯ A chegada de investidores com maior apetite a riscos e que cresceram longe da hiperinflação e dos planos econômicos da década de 1980;

❯ Novas plataformas de distribuição de valores mobiliários e ativos financeiros disponíveis nos smartphones, que democratizaram o acesso a mercados mais diversos e sofisticados;

> Não menos importante, uma crescente oferta de análise e recomendações de investimentos, antes acessíveis apenas a investidores profissionais, chegando ao investidor de varejo.

Os resultados também têm sido únicos: num ano de altíssima volatilidade, com o índice Ibovespa caindo 40% após atingir o maior patamar da história, o número de pessoas físicas investindo em renda variável subiu de 600 mil em 2018 para 3 milhões em setembro de 2020. As ações se recuperaram rápido, puxadas majoritariamente pela atuação dos investidores locais, tanto fundos institucionais quanto pessoas físicas.

Continuar trilhando um caminho de equilíbrio fiscal e reformas econômicas é condição essencial para construirmos um mercado de capitais ainda mais profundo e presente no desenvolvimento das nossas empresas. Sob a ótica dos investidores, as palavras-chave são educação financeira e informação de qualidade.

Este livro é mais um passo nessa direção. O trabalho inovador da Empiricus e do Felipe Miranda em ampliar o acesso a conteúdo de qualidade para ajudar o investidor a construir seu patrimônio com uma visão de longo prazo, incorporando a diversificação e entendimento dos mercados, é parte dessa história de sucesso que estamos vivendo.

Um mercado financeiro com mais investidores será transformacional para o país. Um mercado de capitais mais líquido, forte e sofisticado contribui para o empreendedorismo e criação de novos negócios, crescimento das empresas de todos os tamanhos e segmentos de atuação, geração de empregos e riqueza.

Estamos apenas no início dessa jornada. Há um espaço imenso de crescimento dos mercados e de ampliação do número de investidores conscientes dos riscos, oportunidades, limitações e ferramentas de gestão de patrimônio. Tenho certeza que este livro ajudará a guiar você, investidor, por esse caminho.

Aproveite.

GILSON FINKELSZTAIN é presidente da B3.

PRINCÍPIOS DO

ESTRATEGISTA

PARTE

AS DIFICULDADES

1
O ELOGIO
À IGNORÂNCIA

Todos os bons investidores se parecem, mas os investidores ruins são ruins cada um à sua maneira. O que é comum a todo investidor de sucesso é sua visão humilde e cética diante do mercado: as coisas que não sabemos são muito mais numerosas do que as que sabemos.

Nossa ignorância não é fruto (apenas) da incompetência. O mundo é cheio de aleatoriedade e, por isso, difícil mesmo de entender. Veja esta breve história que começa com uma moça chamada Klara Pölzl.

Nenhuma dor é maior do que a da mãe que perde um filho, e Klara a conhecia bem. Empregada doméstica, casou-se com o patrão, viúvo e 23 anos mais velho. O casamento parecia ter sido arranjado às pressas. Não só porque o marido nem sequer chegou a pedir um dia de folga — voltou ao trabalho logo após a cerimônia —, mas também porque o primeiro bebê do casal nasceria quatro meses depois, em maio de 1885.

Gustav era o seu nome. Um ano depois nasceria Ida, sua irmã. Perto do Natal de 1886, os dois morreriam de difteria. No ano seguinte, Klara teria Otto. Ele morreria de causas desconhecidas logo após o nascimento.

Ao engravidar pela quarta vez, Klara tinha consciência de que o bebê poderia não sobreviver. Mas, para sua surpresa, o menino não morreu e quando adulto se tornou conhecido no mundo todo pelo sobrenome que herdou do pai: Hitler.

Como teria sido o século XX se Adolf Hitler tivesse morrido ainda bebê como seus irmãos? Ou se tivesse nascido mulher, considerando que naquela época isso o excluiria da vida política?

Pequenas alterações na ordem das coisas podem mudar completamente os rumos da história. A ideia de que o mundo é complexo, repleto de caos, azar e sorte, e de que estamos entregues ao acaso se opõe ao determinismo ou ao materialismo histórico, ou seja, a ideia de que o futuro já está desenhado, que determinadas "condições materiais" na sociedade inevitavelmente levarão à revolução, ao socialismo, ao penteado do Kim Jong-un, o que for.

Analisando *a posteriori*, parece óbvio argumentar que "as condições materiais estavam dadas para a emergência do nazismo" e que um Hitler teria surgido de qualquer maneira. Mas a história é escrita em retrospectiva: depois que a cobra está morta, todo mundo teria matado, diz o dito popular. Talvez não houvesse um Hitler, talvez ninguém tivesse matado a cobra, é impossível saber.

Para o investidor, a imprevisibilidade é tudo.

Para entender melhor, deixemos Hitler para trás e avancemos no tempo. Imagine-se agora no réveillon da virada do ano 2001. Provavelmente você está vestindo aquelas roupas largas dos anos 1990. Os hits do momento são "Anna Júlia", do Los Hermanos, e "Amor I Love You", de Marisa Monte. (Nostalgia é ilusão.)

Depois de pular as suas ondinhas, você é surpreendido por um esbaforido e encardido lunático que lhe jura que acabou de chegar do futuro. Ele afirma que pode dizer o que acontecerá nas próximas duas décadas. Você não quer começar o ano discutindo, então dá uma chance ao estranho e resolve ouvir o que ele tem a dizer.

Ele começa a listar: terroristas vão atacar os Estados Unidos derrubando duas torres simbólicas de Nova York. Vamos testemunhar a maior crise financeira desde 1929. Um tal de

Todos os bons investidores se parecem, mas os investidores ruins são ruins cada um à sua maneira. O que é comum a todo investidor de sucesso é sua visão humilde e cética diante do mercado: as coisas que não sabemos são muito mais numerosas do que as que sabemos.

coronavírus vai paralisar o mundo. As cinco maiores empresas da Bolsa americana serão destronadas. No Brasil haverá o impeachment da primeira presidente mulher eleita no país. Um ex-presidente e os donos das principais empreiteiras do Brasil serão presos por corrupção. A seleção brasileira de futebol vai perder de 7 a 1 para a da Alemanha na Copa do Mundo que ocorrerá... no Brasil. Aliás, você já ouviu falar de um deputado federal chamado Jair Bolsonaro? Ah, sim, em determinado momento vai ter marmanjo andando de patinete por aí.

Para ganhar dinheiro, será preciso aceitar que eventos surpreendentes estarão sempre à espreita. Eles são, aliás, a regra, não a exceção, e com frequência vão impactar muito o mercado e o seu patrimônio. O caminho à frente é sempre desconhecido. Por isso, devemos evitar ter certezas demais ou cair na ilusão de que podemos prevê-lo.

Duvidar de nós mesmos. Esse é o segredo do sucesso.

Este é um livro, portanto, sobre ser cético. Sobre questionamento e, acima de tudo, autoquestionamento. A linha de pensamento que o inspira, como veremos, remete a uma longa tradição de pensadores cientes de suas limitações. A filosofia pode ser um caminho para a riqueza.

O que significa ser cético no mercado financeiro? Significa entender claramente que qualquer um que afirme ter total domínio sobre o que vai acontecer no mercado ou na vida é, na melhor das hipóteses, ingênuo e, na pior, charlatão.

Para dificultar o nosso propósito de ganhar dinheiro, nosso cérebro é cheio de vieses que deturpam a análise da realidade. Como diria o físico e prêmio Nobel Richard Feynman, ele próprio um cético, "a primeira regra é não enganar a si mesmo, e você é a pessoa mais fácil de enganar".

OS ESPECIALISTAS

O mundo das finanças e daquilo que influencia as finanças, como a análise política, é repleto de "especialistas". Eles dominaram a vida pública. Estão por todos os lados: na TV, nos jornais, no governo e, acima de tudo, nas universidades. Esbanjam convicção.

Os especialistas sempre tiveram grande dificuldade para conseguir compreender a complexidade do mundo. A queda do muro de Berlim é um exemplo. Como mostrou o professor americano Philip E. Tetlock, praticamente nenhum cientista político de prestígio previu que o bloco socialista se desintegraria. Nos anos anteriores a 1989, os cenários que eles projetavam envolviam a continuidade da União Soviética como a conheciam e, em alguns casos, seu fortalecimento. Ignoraram a iminência do maior acontecimento da sua área em décadas.

Tetlock e seu grupo de pesquisa não analisaram apenas o caso do muro de Berlim, mas nada menos do que 82.361 previsões feitas por especialistas entre 1987 e 2003. Era gente falando de tudo que você pode imaginar: quem ia ser o próximo presidente, se haveria um golpe de Estado em determinado lugar ou qual seria o preço do petróleo.

A conclusão: a previsão dos especialistas não é melhor do que um chute aleatório. Um macaco atirando dardos vai tão bem quanto um ph.D. por Harvard.

É difícil, porém, reconhecer a própria falibilidade. Depois que o muro de Berlim caiu, vários especialistas apareceram para explicar o ocorrido, para dizer que tudo era previsível, inclusive para apontar que eles próprios tinham antecipado a movimentação.

Como veremos adiante, atribuímos ao passado uma certeza e uma convicção que ele, na verdade, não carrega. Imaginamos vários cenários. Quando um deles ocorre, nossos cérebros gritam "eu disse, eu sabia", deixando no cemitério do esquecimento todas as outras possibilidades que não se materializaram.

Parafraseando uma reflexão atribuída ao ex-ministro Pedro Malan, às vezes o passado pode ser tão incerto quanto o futuro.

ECONOMISTAS E MODELOS

Economistas têm especial dificuldade em adivinhar o futuro. A piada é que Deus criou o câmbio com o único propósito de humilhar os economistas (embora exista a hipótese de que os inventores tenham sido os meteorologistas, com o objetivo de desviar o foco para outro grupo.)

Toda segunda-feira, desde 2001, o Banco Central do Brasil — depois de ouvir mais de cem bancos, gestores de recursos e consultorias — divulga o chamado boletim Focus. Eles fornecem suas projeções para câmbio, taxa de juros, inflação e crescimento do PIB. A previsão feita em janeiro para o valor do dólar no final do ano quase sempre conta com um erro significativo. Foi o que aconteceu em 2015, quando o dólar ficou 41% acima da projeção, ou em 2016 (-24%) e 2018 (16%).

Os economistas foram melhores em 2017 (-4%) e 2019 (6%), mas não tanto por clarividência: a moeda oscilou menos — abriu e fechou o ano mais ou menos no mesmo patamar. Um relógio parado marca a hora certa duas vezes por dia.

Não há nessa avaliação demérito algum para quem errou a projeção do câmbio. Apenas é complicado. Um crítico a esse tipo de análise poderia argumentar que estamos olhando uma mediana, ou seja, um valor agregado de centenas de pessoas. A unanimidade pode ser burra, mas certos indivíduos ou instituições de destaque poderiam ter o dom de saber o que vai acontecer.

O Banco Central analisa quais instituições acertam mais. As cinco que se saem melhor em um período de doze meses, no caso das projeções de longo prazo, passam a integrar o chamado Top 5, cujas previsões são divulgadas separadamente. "Top" é uma palavra de gosto duvidoso, mas a intenção é nobre: mostrar o que pensam os mais competentes.

O problema é que os números mostram que as instituições que estavam no topo no ciclo anterior não mantêm seu nível de acerto: erram tanto quanto as outras, às vezes até mais. Não há consistência em fazer previsões melhores do que o mercado.

O sujeito em um belo dia dá a sorte de ter acertado uma previsão, entra para um grupo de elite, é chamado a dar uma nova opinião e... erra totalmente, sendo em sequência substituído no topo do ranking pelo sortudo da vez. Se o leitor estiver pensando, portanto, que os acertos se deram por sorte e aleatoriedade, ganhamos um companheiro.

Economistas estão sempre mais do que dispostos a dar entrevistas ou cobrar por consultorias sobre qualquer coisa que lhes seja perguntada. Não há nada de errado nisso, mas como investidor é preciso algum cuidado para não levá-los a sério demais. Mesmo os economistas mais poderosos e mais capacitados do mundo vivem errando.

Veja por exemplo o caso dos presidentes do Fed, o banco central americano. Em 1996, o então presidente Alan Greenspan estava preocupado com uma, nas suas palavras, "exuberância irracional" no mercado, pois ativos como ações estavam caros demais e um estouro na bolha de preços poderia ocorrer a qualquer momento.

Naquela época, o S&P 500, principal indicador do mercado americano, estava em cerca de 600 pontos. Mas o mercado continuou subindo, passou por dois *crashes* e nunca mais caiu abaixo desses 600 pontos. Ou seja, quem ouviu Alan Greenspan e saiu do mercado com medo de derretimento do preço dos ativos perdeu dinheiro. (Muito dinheiro, se você considerar que o S&P 500 bateu os 3.000 pontos em 2019.) A sonora expressão "exuberância irracional" pegou, mas pouca gente se lembra que ela foi criada originalmente para se referir a uma bolha que não era bolha.*

Em 2004, no outro extremo, Ben Bernanke, que viria a assumir o Fed em 2006, disse que as economias avançadas tinham alcançado um estágio que ele chamou de "a grande moderação". Os ciclos econômicos haviam sido domados pelos bancos centrais, ou seja, não haveria mais grandes euforias nem *crashes*, mas um crescimento relativamente contínuo e confiável, sem muitas emoções. Quatro anos depois, veio a maior crise econômica desde 1929 para mostrar que Bernanke não tinha a mínima ideia do que estava dizendo. Uma modesta alteração nos termos: da Grande Moderação para a Grande Recessão, em um piscar de olhos.

Outro exemplo, talvez nosso favorito, é o do LTCM, Long-Term Capital Management, que foi um fundo americano criado em 1994. Ele tinha como sócios, entre outros, Myron Scholes e Robert Merton, professores de Stanford e Harvard que viriam a ganhar o prêmio Nobel de Economia em 1997. Altamente alavancado (ou seja, utilizando muito dinheiro emprestado), o fundo usava modelos quantitativos para encontrar oportunidades de investimento. Grosso modo, os algoritmos procuravam ativos que estivessem com o preço "errado", ou seja, mais baratos ou mais caros do que seu valor "justo". Com isso em mãos, o fundo operava.

No começo deu certo. O fundo deu retornos anuais de 21% (em 1995), 43% (1996) e 41% (1997). Até que, em 1998, quebrou

---

* Greenspan errou duas vezes. Primeiro, viu uma bolha nos mercados quando ainda não havia nada. Depois, quando uma de fato se formou, ele não fez muito para evitar que ela continuasse inflando. Em um episódio peculiar, o ex-presidente do Fed foi, em 2008, ao Congresso americano fazer aquilo que ficou conhecido como "a confissão de Greenspan": dizer que havia refletido e concluído que sua visão de mundo até então estava errada.

após perder US$ 4,6 bilhões em menos de quatro meses, em consequência do caos financeiro global causado por uma crise na Ásia e uma insolvência de títulos russos que, infelizmente, os modelos não conseguiram prever.

A reportagem de Michael Lewis em 24 de janeiro de 1999 para o *The New York Times* que contou essa história tinha um título maravilhoso: "How the Eggheads Cracked" — em tradução livre, "Como os cabeçudos quebraram".

Os sócios do fundo não estavam brincando apenas com dinheiro dos outros, o que talvez pudesse explicar certa displicência na gestão de riscos. Eles acreditavam tanto naquele negócio que tinham colocado as próprias (gordas) poupanças ali. Os egos e a confiança excessiva fizeram com que superestimassem a própria competência.

"Havia uma coisa estranha nas pessoas do LTCM. Eles não se definiam da maneira usual de Wall Street, por seus bens materiais. Não usavam as centenas de milhões de dólares que ganhavam para comprar jatinhos (eles estariam melhor agora se tivessem feito isso)", dizia a matéria. "Sua forma favorita de consumo era investir mais e mais no seu próprio fundo. Os 16 sócios investiram cerca de US$ 1,9 bilhão, dinheiro que agora desapareceu."

Talvez você tenha dificuldades para entender como eles conseguiram isso. Afinal, não se trata apenas de palpites. Eles tinham um *modelo*. Havia uma técnica, dados, sofisticação matemática. O problema é que o modelo dizia que a probabilidade de os ativos no seu portfólio serem arrasados por uma sequência de fatos adversos como a que ocorreu em 1998 era de 1 em 50 milhões.

Não bastasse o fato de que o improvável ocorre o tempo todo — atente-se, por exemplo, para coisas simples, como o dado de que o Vampeta ganhou a Copa do Mundo e o Zico, não —, esses números eram baseados nos registros históricos.

Há um problema nos modelos parametrizados a partir de dados passados: ora, eles miram o passado para posicionar-se para o futuro. O que nos trouxe até aqui pode não funcionar para nos levar adiante. Ou, como disse um dos sócios do fundo, "nós confiamos na nossa experiência anterior". O problema é que não é porque uma coisa nunca aconteceu que ela nunca vai acontecer.

Pior: os eventos que verdadeiramente mudam nossas vidas, as dinâmicas do mercado, aquilo que define novas tendências e transforma a realidade, esses eventos são sempre imprevisíveis e fora dos padrões. Como você conheceu sua esposa? Seu marido? Você sente falta de alguém que perdeu de forma inesperada? Sua trajetória profissional foi exatamente como imaginou? Aquela promoção ou demissão veio de acordo com um modelo preconcebido?

Só é possível definir um modelo com o que conhecemos. Você pode até tentar achar uma solução para substituir as informações que não tem — talvez trabalhar com probabilidades ou estimativas. A questão é que, mesmo nesse caso, deve saber que não possui uma informação relevante. Em resumo, precisa saber que não sabe.

Mas e aquilo que você não sabe que não sabe?

Quem possivelmente melhor respondeu a essa pergunta foi Donald Rumsfeld, ex-secretário de Defesa dos Estados Unidos no governo de George W. Bush, ao ser questionado em coletiva de imprensa em fevereiro de 2002 sobre a ausência de provas de que o governo do Iraque fornecia armas a terroristas.

"Existem os conhecidos conhecidos [*known knowns*], que são coisas que nós sabemos que sabemos. Há também os desconhecidos conhecidos [*known unknowns*], que são as coisas que nós sabemos que não sabemos. Mas existem também os desconhecidos desconhecidos [*unknown unknowns*], as coisas que não sabemos que não sabemos. Esses são os mais difíceis."

Com essa frase, Rumsfeld ganhou em 2003 o prêmio Declaração Mais Confusa do Ano, oferecido pela Plain English Campaign, ONG dedicada a fazer com que os governos sejam mais claros na sua comunicação com a população. Segundo o porta-voz do prêmio, "achamos que sabemos o que Rumsfeld quis dizer, mas não sabemos se sabemos mesmo".

A gente está aqui rindo do Donald Rumsfeld, mas a ideia dele é muito boa. Como modelar as coisas que não sabemos que não sabemos? Lembre-se: são elas que definem tudo. Um modelo (ou um economista, ou um gestor) não pode capturar toda a realidade, porque há *unknown unknowns*, e são eles que realmente importam e definem a trajetória futura de um ativo ou do que for.

Ao estabelecer um modelo, tentamos simplificar a realidade para fazê-la caber num padrão mais palatável, como um mapa e sua função de representação gráfica de uma área do planeta. O problema é que, ao determinar um modelo, tentamos simplificar o "insimplificável", com o perdão do neologismo. Usando um termo chique para descrever algo cotidiano, a realidade é não ergódica. Ao tentarmos reduzi-la a um modelo, jogamos fora o bebê junto com a água do banho, deixando de fora da modelagem justamente o que mais importa, a complexidade, o ininteligível, o tácito, o "imodelável". Atuamos como o vilão Procusto, da mitologia grega, que cortava as pernas de seus hóspedes só para fazer-lhes caber na cama da sua residência.

Pense no coronavírus e em todas as suas implicações econômicas e sociais. Para usar um exemplo cujas consequências são completamente conhecidas, pense no 11 de setembro de 2001. A ideia de dois aviões colidindo contra as duas torres do World Trade Center, acarretando o fechamento da Bolsa de Nova York por quatro dias e promovendo uma queda global nas Bolsas que ficaram abertas pelo mundo — o Ibovespa caiu 10% só naquela terça-feira — e um aumento de mais de 30% no preço do ouro, não estava na prancheta de ninguém (se estivesse na sua, você provavelmente tem conexões bastante estranhas no Oriente Médio e talvez não devesse sair comentando isso por aí). Foi a maior perda da história da indústria de seguros dos Estados Unidos, que precisou assinar um cheque de US$ 40 bilhões, fazendo com que depois disso a maior parte das seguradoras incluísse em seus contratos cláusulas de não cobertura de atentados terroristas. O mesmo ocorreu com as empresas aéreas. O espaço aéreo americano ficou fechado por dias, e milhares de voos foram cancelados. Quando os aeroportos foram reabertos, as pessoas não quiseram mais viajar de avião e a demanda por passagens encolheu por meses.

Talvez o mais importante de tudo: o jogo político americano mudou completamente, levando o país a se envolver em duas guerras (Afeganistão e Iraque), que, somadas, custaram aos cofres públicos mais de US$ 5 trilhões. Os ataques aos Estados Unidos trouxeram uma onda de patriotismo, que foi absorvida com competência pelo presidente George W. Bush, levou a aprovação do seu governo a quase 90% e praticamente garantiu sua reeleição três anos depois.

Que modelo poderia ter previsto tudo isso, uma vez que os ataques de 11 de Setembro ou a Covid-19 eram perfeitos *unknown unknowns*? Ou seja, Rumsfeld pode ter feito a Declaração Mais Confusa do Ano, mas ele tinha razão.

Justiça seja feita, a ideia nem era originalmente dele. John Kenneth Galbraith, economista americano falecido em 2006, disse em matéria do *The Wall Street Journal* de janeiro de 1993 que "há dois tipos de pessoas que fazem previsões: aqueles que não sabem e aqueles que não sabem que não sabem". Outra frase atribuída a ele (que na verdade é do economista Ezra Solomon) é que "a única função das previsões econômicas é fazer a astrologia parecer respeitável". (Ele disse também que "a ciência econômica é extremamente útil para empregar economistas", o que lembra muito a opinião de Millôr Fernandes de que o xadrez é um jogo chinês que desenvolve a capacidade de jogar xadrez.)

A expressão cisne negro, que designa eventos altamente improváveis e imprevisíveis que geram repercussão mundial, data do século XVII. Na época havia um consenso de que todos os cisnes eram brancos, até que exploradores holandeses acharam cisnes negros no oeste australiano, embasbacando todas as pessoas que... bom, todas as pessoas que se interessavam por cisnes. Há muitos outros cisnes negros que mudaram o curso da história: do tiro no arquiduque austríaco Francisco Ferdinando, estopim para a Primeira Guerra Mundial à facada que levou à eleição de Jair Bolsonaro. É impossível saber se a guerra ou a vitória eleitoral teriam acontecido de qualquer forma, mas é inegável que atos isolados cometidos por malucos sem relevância tiveram um impacto imenso na ordem das coisas.

Para não ficar parecendo que cisnes negros se referem apenas a atos de violência, a ascensão do computador pessoal e da internet, com todos os seus impactos ainda em desenvolvimento, foi uma surpresa de grande repercussão. Você pode dizer que o salto tecnológico era previsível, mas isso é ser engenheiro de obra feita. O PC e a internet não estavam só fora do radar de quem não tinha nada a ver com tecnologia, mas também de gente que estava perto do lance.

Ken Olsen, cofundador da Digital Equipment Corporation, importantíssima empresa americana que nas décadas de 1960 e 1970 fornecia computadores para a comunidade científica, teria dito que "não há nenhuma razão para alguém querer ter um computador em casa".

Outro exemplo interessante de cisne negro é a Primavera Árabe, a partir de 2010, quando protestos e revoluções imprevistas aconteceram por todo o Oriente Médio e norte da África. Um evento sociopolítico desses, com imensas implicações econômicas, não é como um jogo de cartas, que tem um universo de possibilidades definido e que você pode jogar repetidas vezes até entender o seu funcionamento. Pelo contrário, cada circunstância histórica é única, aberta, multifatorial, e os fatos se desenrolam de modo caótico. Estamos em um ambiente de complexidade, em que as interações entre indivíduos têm mais relevância do que as características individuais. Aqui, claro, é muito mais difícil entender e antever conclusões, como no clássico efeito borboleta descrito pela teoria do caos.

Mesmo universos com regras bem definidas — e portanto muito mais simples do que a sociedade ou a história — podem ser extremamente difíceis de entender e prever. Pense no futebol. O número de coisas que se pode fazer dentro de campo é muito menor do que, digamos, na geopolítica. Você não pode, por exemplo, bombardear o time adversário. O número de atores é limitado: contando arbitragem e substituições, três dezenas, no máximo, contra os bilhões de habitantes do planeta. Mesmo assim, o futebol é o reino do imprevisível, do imponderável, de zebras diversas. Como disse Nelson Rodrigues, a mais sórdida pelada é de uma complexidade shakespeariana.

ERROS E FILÓSOFOS

Para o investidor, uma consequência da imprevisibilidade do mundo é que inevitavelmente haverá erros pelo caminho. Você comprará ações que se mostrarão uma furada. Você perderá oportunidades. A perfeição é impossível. O investimento do SoftBank na empresa multinacional de espaços de trabalho compartilhados WeWork é um exemplo.

O pessoal do SoftBank não é exatamente inocente — ainda que, novamente *ex post*, críticos e especialistas tentem pintá-los dessa forma. A holding de investimentos japonesa é liderada por gente que sabe o que está fazendo, com um histórico de décadas de sucesso. O fundador, Masayoshi Son, tem uma capacidade admirável e inquestionável de reconhecer oportunidades. Ele comprou, em 1999, US$ 20 milhões em ações da Alibaba, uma espécie de Amazon da China. Atualmente a participação do SoftBank na empresa vale mais de US$ 100 bilhões.

Mas seria injusto dizer que o investidor japonês é um *one-hit wonder*, banda de um sucesso só, e que o Alibaba é uma espécie de "Macarena" de Masayoshi Son. Son começou seu império do zero e investiu com sucesso em várias outras empresas, de diversos países, dos Estados Unidos à Índia. Mesmo assim, o SoftBank errou feio na avaliação que fez da WeWork. O negócio se mostrou muito pior do que o imaginado. A WeWork pagava caro para alugar prédios inteiros em contratos de longo prazo, mas só conseguia sublocá-los por valores menores, em contratos pulverizados e de curto prazo. Além disso, o CEO era um sujeito excêntrico, para não dizer maluco. Em 2019, o SoftBank teve de contabilizar uma perda de quase US$ 5 bilhões com a empresa, e é possível que esse tenha sido só o começo.

"No caso da WeWork, eu errei. Não vou ficar procurando desculpas. Foi uma lição muito dura", disse Son. A mágica da multiplicação do dinheiro de Son só funciona porque ele se expõe ao erro, e mais para a frente neste livro vamos falar da importância do erro e de seus diferentes tipos.

As ideias de que é tolo se agarrar cegamente a uma previsão, de que o futuro é um sujeito teimoso que insiste em ficar no... futuro e que ninguém pode ter certeza de nada — o pensamento cético, enfim — têm longa linhagem filosófica. Montaigne, filósofo francês do século XVI, por exemplo, foi um pensador da incerteza e da falibilidade humana. "Que sais-je?" é a sua frase mais famosa, que pode ser traduzida como "Que sei eu?".

Montaigne usou a figura de juízes para exemplificar a incapacidade humana de racionalização. Magistrados, ele argumentou, seguem mais as suas intuições do que se pautam em provas, e mesmo as provas são incompletas ou inconclusivas. O filósofo chegou a sugerir que fatores absolutamente externos aos autos, como a boa digestão do almoço, poderiam influenciar, ainda que inconscientemente, as decisões dos magistrados. Cinco séculos depois, o estudo de abril de 2011 "Extraneous factors in judicial decisions" confirmou o que Montaigne já sabia — com números que tornam difícil manter qualquer esperança na capacidade humana de analisar o mundo ao redor com distanciamento e razão.

Shai Danziger, Jonathan Levav e Liora Avnaim-Pesso analisaram 1.122 decisões sobre liberdade condicional dadas por oito diferentes juízes israelenses em um período de 10 meses.

Para o investidor, uma consequência da imprevisibilidade do mundo é que inevitavelmente haverá erros pelo caminho.

Escolheram liberdade condicional porque esse tipo de pedido só comporta duas respostas: sim ou não. Não tem como o juiz dar meia liberdade condicional para alguém. Todos os dias cada juiz julgava entre 14 e 35 casos — eles só trabalhavam com pedidos de liberdade condicional. Não estudavam os casos previamente: as informações sobre cada preso eram fornecidas por um assistente no momento do julgamento. Informavam o crime cometido, o tempo de prisão já cumprido, o comportamento do réu na cadeia, a quantidade de vezes que já havia sido preso. A decisão era rápida: levava em média seis minutos. Os juízes tiravam duas pausas: uma para o lanchinho por volta das dez da manhã e outra para o almoço no começo da tarde.

Este gráfico diz tudo:

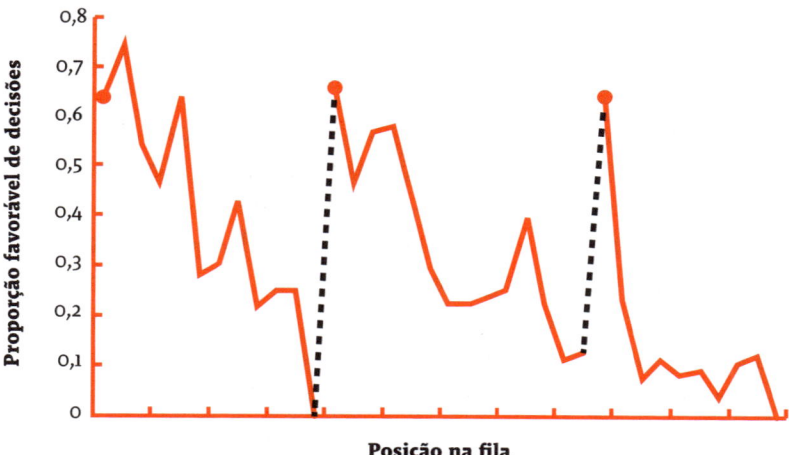

Fonte: "Extraneous factors in judicial decisions", de Shai Danziger, Jonathan Levav e Liora Avnaim-Pesso, <https://www.pnas.org/content/108/17/6889>, acesso em jul.2020.

A chance de uma decisão positiva logo no início dos trabalhos, pela manhã, é de perto de 70%. Esse índice vai decaindo decisão após decisão, conforme o juiz vai ficando cansado, irritado e — especialmente — com fome. O que não é capaz de fazer uma boa porção de carboidratos? Entre os coitados cujos casos foram analisados imediatamente antes da pausa para o lanche, com o juiz faminto e irritado, a taxa de libertação foi praticamente de 0%. Mas a comida faz maravilhas, e, no retorno do lanche, o juiz voltava recomposto e com boa disposição, com a taxa de libertação chegando a passar dos 60%. O processo se repetia até o almoço: crescente rigidez conforme o tempo passava. Até que eles saíam para comer, voltavam e começava tudo de novo.

Curiosamente, apontaram os autores, tanto a gravidade do crime quanto o tempo de prisão já cumprida pareceram ter pouco efeito na decisão, embora a reincidência tenha. O fato de o sujeito julgado ser judeu ou árabe também não fazia diferença. "Nós suspeitamos que fenômenos similares ocorram em outros campos, como decisões médicas, financeiras ou de admissão na universidade. Experts não são imunes à influência de fatos estranhos irrelevantes à decisão. A caricatura de que a justiça depende do café da manhã do juiz pode ser apropriada para a tomada de decisão humana como um todo", escreveram os autores.

Há, porém, alguns especialistas que erram mais do que os outros. Quem chamou a atenção para isso foi o filósofo Isaiah Berlin. Ele acreditava que existem dois tipos de intelecto, o de porcos-espinhos e o de raposas. Essa conclusão foi inspirada em um verso do poeta grego Arquíloco: "A raposa sabe muitas coisas, mas o porco-espinho sabe uma única grande coisa" — no caso, espinhar os outros.

Porcos-espinhos são fixados em uma ideia única, como marxistas ou freudianos. Defendem uma teoria de tudo, capaz de explicar a sociedade e a história. O porco-espinho vê o mundo através de um só prisma e a partir dele explica o mundo. Dedica-se a um só tema a vida inteira. Já as raposas estão familiarizadas com várias áreas do saber e transitam bem entre elas. Acreditam que não há uma resposta única, mas que o mundo é complexo e que, se os fatos mudam, não há mal em mudar de opinião ou de teoria para explicá-los. Buscam a ponderação entre diferentes maneiras de enxergar a realidade.

O problema é que a TV e a mídia como um todo beneficiam porcos-espinhos. Nossa época, aliás, reforça essa tendência. Os algoritmos do Google, do Facebook e da Netflix nos mostram somente aquilo de que já gostamos. Assim, vamos apenas confirmando predileções e crenças preexistentes, sem conviver com o contraditório. Os grupos e as correntes de WhatsApp são ainda piores.

A ponderação não é uma boa forma de retórica. Não é possível ter um tom combativo ou detentor da verdade absoluta se você considera que as coisas são complexas, difíceis de entender e se está aberto a mudar de opinião. Jornalistas gostam de manchetes chamativas, não de equilíbrio. Não se deveria discutir política ou economia como se discute futebol, com clubismo, com paixão, escolhendo primeiro o time e depois o argumento. Mas infelizmente é assim na maioria das vezes.

Veja o caso de um porco-espinho brasileiro: um economista famoso, que fala bem e sabe se vender, conhecido por dar palestras por todo o país e participar há muitos anos de um dos principais programas da TV a cabo. Ele se diz o maior influenciador brasileiro do LinkedIn. Ficou famoso por dizer que a Bolsa brasileira chegaria aos 200 mil pontos até 2014 — em maio de 2020, está em 80 mil. Recomendou, em 2008, com o dólar a R$ 1,80, não comprar a moeda. Disse em 2011 que o país cresceria 5% ao ano na década seguinte.

A arma desse porco-espinho é sua tese única de que o futuro é glorioso. É difícil saber se ele é assim por natureza ou se descobriu que dizer com convicção o que as pessoas querem ouvir — "vai melhorar, vamos todos ficar ricos" — é um nicho de mercado. Uma palestra sua, ao fim de 2019, custava R$ 51 mil. Só que suas previsões erradas têm um impacto. Um empresário que esteja disposto a ouvi-lo em uma palestra pode se convencer a expandir sua produção ou ampliar suas unidades e acabar se prejudicando, por exemplo. O especialista, enquanto isso, não empobrece se estiver errado, e a maior parte das pessoas tende a esquecer suas previsões equivocadas, de modo que ele continuará sendo ouvido.

Há, portanto, duas formas de ao menos minimizar os impactos da nossa incapacidade de projetar o futuro. Uma é não rezar por uma cartilha única. Como discutiremos em breve, é preciso se policiar para a todo momento ouvir argumentos contrários àquilo em que acreditamos. A outra é lembrar de um ditado americano: *"put your money where your mouth is"*, coloque o seu dinheiro onde sua boca está. Desconfie de quem não tem nada a perder fazendo uma previsão. Se um avião cair, o piloto morre junto: ele tem todos os incentivos do mundo para não decolar se tiver dúvidas sobre a segurança. Se um burocrata em Brasília tem uma tese equivocada e causa desemprego com uma decisão ruim, seu salário não será afetado.

Muito antes de se falar em alinhamento de incentivos ou *skin in the game*, Theodore Roosevelt refletiu sobre o assunto em um discurso na Sorbonne, em Paris, em 1910. "Não é o crítico que importa; nem aquele que aponta onde foi que o homem tropeçou ou como o autor das façanhas poderia ter feito melhor", disse ele. "O crédito é do homem que está por inteiro na arena da vida, cujo rosto está manchado de poeira, suor e sangue; que luta bravamente, que erra, que decepciona, porque não há esforço sem erros e decepções; mas aquele que de fato se empenha em seus feitos; que conhece o entusiasmo, as grandes paixões; que se entrega a uma causa digna; que, na melhor das hipóteses, conhece no final o triunfo da grande conquista e que, na pior, se fracassar, ao menos fracassa ousando grandemente, para que seu lugar nunca seja com aquelas almas frias e tímidas que não conhecem a vitória nem a derrota."

UM POUCO MAIS DE FILOSOFIA

O ceticismo, porém, é muito anterior tanto a Montaigne e seus juízes esfomeados quanto a Berlin e seus porcos-espinhos. Um dos fundadores do ceticismo foi o grego Pirro de Élis, que nasceu cerca de 360 a.C. (Embora seja possível dizer que Sócrates, que só sabia que nada sabia, já tivesse fortes tendências céticas.)

Pirro acreditava que uma argumentação pode facilmente encontrar contra-argumentos igualmente válidos, de modo que uma pessoa deveria evitar se apaixonar por uma determinada visão de mundo. Se vivesse nos dias de hoje e tivesse o azar de ter redes sociais, talvez fosse acusado de "isentão". Uma pena, porque a sua principal lição é muito útil: devemos sempre duvidar de nós mesmos. No momento em que elaboramos um argumento, deveríamos fazer o saudável exercício intelectual de buscar outro que o contraponha, de modo a estarmos sempre nos beliscando, sempre testando nossas convicções.

Pirro viajou com Alexandre, o Grande, por todo o Oriente, tendo ido à Pérsia e até à Índia enquanto o conquistador da Macedônia promovia, batalha após batalha, a criação de um dos maiores impérios da história. Ele talvez não fosse muito bom de briga — filósofo que gosta de confronto físico não é das combinações mais típicas —, mas não lhe faltou tempo para refletir enquanto se deslocava ao lado do conquistador do império persa.

Pirro não deixou nada escrito. Quem resgatou seu pensamento foi outro filósofo, nosso herói, que viveu cerca de 500 anos depois dele. Trata-se de Sextus Empiricus. Sua principal obra ficou conhecida como "Contra os professores". Se fosse para incorrer na inglória tarefa de resumir a proposta do filósofo em duas únicas frases, poderíamos fazê-lo adicionando uma espécie de complemento ao clássico socrático, chegando a uma versão revisada do tipo: "Só sei que nada sei — e nem disso estou muito certo."

Como aponta o escritor Nassim Taleb, a crítica de Sextus não é à tradição e ao conhecimento que resistiu ao tempo, mas aos especialistas, aos que se arvoram de "juízes da verdade", nas palavras do filósofo grego. Os mestres não sabem nada, como cantou o Pink Floyd. Sextus buscava a serenidade por meio da *isostenia*, a busca pelo equilíbrio de argumentos e visões opostas de modo a se afastar do dogmatismo, que levaria à *epoché*, a suspensão do julgamento, ou seja, o abandono da necessidade de ter opinião ou crenças sobre as coisas. O resultado seria a *ataraxia*, que é a paz de espírito, muitas vezes também traduzida como ausência de ansiedade. Em resumo, abraçar o estado de dúvida, aprender a conviver com a incerteza e talvez até amá-la é o caminho da tranquilidade.

Em alguma medida aqui, há semelhança com a proposta dos estoicos, posteriormente incorporada por Friedrich Nietzsche: *amor fati* (amor ao fado). Devemos amar nosso destino, seja ele qual for. Não tem qualquer valia perseguir uma suposta certeza para acalentar nosso desejo de controle, lamentar possíveis perdas ou ressentir-se sobre o passado.

Parece loucura, mas duvidar de si mesmo e das próprias convicções, percebendo que nada pode ser afirmado com tanta certeza, traz um tipo peculiar de relaxamento. Nada é tão certo. Aprendemos a rir de nós mesmos, das nossas pseudotentativas de estar no controle.

Faça um exercício honesto: volte 10, 15, talvez 20 anos na sua vida. Imagine-se no lugar daquela pessoa mais jovem, provavelmente meio inocente e, no nosso caso, com mais cabelo. Haveria alguma possibilidade de você ter conseguido prever minimamente todo o caminho que tinha pela frente? É difícil não olhar para aquela pessoa e pensar, para usar uma expressão em inglês difícil de traduzir, "*how clueless*", "que sujeito sem a mais vaga ideia do que lhe espera". Agora pense em você mesmo neste momento. Você é tão *clueless,* tão perdido sobre o que há pela frente, sobre os próximos 10 ou 15 anos quanto era 10 ou 15 anos atrás. O fato é que o controle não existe.

Claro que existe esforço, claro que é preciso dar uma direção ao barco, claro que estratégia importa. Não se trata de estimular um desleixo com o próprio destino já que não há o que fazer. Nossas ações importam. Muito. Suor, propósito e tesão fazem a diferença — em todos os contextos possíveis. Só não sabemos como essas ações vão interagir com a complexidade do mundo. O ex-jogador de futebol Renato Gaúcho, por exemplo, justificou que só fez o famoso gol de barriga porque a barriga dele estava lá. Talvez esta seja a graça da vida: *serendipity,* a descoberta que o acaso proporciona quando não estávamos nem procurando.

Há zero niilismo neste livro. De forma alguma defendemos a inércia e a paralisia diante da complexidade e da imprevisibilidade do mundo. Não saber não significa não agir. Devemos, sim, buscar a exposição sistemática ao aumento da probabilidade de sermos atingidos pelos eventos de alto impacto e imprevisíveis que nos sejam positivos. O que nos resta, resumida e grosseiramente, é aumentar a nossa chance de termos sorte.

Mas vamos chegar lá. O ponto, por enquanto, é que a sorte existe. Tivesse o garçom levado dez segundos a mais ou a menos para lhe entregar a sua bebida, você não teria esbarrado no amor da sua vida. (Ou, por outro lado, quantos amores das nossas vidas deixaram de ser encontrados porque o acaso nos fez não estar lá?)

Nossa ausência de controle é tal que nem sabemos o que queremos. Como apontou Arthur Schopenhauer, estamos condenados a conviver com uma falta eterna, muito possivelmente derivada da ausência de sentido maior, ontológico, na vida. "Se eu ganhasse na loteria", "se eu conquistasse a pessoa amada", "se eu morasse em Paris". Aspiramos a coisas grandes, só para consegui-las e descobrir que na verdade não era bem isso que queríamos. Como resumiu Teresa de Ávila, santa espanhola do século XVI, "mais lágrimas já foram derramadas pelas pre-

Parece loucura, mas duvidar de si mesmo e das próprias convicções, percebendo que nada pode ser afirmado com tanta certeza, traz um tipo peculiar de relaxamento. Nada é tão certo. Aprendemos a rir de nós mesmos, das nossas pseudotentativas de estar no controle.

ces atendidas do que pelas não atendidas". A sensação de falta é sempre renovada: o vazio existencial e a ausência de algo que nem sabemos o que é está sempre presente. Não temos controle algum nem sobre nós mesmos.

Por outro lado, muitos dos acontecimentos que mais nos irritam acabam se revelando as melhores coisas que poderiam ter ocorrido, de uma mudança indesejada para uma cidade nova a um filho não planejado. O avô de um de nós passou a velhice sendo cuidado todos os dias com amor por uma nora que, décadas antes, ele havia rejeitado veementemente e fracassado em mantê-la longe da família.

"EU NÃO SEI"

Talvez você esteja estranhando este livro. "Ele não era sobre investimentos? Quero ficar milionário e vocês aí falando de filósofos, a maior parte deles provavelmente pobre!", você deve estar pensando.

Quem pode dar uma resposta sobre a importância do pensamento filosófico estruturado para quem deseja ganhar dinheiro é George Soros, um dos maiores investidores que já existiram. Ele disse em 2009, em artigo para o *Financial Times*, ter desenvolvido uma teoria enquanto estava empenhado em ganhar dinheiro no mercado financeiro. Mas a teoria não era sobre dinheiro, era filosófica. Soros foi imensamente influenciando por Karl Popper, importante filósofo que foi seu orientador nos anos 1950 em Londres.

Popper argumentou que a verdade não pode ser conhecida com certeza absoluta. Mesmo leis científicas estão sempre sob suspeita. As leis da mecânica de Newton funcionaram por séculos, até que se demonstrou que nas escalas atômica e subatômica elas não faziam previsões corretas — e surgiu a mecânica quântica. Um novo experimento pode falsear uma teoria, mostrando que ela está errada ou incompleta. Leis científicas estão sempre sujeitas à revisão. Um único cisne negro pode invalidar anos e anos de estudo de ornitologia e o até então inquestionável postulado de que só existiam cisnes brancos.

"As ideologias que se afirmam detentoras da verdade final estão fazendo uma falsa afirmação. Desta forma, só podem ser impostas à sociedade pela força. Essa ideia se aplica ao comunismo, nazismo e fascismo. Todas essas ideologias levaram à repressão. Popper propôs uma forma mais atraente de organização social: uma sociedade aberta na qual as pessoas são livres para ter opiniões divergentes e as leis permitem que pessoas com diferentes visões convivam pacificamente. Como vivi as ocupações nazista e comunista na Hungria, achei a ideia de sociedade aberta imensamente atraente", disse Soros no artigo.

"Mas enquanto lia Popper e estudava teoria econômica, me chamava a atenção o fato de haver uma contradição entre a ênfase de Popper na compreensão imperfeita do mundo e a teoria econômica de concorrência perfeita [segundo a qual os agentes do mercado agem de forma racional, quando na verdade a sua visão do mundo é sempre parcial e distorcida]."

George Soros ganhou mais de US$ 40 bilhões ao longo de sua vida como investidor, de modo que essas lições de Popper devem valer alguma coisa.

Dois importantes gestores de recursos brasileiros, Luis Stuhlberger e Artur Wichmann, estiveram com Soros em meados de 2009. Luis perguntou o que Soros achava de, naqueles anos, os bancos centrais ao redor do mundo estarem imprimindo um monte de dinheiro para tentar aquecer a economia. Ele receava que isso resultasse em uma inflação descontrolada e que, no futuro, os governos tivessem que fazer "um Plano Collor global", ou seja, um confisco do dinheiro nos bancos para tentar reduzir a quantidade de moeda em circulação.

Wichmann publicou em setembro de 2019 no *Brazil Journal* um relato sobre a resposta de Soros. "Eu prendi a respiração. Essa era 'a' pergunta (ainda é). Soros parou por uns segundos, sorriu e respondeu: 'Sabe que já pensei muito nisso e a resposta é: eu não sei. Durante a minha carreira, sempre sofri nesses momentos de tumulto.'"

Soros estava admitindo humildemente desconhecer a solução de um problema complexo na sua área. Wichmann relata ainda: "Caminhamos todo dia nessa linha tênue entre o que sabemos e desconhecemos [...] Aquele 'eu não sei' teve mais influência sobre minha carreira que muitos tratados de investimento." Falaremos mais de Soros ao longo deste livro.

Quanto ao filósofo Popper, sua própria jornada, aliás, nos conta um pouco sobre o quanto a vida é complexa e às vezes pode demorar para engrenar. Ele nasceu em Viena, na Áustria, em 1902, filho de uma família relativamente afluente de origem judaica. Seu pai era um advogado que tinha mais de 12 mil livros em casa. Na adolescência, Popper aderiu ao marxismo. Convicto do valor do trabalho, foi operário da construção civil, mas logo percebeu que ficar carregando tijolo não era para ele. Mudou então para a marcenaria. (Não dá para dizer que ele não tenha insistido.)

Aos 22 anos, cansado de ser proletário e já afastado do marxismo, tornou-se professor infantil. Aos 27, passou a lecionar no ensino médio. Popper decidiu então que queria ser professor de ensino superior, mas até aí não estava com muita cara de que as coisas iam dar certo. Aos 35, já ameaçado pelo nazismo, Popper finalmente achou uma vaga para dar aulas em uma universidade... na Nova Zelândia, que hoje é um lugar legal, mas que na época era um fim de mundo. Popper só voltou à Europa aos 44 anos, depois da Segunda Guerra Mundial, quando conseguiu um cargo na London School of Economics, onde orientaria Soros. Morreu em 1994, aos 92 anos, amplamente reconhecido como um dos maiores filósofos do seu tempo. A vida é longa. Você não precisa ser rico, influente, presidente da República e rockstar aos 30 anos.

O mais importante a registrar sobre Popper é o falseacionismo, ou seja, a ideia de que nenhuma afirmação pode ser confirmada, mas apenas refutada. Ninguém jamais poderia ter afirmado que todos os cisnes eram brancos só porque nunca tinham visto um cisne negro. Ausência de evidência não é evidência de ausência.

UMA HISTÓRIA PESSOAL

Felipe Miranda, um dos autores deste livro, teve uma demonstração muito pessoal do papel do acaso na vida profissional. Este é o relato dele:

Em 2009, eu trabalhava com o Rodolfo Amstalden na Infomoney e acompanhávamos os relatórios que as corretoras distribuíam a seus clientes. Feitos por terceiros, eles eram muito ruins e mal escritos. A maior parte dos clientes nem lia aquilo.

Resolvemos nos juntar ao Caio Mesquita para abrir a Empiricus. Nosso modelo de negócios era vender relatórios mais saborosos e relevantes para as corretoras. Distribuí-los seria uma forma de elas fidelizarem os clientes. Não saiu como imaginávamos.

Quer dizer, por algum tempo até deu certo. Chegamos a ter várias corretoras como clientes. Elas estavam felizes com nosso produto. Não estávamos nadando em dinheiro, é verdade: nossa sede era uma casa emprestada gratuitamente por um conhecido na rua Sarita Cyrillo, atrás do Unique, em São Paulo. A localização pode parecer nobre, mas a casa estava caindo aos pedaços, abandonada havia anos. Quando chovia, eu e o Rodolfo trabalhávamos com um olho nas cotações e outro nas goteiras. Eram muitas, e nós dois somos orgulhosamente os economistas da Faria Lima com maior experiência na utilização de baldes e rodos.

Isso sem falar que o zoneamento era estritamente residencial, de modo que a gente teve de entrar com os computadores na casa meio clandestinamente, na calada da noite, o que ornava com o clima fantasmagórico do imóvel. *À Meia Noite Instalarei Seu Servidor* era o filme de terror que protagonizávamos naqueles dias. Pedimos desculpas às autoridades do Plano Diretor de São Paulo pela confissão de culpa aqui realizada sobre o uso indevido da casa, mas foi o que conseguimos na época, e, veja bem, lidar com aquele imóvel, muitas vezes no escuro, foi nossa maior punição. (Depois ele foi vendido, e o novo proprietário não pensou duas vezes antes de botá-lo abaixo.)

Apesar das dificuldades, estávamos felizes. De gota em gota, literalmente, parecia que iríamos prosperar. Gostávamos muito do que fazíamos. Não estávamos ricos, mas o importante era que as coisas pareciam promissoras. Só que não durou muito tempo.

A situação financeira do país começou a piorar. Mais do que isso, muitas corretoras começaram a quebrar. Em 2012, a XP crescia, com todo o mérito, oferecendo uma plataforma de investimentos digital muito mais amigável do que as concorrentes, tirando-as de cena.

Na crise, a primeira coisa que as corretoras cortavam eram os relatórios contratados de terceiros que eram distribuídos aos clientes. Isso não era essencial. Em poucos meses, nossa receita foi quase a zero. Não víamos perspectiva.

Em uma reunião com cara de velório, chamamos o nosso então diretor financeiro, também devidamente treinado em goteiras e em serviços como copeiro, o André Kiss, e mudamos a meta semestral. Que agora seria vender R$ 20 mil em materiais de escritório. Ele abriu uma conta no Mercado Livre e começou a se desfazer de telefones, televisão, de uma geladeira que tínhamos. O André é um fiel companheiro, que queria muito ajudar. Ele se empenhou muito. Chegou a vender até os adaptadores de tomadas. Ele bateu a meta, e o bônus de fim de ano que a gente pôde pagar para ele foi um almoço em um restaurante alemão em Pinheiros. (O André é um ser humano tão incrível que repetiu várias vezes ter adorado a comida e o lugar, como quem quisesse nos animar.)

Mas a gente não conseguia se empolgar. A gente olhava aquilo indo embora do escritório e via um sonho desmoronando. Você passa a duvidar de si mesmo. Será que eu sou um fracasso? Parecia que o mundo estava sendo muito injusto conosco. A gente se dedicava feito louco. Tinha a mesma cabeça de hoje: acertava bastante as indicações de investimento, os relatórios eram bons. Mas mesmo assim a coisa não parava de pé. Talvez não fosse para dar certo mesmo. Talvez não fosse para a gente dar certo em qualquer coisa.

Eu sou o cara que mais detesta a autocomiseração. Não acho que ninguém tenha nada a ganhar sentindo pena de si mesmo, se vitimizando. Mas não era fácil. Em um dia, perguntei ao Rodolfo quanto ele achava que a gente aguentaria antes de quebrar. "Uns quatro meses, cinco no máximo", ele me disse.

Meu pai tinha morrido. Minha mãe estava deprimida. Meu filho tinha acabado de nascer, e eu só descobri que a mãe estava grávida pouco antes do parto. Enquanto isso, minha empresa vendia até as tomadas. Eu me sentia com um milhão de responsabilidades e pessoas para cuidar, mas incapaz de enxergar como seria o dia seguinte ou, mais mundanamente, como pagar as contas. Até que o acaso agiu.

De repente, apareceram uns americanos na nossa vida. Nunca tínhamos ouvido falar deles: grupo The Agora. Mas eles eram próximos de um conhecido de um conhecido da Bia Nantes, nossa chefe de operações, o que fez eles chegarem até nós. A empresa dos americanos era a maior publicadora de conteúdos financeiros do mundo. Eles queriam comprar metade da nossa empresa. Eu me perguntava o porquê. Mas fomos ouvi-los.

Eles acreditavam que poderíamos prosperar se adotássemos um modelo de negócios mais parecido com o deles: vendendo diretamente para a pessoa física, com uma estrutura de marketing, com uma nova precificação e com novos formatos de publicação. Nós, idiotas, quase botamos tudo a perder entrando em uma discussão completamente arrogante e sem sentido sobre o preço: depois que chegamos a combinar um valor, voltamos atrás e pedimos um pouco mais. A sorte foi insistente, mesmo quando tentamos atrapalhar. Os americanos foram pacientes e toparam abrir novamente a negociação. Mais treinados em aritmética e em *valuation*, eles rapidamente calcularam que duas vezes zero ainda era zero para o valor da operação.

> Acho que a gente aprendeu rápido com eles. De 2013 em diante a Empiricus decolou e, no momento em que esse texto é escrito, em 2020, temos cerca de 350 mil assinantes. Somos a maior afiliada do mundo dentro do grupo Agora.
>
> No meio do caminho, tivemos a ajuda de outro evento aleatório e imprevisível. Havíamos feito críticas à condução da política macroeconômica do governo petista, em uma peça chamada "O Fim do Brasil", que depois ficaria famosa. Para nossa imensa surpresa, a então presidente Dilma Rousseff decidiu impetrar um processo contra nós, o que serviu apenas para dar visibilidade à tese e à empresa, gerando milhares de novas assinaturas, levando-nos a outro patamar.
>
> Só estamos aqui, escrevendo estas linhas, por causa desses eventos. A Empiricus é, em si, um grande cisne negro. Em uma metalinguagem, somos uma empresa talebiana que fala de eventos talebianos. É famosa a citação de Macbeth, na peça de Shakespeare: "A vida é uma história contada por um idiota, cheia de som e de fúria, sem sentido algum." Não há como saber o que vai acontecer. Não há segurança alguma. Os cintos não estão afivelados.

Como, afinal, ganhar dinheiro em um mundo assim? Só nos resta esperar pela sorte e sofrer se ela não aparecer? Não. Há um caminho. Vamos em busca do melhor a ser feito diante da nossa incapacidade de conhecer o mundo com convicção. Sabemos que somos ignorantes. E isso nos coloca em grande vantagem para ganhar dinheiro. Há um ferramental para o não saber. É possível atuar com ele e dele se beneficiar.

Este é o propósito deste livro.

2
OS MERCADOS SÃO MAIS EFICIENTES DO QUE VOCÊ

Num belo dia ensolarado, depois de tomar o café da manhã, você abre o jornal e vê que a Petrobras apresentou um bom resultado trimestral. Receitas e lucros crescendo em ritmo acelerado, endividamento caindo. Opa, isso é uma ótima notícia! Boas perspectivas para a empresa. Você resolve então comprar ações da petroleira, porque acredita que elas vão se valorizar.

Infelizmente, meu amigo, você chegou tarde. Para usar um chavão do mercado, a notícia "já está no preço".

O sistema de preços é muito poderoso. Ele captura tudo — ou quase tudo — que está acontecendo com muita velocidade. Para entendê-lo, vamos dar um passo atrás.

Seres humanos reagem a incentivos. No geral, somos egoístas movidos por aquilo que nos beneficia. Como explica a famosa frase de Adam Smith em *A riqueza das nações*: "Não é da benevolência do açougueiro, do cervejeiro e do padeiro que esperamos o nosso jantar, mas da consideração que eles têm pelos próprios interesses."

Faça um exercício honesto: uma doença grave, porém não fatal, no seu filho ou um milhão de desconhecidos mortos aleatoriamente na China? Smith já tinha refletido sobre isso em seu livro *Teoria dos sentimentos morais*, publicado originalmente em 1759.

"Suponhamos que o grande império da China fosse subitamente engolido por um terremoto [...] e imaginemos como um cidadão humanitário na Europa [...] seria afetado ao receber a notícia dessa terrível calamidade. Imagino que expressaria intensamente sua tristeza pela desgraça de todos esses infelizes, faria muitas reflexões melancólicas sobre a precariedade da vida humana [...] Então continuaria seus negócios com o mesmo relaxamento e tranquilidade que teria se tal acidente não tivesse ocorrido."

Por outro lado, "o mais frívolo desastre que se abatesse sobre ele causaria uma perturbação mais real. Se soubesse que teria o dedo mínimo amputado pela manhã, não dormiria de noite; mas, como nunca os viu, roncaria na mais profunda serenidade ante a ruína de centenas de milhares de seus irmãos".

A China é muito longe, mas e se você pudesse escolher entre o diagnóstico de um câncer no vizinho que você só cumprimenta protocolarmente por um bilhão de reais na sua conta? Balançou? Não? E se o câncer fosse tratável, ou seja, ele fosse sobreviver? E se você pudesse dar parte do dinheiro para ele? (Como você dividiria? 10%? 50%? Aí já é demais?)

Nem todas as espécies são egoístas. Formigas, por exemplo, não pensam muito nelas mesmas. Seu cérebro é extremamente coletivista, não individualista. De modo que um dos maiores biólogos de todos os tempos, Edward O. Wilson, ele próprio especialista no comportamento fascinante das formigas, definiu o marxismo desta forma: "Teoria maravilhosa. Espécie errada."

Como o capitalismo usa o egoísmo humano em nome da produtividade econômica?

Um dos autores deste livro cortava o cabelo sempre depois de sair do trabalho. O dono do pequeno salão trabalhava sozinho e fechava seu estabelecimento por volta das sete da noite, o que fazia com que ele às vezes não chegasse a tempo. Frequentemente chegava com a loja fechando, a chave na fechadura. Em todas elas, ao ver o cliente, o dono do salão repetia a mesma coisa. "Ah, entra aí que a gente corta" e abria o salão novamente.

Por que ele fazia isso? Pelo prazer de cortar cabelos? Por amor à estética? Por ser legal? Suspeitamos que ele só não queria abrir mão do dinheiro adicional de mais um corte. Suponha por um segundo que o cabeleireiro fosse um funcionário público. Ele trabalharia fora do expediente para resolver seu problema? Provavelmente não. Como disse Nelson Rodrigues, o dinheiro compra até amor verdadeiro. E por sua vez, como diz o famoso ditado popular, "quando o dinheiro não entra pela porta, o amor voa pela janela".

Mas não é apenas o fato de pagar. Pagar não basta. Você precisa pagar um preço certo. Por dois reais, o cabelereiro não iria abrir o salão de volta. Por 3 mil, o cliente ia preferir ficar cabeludo. O preço é um encontro mágico entre a disposição do vendedor e a disposição do comprador.

Essa é uma das mágicas do capitalismo: o sistema de preços. Eles não são determinados por um grupo de burocratas num palácio, mas pelo próprio mercado. O vendedor sempre vai pedir o máximo que conseguir arrancar do comprador, e, se houver concorrência, o comprador vai sempre utilizar todas as opções de que dispõe para conseguir o menor preço possível: comprar na concorrência, optar por um bem alternativo (se a banana está cara, vamos comer maçã) ou se recusar a comprar.

Preços servem de informação. Eles fazem o *match* perfeito entre oferta e demanda.* Se há alta na demanda por um pro-

---

* Milton Friedman resumiu a eficiência do sistema de preços com um lápis em um vídeo do final dos anos 1970: "Não existe uma só pessoa capaz de fazer este lápis sozinha. A madeira vem de uma árvore no estado de Washington. O grafite, da América do Sul. A borracha, da Malásia. Não sei sobre o envoltório de latão, a tinta amarela ou a cola. Milhares de pessoas cooperaram para fazer este lápis. Pessoas que não falam a mesma língua, de religiões diferentes, que poderiam se odiar caso se encontrassem. Quando você compra este lápis, está trocando alguns minutos seus por alguns segundos de todos aqueles milhares de pessoas. O que as reuniu e as levou a cooperar para fazer este lápis? Não houve um comissário emitindo ordens de um escritório central. Foi a mágica do sistema de preços."

O preço é um encontro mágico entre a disposição do vendedor e a disposição do comprador.

duto, os consumidores começam a competir pela oferta disponível, o que faz o preço subir. A queda na oferta, como numa quebra de safra, também aumenta preços. Na outra ponta, se houver desinteresse dos consumidores por um produto ou excesso de oferta, o preço cai.

Perceba que todos esses movimentos levam a um autoajuste do mercado. O preço mais alto diz aos produtores que vale a pena investir para produzir mais. De modo que em pouco tempo a produção aumenta, empurrando novamente o preço para baixo. (Já o preço baixo desestimula a produção, reduzindo a oferta e do mesmo modo reequilibrando o mercado.)

Como escreveu o economista Friedrich Hayek ainda nos anos 1940 em *O uso do conhecimento na sociedade*, o mais interessante é que o sistema de preços aconteceu de forma espontânea: ele não foi deliberadamente criado por alguém ou por algum governo. Mesmo Adam Smith não estava sugerindo um sistema econômico (como fez Marx), apenas observando como as coisas funcionavam. Sistemas que emergem sozinhos e resistem ao teste do tempo costumam ser mais sólidos do que aqueles criados na prancheta teórica de alguém. Não surpreende portanto que, quando o governo interfere nos preços, ele está distorcendo as informações e, assim, causando danos e enviando sinais errados aos produtores.

Há dois exemplos opostos bastante emblemáticos e lamentáveis na história do Brasil. O primeiro se refere às políticas públicas na República Velha para manter o preço do café artificialmente alto. O governo fixava um preço mínimo para o café e, se necessário, intervinha comprando o produto. Dizia-se que isso era feito para "regular" os preços. A ideia era guardar o café até os preços voltarem a subir, quando o governo venderia seus estoques.

O problema é que o produtor via o preço lá no alto e pensava: "Vou produzir mais, claro, porque a margem está boa." De modo que eles continuaram plantando café como se não houvesse amanhã. Na década de 1930, em meio a uma crise global, o governo não tinha mais o que fazer com todo aquele café e acabou tendo, pois é, que incinerar os estoques.

Um exemplo na direção contrária foi o congelamento de preços determinado pelo governo de José Sarney por ocasião do Plano Cruzado, em 1986, na tentativa de controlar a inflação da época, que atingiu assombrosos 517% ao ano. O tabelamento dos preços contou com o apoio entusiasmado da maior parte da população. Algumas pessoas se autodenominavam "fiscais do Sarney": cidadãos comuns que voluntariamente iam a supermercados com a tabela de preços da Sunab, a então Superintendência Nacional de Abastecimento, para verificar se os valores estavam sendo praticados corretamente. O resultado foi aquela confusão boa que só acontece no Brasil e na Dinamarca. Briga de cidadão com funcionário de supermercado, polícia sendo chamada, gerente sendo levado preso sob os aplausos dos espectadores.

Em março daquele mesmo ano, uma reportagem do *Jornal Nacional*, da TV Globo, registrou um cidadão com cerca de 40 anos discursando em frente aos caixas de um supermercado, cercado por uma pequena multidão que o aplaudia enquanto ele mostrava dois potes de maionese com preços diferentes e dizia: "Eu fecho este supermercado pelo roubo abusivo, em nome de José Sarney!"

Os preços artificialmente baixos fizeram a demanda explodir, enquanto ao mesmo tempo sinalizaram às fábricas que não valia mais a pena produzir. Os produtos começaram a faltar. Ninguém conseguia comprar carne, por exemplo. Em uma cena bizarra, o governo mandou a Polícia Federal buscar à força bois no pasto.

Fonte: Agência Estado

O preço é muito poderoso. Ele é um sinalizador potente para a tomada de decisão dos agentes econômicos. Durante a primeira metade do século XX, diversos economistas contribuíram para demonstrar formalmente o que se convencionou chamar de teoremas do bem-estar social. O Primeiro Teorema do Bem-Estar formaliza que, com pessoas atuando em prol dos próprios interesses, em um ambiente de livre informação e concorrência, chegamos a um equilíbrio competitivo e eficiente. Ou seja, ocorre um *ótimo de Pareto*, uma situação em que não é possível melhorar a condição de um indivíduo sem prejudicar a de outro.

E isso nos traz de volta aos investimentos.

AS FAMOSAS IMPLICAÇÕES NO MERCADO

Ainda nos anos 1960, um jovem professor da Universidade de Chicago, muito impressionado com o poder extraordinário dos preços, elaborou uma nova hipótese. Eugene Fama era seu nome. Ele ainda está vivo e ativo. Fama defendeu que, em mercados competitivos, os preços incorporam todas as informações disponíveis sobre um determinado ativo.

Para ilustrar, voltemos ao exemplo da ação da Petrobras que abriu o capítulo. Quando você decidiu comprá-la depois de ler uma notícia, a nova informação já estava incorporada no preço da ação. Há milhares de pessoas muito espertas, capacitadas e ágeis operando ações. Será muito difícil chegar antes de todas elas. Aliás, a informação já estava incorporada mesmo quando o jornalista começou a escrever a reportagem, várias horas antes, porque ela já circulava no mercado. Se realmente era uma boa notícia, quem tinha de comprar provavelmente já havia comprado e o preço subiu.

Fama argumentou também que, até como consequência disso, os preços estão sempre de acordo com o valor justo dos respectivos bens ou serviços. Em outras palavras, o mercado sempre chega antes. É a hipótese dos mercados eficientes. (Como veremos, o próprio Fama admite que isso é uma aproximação.)

Vamos continuar no exemplo do balanço de uma empresa. Resultados trimestrais são estudados com muita diligência pelo "smart money", o modo como são chamados os maiores ganhadores de dinheiro, como grandes mesas de bancos ou grandes *traders*. Os lucros da Petrobras cresceram, ok. Mas isso já estava nas expectativas? Se sim, já está no preço. Se não, estará assim que a informação for divulgada. (Em geral, as expectativas de consenso se mostram acertadas.)

Talvez você diga: "Ok, mas eu estudei *valuation* de empresas" — se não estudou, haverá oportunidade neste livro — "e, analisando os balanços da Petrobras, vi que ela está com preço mais barato do que o justo." Você não é a única pessoa no mercado que entende de *valuation*. Sempre haverá alguém com mais experiência, mais matemática, mais tecnologia, mais equipe, melhores processos, mais networking e, sejamos honestos, até mais inteligência. O mercado financeiro paga muito bem e, portanto, atrai gente excepcional. Estamos todos na mesma pista, olhando os mesmos ativos. Se o preço estiver mesmo errado para baixo, o mercado enxerga isso, compra e o preço sobe.

Então você pode ficar muito irritado com a gente e dizer: "Caramba, então a única solução é o *insider trading*, ou seja, operar com informações sigilosas de dentro da empresa que ainda não foram abertas ao mercado?"

A resposta é não, e por dois motivos. Primeiro porque é crime. Segundo porque, de acordo com Fama, às vezes nem a informação privilegiada resolve. Se mais alguém tiver acessado essas informações e operado com elas, significa que o movimento de compra ou venda já começou. Ou seja, o preço já foi impactado de alguma forma para incorporar a informação, mesmo que o mundo ainda não saiba do que se trata. O mercado captura até os segredos!

Como Warren Buffett resumiu de forma bem-humorada certa vez, "com informação privilegiada e US$ 1 milhão, você pode ir à falência em um ano".

Para piorar a situação de quem quer ser mais esperto que o mercado, as informações têm circulado cada vez mais rápido. A internet, a sofisticação dos profissionais financeiros, a ampliação do acesso à informação, a evolução dos algoritmos, a aplicação da matemática computadorizada, a inteligência artificial e os fundos quantitativos tornam o jogo cada vez mais difícil.

COMO BUFFETT CONSEGUE?

Vamos pensar em Warren Buffett, talvez o investidor de maior sucesso que já tenha existido. Ele fez a sua vida escolhendo

Sempre haverá alguém com mais experiência, mais matemática, mais tecnologia, mais equipe, melhores processos, mais networking e, sejamos honestos, até mais inteligência.

ações que considerava que valiam mais do que o preço que o mercado pedia por elas. No começo de sua carreira, nos anos 1950, inspirado pelo seu professor em Columbia Benjamin Graham, sua estratégia era encontrar grandes pechinchas no mercado analisando o balanço das empresas.

Pense, por exemplo, em uma empresa cujo valor de mercado na Bolsa fosse menor do que o seu patrimônio líquido — simplificando, imagine uma companhia que fosse dona de prédios no valor de US$ 100 milhões e que não tivesse nenhuma dívida, mas valesse apenas US$ 70 milhões na Bolsa. Não havia muita gente olhando para esse tipo de coisa, os balanços demoravam a circular, a informação era difícil. Para acessar um balanço financeiro, era preciso viajar por horas até a sede da companhia, escondida em algum lugar dos Estamos Unidos. Havia muitas oportunidades de comprar ações escandalosamente baratas.

No Brasil, isso ainda era possível em 1994, conforme contam os gestores da Dynamo, talvez a mais bem-sucedida gestora de fundos de ações do país, em uma carta aos seus cotistas de abril de 2019. Eles lembram de terem comprado "praticamente por zero" a Caraíba Metais, que faturava US$ 300 milhões, ao investir nas ações da holding que a controlava. "Isso mesmo. Àquela altura, encontrávamos com alguma frequência oportunidades de investimento clássicas, *à la* Graham, tipo companhias negociando abaixo de seu capital circulante líquido, ou holdings negociando abaixo da soma de suas participações a mercado."*

Mas o mundo mudou, e essa mamata acabou. Há muita gente olhando agora, tudo está a uma banda larga e duas ma-

---

* Um exemplo do primeiro caso seria uma empresa ultrassimplificada cujo balanço apontasse apenas R$ 10 milhões em caixa e obrigações de R$ 5 milhões para fornecedores. Essa empresa tem R$ 5 milhões livres a serem capturados pelos acionistas. Se ela vale R$ 3 milhões na Bolsa, há R$ 2 milhões grátis aí. No segundo exemplo, imagine que uma holding tem uma participação que vale R$ 100 milhões na empresa A e outra participação de R$ 100 milhões na empresa B. Mas o valor total dessa holding na Bolsa é de apenas R$ 150 milhões. Ou seja, tem R$ 50 milhões de graça aí.

cros no Excel de distância, e qualquer oportunidade muito óbvia vai evaporar em segundos. Com o Google, todo mundo ficou inteligente. A consequência disso é que ficou ainda mais difícil bater o mercado, ou seja, deliberadamente encontrar ativos que vão performar melhor do que a média.

A única possibilidade é se jogar em investimentos mais arriscados (e por isso mais baratos, para compensar) e dar a sorte de nada de ruim acontecer. Mas aí é sorte, no máximo coragem, não competência. Você não olha para o ganhador da Mega Sena e diz que ele é um gênio. Por definição, a sorte não é sistemática. Você não pode contar com ela para bater o mercado de maneira consistente. "Não pode ser", talvez você argumente. "Afinal, Warren Buffett continua ganhando dinheiro até hoje, certo? Vai dizer que ele é apenas um megassortudo?"

Não necessariamente. O próprio Eugene Fama admitiu em 2016 em um vídeo para a revista *Chicago Booth Review* que a hipótese dos mercados eficientes "é um modelo", ou seja, "não é completamente verdade, claro, porque nenhum modelo é. É uma aproximação. Mas é uma boa aproximação".

Não é que seja impossível se antecipar ao mercado, enxergando antes o que ninguém viu. Se Buffett fazia isso nos anos 1950 olhando balanços empoeirados escondidos no meio do Nebraska, alguém pode e deve estar fazendo o mesmo agora na frente de um computador. Se qualquer nova informação é rapidamente incorporada ao preço, alguém precisa fazer essa incorporação, ou seja, alguém tem de agir antes de todo mundo, comprando ou vendendo, empurrando o preço para o lugar correto. Nem que seja um robô leitor de balanços.

O que nos parece fundamental compreender é que, embora ser um visionário como Warren Buffett não seja impossível, é muito, mas muito difícil. E nada impede que o velhinho, por mais brilhante que seja, tenha também contado um pouco com a sorte — as coisas não se excluem. A mistura de competência e aleatoriedade é mais fácil de ser enxergada no esporte: o líbero Serginho ganhou quatro medalhas olímpicas no vôlei. Mérito dele ou sorte de ser da geração certa, com os colegas certos e um treinador excepcional? As duas coisas, claro.

Argumentar que a hipótese dos mercados eficientes é inválida porque Warren Buffett existe é frágil. Nada impede que o sábio de Omaha, como ele é conhecido, possa ser apenas a exceção estatística dentro de uma distribuição de gestores medianos. A probabilidade de você ser um Warren Buffett é muito baixa. A probabilidade de existir algum Warren Buffett no mundo, por forças meramente aleatórias, é alta.

Para provar que é muito difícil ser um Buffett, os defensores da hipótese dos mercados eficientes fazem uma analogia. Quando os cientistas médicos querem saber o que faz alguém viver mais, eles não vão lá perguntar para um sujeito de cem anos. Um caso é apenas uma evidência anedótica, sem valor científico. Para dar qualquer validade científica ao teste, você precisa pegar um grande grupo de pessoas com uma característica em comum (comer vegetais todo dia, por exemplo) e comparar com um grupo controle (quem não come ou, idealmente, uma amostra aleatória da população). Não adianta achar um velho de 102 anos que fuma, bebe e manda ver um costelão todo dia para dizer que está provado que nada disso faz mal. Um caso isolado não tem validade estatística.

Se você quiser saber se a gestão ativa de investimentos (ou seja, a busca por escolher os melhores ativos, prevendo quais vão ter melhor desempenho) funciona, precisa comparar um grupo grande de gestores ativos com algum grupo controle. Foi o que fez Michael Jensen, também na Universidade de Chicago, em 1968. Ele comparou o desempenho de fundos de investimento multimercado nas décadas anteriores ao estudo com o de carteiras passivas, ou seja, aquelas que buscam apenas replicar o desempenho do mercado, por exemplo ao comprar um índice de ações que contenha todas as principais empresas negociadas na Bolsa (o Ibovespa no Brasil ou o S&P 500 nos Estados Unidos).

O resultado: na média, depois que você desconta as taxas de administração e performance que esses fundos cobram, eles não conseguem superar as carteiras passivas que utilizam como benchmark, ou seja, a meta que se propõem a bater. Segundo o economista Richard Thaler, autor de *Misbehaving: A construção da economia comportamental,* os investidores individuais deveriam agir como se os mercados fossem eficientes. "Desde o trabalho de Jensen há evidências disso, e o estudo foi replicado um zilhão de vezes desde então."

O *TIMING* DO MERCADO

Não é trivial que justo Richard Thaler esteja dizendo isso. Se tem alguém que não pode ser acusado de complô com Eugene Fama, o pai da hipótese dos mercados eficientes, é ele. Thaler, que também é professor na Universidade de Chicago, é um dos maiores críticos da ideia de que o mercado não erra. Outro economista que pensa como ele é Robert Shiller, da Universidade de Yale. Thaler, Shiller e Fama são todos ganhadores do prêmio Nobel de Economia.

"Eu discordo que os preços estejam sempre certos", afirma Thaler, alegando que a psicologia humana é propensa a todo tipo de euforia, levando a bolhas, ou pânicos, levando a *crashes*, dois extremos da irracionalidade nos preços. "Mas concordo que não seja possível bater o mercado."

Shiller vai pelo mesmo caminho: "A gestão de dinheiro é uma profissão que envolve muita falsidade — gente dizendo que consegue bater o mercado, mas na verdade eles não conseguem. Eu sou um grande admirador de Fama, e seus trabalhos são muito interessantes. Os investidores têm expectativas exageradas do que eles conseguem fazer."

O próprio Warren Buffett há algum tempo tem saído em defesa de investimentos passivos. Defende, portanto, que o investidor abra mão de tentar ficar escolhendo ações ou ativos que vão superar o mercado. Compre um índice, ele diz. Basicamente, não tente fazer na sua casa o que eu faço na minha, pois vai dar errado. Em 2007, ele chegou fazer uma aposta de US$ 1 milhão com um outro gestor americano. Buffett apostou que, ao fim de dez anos, o S&P 500 (o índice com todas as maiores empresas de capital aberto dos Estados Unidos) teria se saído melhor do que uma cesta de fundos multimercado à escolha do oponente. Em 2017, ele ganhou e doou o dinheiro a uma instituição de caridade.

Há algo ainda mais curioso nessa história: o próprio Buffett também não bateu o mercado no respectivo intervalo. Sua lógica era simples: um fundo de ações passivo entrega, por definição, a média do mercado, uma vez que seu universo representa todas as empresas relevantes, incluindo tanto os grandes sucessos quanto os grandes fracassos. No outro lado do campo, gestores não conseguem superar a média de mercado no longo prazo, porque é difícil superar um concorrente que em tese agrega toda a informação disponível, algo que humano nenhum vai conseguir fazer sozinho.

Você poderia ter um empate, mas o ponto é que fundos de investimento cobram taxas de administração (uma porcentagem do patrimônio investido) e de performance (uma porcentagem da rentabilidade). Como essas coisas são caras, no final do dia a gestão ativa acaba performando pior do que a passiva.

"O risco [para o investidor] é cair no canto da sereia de um gestor ou um consultor que cobra caro", escreveu Buffett em carta aos investidores de sua empresa, a Berkshire Hathaway, em 2017. "Mas você pode imaginar um consultor de investimentos dizendo aos clientes, ano após ano, para continuar investindo num fundo passivo que replica o S&P 500? Isso seria suicídio. Para que pagar comissões enormes para alguém lhe dizer isso? Então eles recomendam pequenas mudanças na gestão a cada ano ou dois. Essa recomendação é feita com um blá-blá-blá esotérico que explica os estilos de investimento atuais ou as tendências econômicas do dia. Isso faz os investidores perderem muito dinheiro."

Ele já disse que, quando morrer, quer que a gestão de sua herança seja feita por meio de investimentos em fundos passivos. Parece que o velhinho confia apenas nele mesmo para fazer *stock picking*.

Mas, meu Deus, como assim?

Se Buffett, Shiller e Thaler questionam a hipótese de que o preço é sempre confiável, alegando que às vezes os preços enlouquecem para cima (com investidores pagando fortunas por empresas-lixo) ou para baixo (com ótimas empresas a preço de banana), então há uma forma fácil e óbvia de ganhar dinheiro: comprando no pânico e vendendo na euforia.

Vamos falar disso no capítulo 8, mas tenha em mente desde já algo importante: ninguém conseguiu ainda desenvolver um método sistemático para saber quando uma bolha termina. As finanças comportamentais, de que Shiller e Thaler são alguns dos maiores expoentes, foram profícuas em apontar falhas na hipótese de mercados eficientes. Contudo, não obtiveram o mesmo êxito em estruturar um sistema capaz de bater os mercados de maneira sistemática. O mercado pode ter suas ineficiências, mas ninguém conseguiu encontrar uma fórmula para explorá-las recorrentemente.*

Suponha que você é muito inteligente e muito bem informado. O mercado está cobrando R$ 20 por uma ação do Itaú, mas você tem muita convicção de que aquilo vale no mínimo R$ 40. Você é o maior especialista em Itaú da face da Terra e está enxergando oportunidades para o banco que ninguém mais está vendo. Você é bom demais nisso. Você vai se encher de ações do Itaú. Vai colocar todo o seu dinheiro, talvez até

---

* Alguns doutores em matemática criaram modelos sofisticados para supostamente encontrar falhas de mercado e se favorecer delas. Alguns quebraram, como citamos no primeiro capítulo. Mas há quem tenha prosperado. O mais famoso é Jim Simons. Mas perceba que, mesmo que tais algoritmos sejam infalíveis — o que ainda é muito questionável — a existência desse tipo de fundo fazendo arbitragens torna o mercado ainda mais eficiente: ao comprar e vender com base nas ineficiências do mercado, Simons e companhia estão corrigindo-as em alta velocidade. Além disso, tais fundos não estão disponíveis para pessoas físicas, que de qualquer modo não teriam o repertório matemático necessário para discernir entre um modelo extraordinário e um charlatão antes de entregar a ele suas economias. Por fim, os modelos são uma caixa preta, impossíveis de serem completamente avaliados mesmo por especialistas.

algum emprestado. Afinal, você vai montar uma posição do tamanho da sua convicção.

Mesmo que você esteja certíssimo na sua análise, e estamos aqui considerando que está, há um problema de *timing*. Do ponto de vista do investidor individual, para ganhar dinheiro é preciso que o consenso do mercado caminhe para a sua posição. Você não é um fundo gigantesco com bilhões e bilhões que faz o mercado se mexer quando resolve comprar ou vender.

Se você estiver certo, isso *tende* a acontecer *uma hora*. Tende. Porque não há qualquer garantia da existência de um polo magnético entre os preços correntes e o tal valor justo. O que se pode esperar é apenas que a verdade se torne óbvia, o que talvez demore a acontecer.

O que nos leva à segunda dificuldade: mesmo que o movimento ocorra, simplesmente não há como prever a velocidade de ajustamento. Conforme alertou Keynes, os mercados podem se manter irracionais por mais tempo do que você pode se manter solvente. Ou seja, seu dinheiro pode acabar antes de a racionalidade chegar.

Além disso, conforme ficará claro mais adiante, em várias situações é bem complicado determinar qual é esse tal valor justo, ou seja, se a ação do Itaú vale mesmo esses R$ 40 que você acha que vale. Esse número depende de fluxos que estão no futuro. E, como já vimos no capítulo anterior, o futuro insiste em permanecer no futuro.

Timing é muito complicado. Você talvez ache que os ativos estão caros demais, que os preços são injustificados e que talvez, portanto, seja hora de vender, como Alan Greenspan disse em 1996, no episódio contado no capítulo anterior. Mas os preços podem simplesmente continuar subindo. Se Greenspan tivesse montado uma posição vendida em Wall Street, possivelmente teria perdido boa parte do patrimônio acumulado com suas caras palestras. Às vezes o mercado está subindo irracionalmente e pode continuar a fazê-lo por muitos anos.

No outro extremo, quem disse que uma situação ruim não pode piorar muito antes de melhorar? Mesmo que você esti-

> **Ações não se preocupam com seus sentimentos, se você está comprado ou vendido, se acredita que os preços bateram no teto ou no fundo do poço.**

vesse certo sobre o Itaú, talvez você compre a R$ 20 e as ações caiam a R$ 10 antes de começarem a subir até provarem para todo mundo que você tem uma mente brilhante. Se você estiver operando com dinheiro emprestado, esse é um problema gigantesco, porque credores costumam ter o péssimo hábito de cobrar no vencimento.

Mesmo investidores muito experientes com frequência se veem espremidos por um investimento que não reage e optam por desistir daquele ativo, assumir uma perda e ao menos limitar o desastre. Como se diz, às vezes é melhor um fim horrível do que um horror sem fim.

O *timing* do mercado pertence ao mercado. Ações não se preocupam com seus sentimentos, se você está comprado ou vendido, se acredita que os preços bateram no teto ou no fundo do poço. Como no clássico ditado lembrado em 2016 de maneira brilhante pelo gestor Luis Stuhlberger em entrevista ao *Valor Econômico*, no fundo do poço sempre pode ter um alçapão.

Como colocou Fama também na entrevista à revista *Chicago Booth Review*: "Não nego que existam casos anedóticos em que há problemas [e os preços ficam irracionais]. Mas eu quero um modo sistemático de identificar bolhas [...] Que seja capaz de identificá-las e prever quando elas vão acabar [...] Até agora, ninguém fez isso."

"Sempre vai ter alguém dizendo que os preços estão altos demais", continua ele. "Se essas pessoas acabam estando certas, viram gênias em retrospectiva. Se acabam erradas, nós esquecemos a sua previsão. Mas a verdade é que é apenas um chute com 50% de chance."

Nesse sentido, em entrevista de 2010 para a revista *New Yorker,* Fama cutuca Shiller, famoso pelo seu pessimismo e que ficou conhecido por prever a crise de 2008: "Shiller estava dizendo que havia uma bolha desde 1996..." Ou seja, se você fica anos dizendo que uma bolha vai estourar, um dia você acerta. Como diz a piada, os economistas previram nove das últimas cinco grandes recessões.

Em retrospectiva, diz Fama, é muito fácil dizer que os preços eram insustentáveis para cima ou uma mixaria para baixo. Difícil é saber *a priori*. O próprio Thaler admite na entrevista já citada à *Chicago Booth Review*: "É impossível saber com certeza se alguma situação é uma bolha."

O viés de retrospectiva — dos "engenheiros de obra feita" — e a falácia da narrativa — que explicaremos agora — fazem muita gente acreditar que tem a capacidade de domar o mercado.

Não é bem assim.

3
COMO ENGANAR UM INVESTIDOR

Nossa visão de mundo não é apenas construída a partir de fatos. Uma história pode ser contada de muitas formas, até mesmo transformando em promissor algo que é desesperador. O mercado financeiro está repleto de *framing*, ou seja, de tentativas de enquadrar os fatos de modo que eles pareçam mais favoráveis a um determinado investimento, como, por exemplo, ações.

As empresas sempre procuram criar uma narrativa positiva quando apresentam os seus balanços. Um prejuízo pode ser o começo de um processo de *turnaround*. É possível contrastar qualquer número com o do ano anterior, com o do trimestre anterior, com a concorrência, com qualquer coisa que seja mais favorável. Um CEO pode enfatizar o aumento no número de clientes se tiver como isso ser utilizado para contar uma história de crescimento, mesmo que eles não tragam mais lucros. Mas se a empresa perder clientes, pode dizer que está se concentrando naqueles de maior rentabilidade.

Especialistas e gurus às vezes fazem uso do mesmo expediente. Qualquer um que tenha uma obra crítica consistente poderá recortá-la de muitas maneiras para dizer "eu já sabia, eu avisei". O *framing*, que distorce os fatos para que eles se encaixem no que desejamos provar, e o viés de retrospectiva, que torna todos nós grandes videntes do que já aconteceu, andam de mãos dadas.

A intenção aqui não é acusar de má-fé quem prepara apresentações institucionais, *press releases* ou responde a perguntas de analistas em teleconferências de resultados nem quem se propõe a escrever sobre a economia ou o mundo. Essas pessoas não estão criando narrativas para nos enganar porque são malvadas. Fazem isso porque é da natureza humana criar narrativas.

A memória não é um HD ultraconfiável que preserva rigorosamente as informações. Cada vez que acessamos nossas recordações, involuntariamente as alteramos. Recriamos o passado a todo momento — e acabamos acreditando na nossa recriação. O nosso cérebro nos faz acreditar, por exemplo, que tínhamos consciência de determinados eventos antes que eles acontecessem, como a iminência de um *crash* no mercado. Não são só os outros que generosamente esquecem as nossas previsões equivocadas, *nós* também esquecemos. Nossa mente registra nossas profecias acertadas e ignora as bobagens que ficaram pelo caminho. Em retrospectiva nos sentimos geniais.

Esse é um tópico em que autores brasileiros deram contribuições interessantíssimas, do neurocientista Ivan Izquierdo, autor de *A arte de esquecer*, ao economista Eduardo Giannetti, que escreveu *Autoengano*. Segundo Izquierdo, professor na PUC do Rio Grande do Sul reconhecido mundialmente, o cérebro tem uma arte pela qual escanteia memórias. Entre o que cérebro esquece, está o desagradável, o ruim, o que não convém recordar no momento.

Se não fosse assim, viver seria impossível. Aqueles que não conseguem esquecer muitas vezes sofrem a ponto de precisar de ajuda psicológica. A memória se torna uma patologia. "Imagine uma pessoa com depressão. É até bom que ela tenha sua memória comprometida. E a dor do parto? Se as mulheres conseguissem reproduzir por completo esse sentimento, ninguém teria mais de um filho", disse Izquierdo em 2006 à Agência Fapesp.

Idosos são capazes de lembrar em detalhes histórias muito antigas, de décadas atrás, mas esquecem de acontecimentos recentes, do que acabou de acontecer. E se eles esquecem para serem felizes? É a hipótese de Izquierdo. "O escritor argentino Jorge Luis Borges disse uma frase matadora sobre isso: o velho prefere se lembrar das coisas da época da felicidade do que da tristeza. A época recente, para o velho, sempre envolve tristeza. O velho perde amigos. Quando temos 15 anos, fazemos amigos. O velho prefere se lembrar de quando dançava todas as músicas da moda, sabia todas as letras, namorava, jogava bola, virava a noite e ia trabalhar no dia seguinte", disse em entrevista a Drauzio Varella em 2010.

O cérebro dá uma forcinha para a nossa felicidade.

O professor Daniel Gilbert, da Universidade Harvard, diz que nós temos um "sistema imunológico psicológico". Os dados mostram que, um ano depois do fato, não há diferenças significativas de felicidade entre quem ficou paraplégico e qualquer outra pessoa. Como isso é possível? O sujeito não esquece que ficou paraplégico, certo? Claro que não, mas ele não precisa esquecer. Basta não ficar pensando o tempo todo naquilo. Basta que o cérebro esqueça *na maior parte do tempo*. Claro que pode haver dias ruins, mas a pessoa vai trabalhar, recebe os amigos, vê um filme, come um prato de macarrão à bolonhesa. O sistema imunológico psicológico desvia a atenção para outras coisas.

Mas o cérebro não faz a gente se sentir melhor apenas pela perda da memória. Há uma forma superior de esquecimento seletivo. Ela se chama narrativa e tem tudo a ver com o mercado financeiro. Gilbert cita um exemplo maravilhoso disso. Trata-se do caso de Pete Best. Primeiro baterista dos Beatles, deixou o grupo em 1962, antes do sucesso da banda. Acabou substituído por Ringo Starr e virou funcionário público na Inglaterra. Mais de três décadas depois, em uma entrevista, perguntaram se ele se arrependia daquilo. Ele respondeu: "Eu sou mais feliz do que eu teria sido com os Beatles. Eu tenho minha família, minha esposa, minhas duas filhas."

Gilbert coleciona vários outros exemplos, como o homem que ficou injustamente preso por 37 anos e disse "eu não lamento, foi uma experiência gloriosa" (gloriosa!). De modo que, se você quiser ser realmente feliz, eis o caminho, conforme aponta Gilbert: primeiro abra mão de sucesso, fama, dinheiro e de tudo o mais que ser um rockstar oferece. Depois, fique 37 anos preso.

É evidente que é melhor fazer parte dos Beatles do que não fazer. E é claro que é muito melhor não ser preso, ainda mais sem motivo. O que essas pessoas estão dizendo? Elas estão criando uma *narrativa*. Se eu tivesse ido com Paul, John e George, não teria casado com a minha mulher nem teria tido minhas filhas. A fama teria me tirado a paz. Talvez um fã louco tivesse me esfaqueado também. Eu vivi uma vida tranquila. Foi melhor assim. Quer saber, foi assim porque *era para ser assim*.

O cérebro não é um observador independente. Ele é um criador de versões, um simplificador da realidade, um inventor de justificativas artificiais. Ele não aceita a aleatoriedade. Ele precisa do "era para ser assim". É preciso criar uma narrativa que vá além da sucessão de eventos casuais. Narrativas, contudo, não são necessariamente criadas apenas por uma pessoa. Com muita frequência são criadas por grupos. Há vários exemplos muito interessantes (e um tanto bizarros) desse tipo de criação.

Um deles é o "culto à carga", descrito entre outros pelo físico Richard Feynman. A história ocorreu na Melanésia, ilhas que ficam no Oceano Pacífico. Durante a Segunda Guerra, algumas dessas ilhas foram usadas como base primeiramente pelos japoneses e depois pelos americanos. Os povos indígenas que ocupavam o lugar nunca tinham visto estrangeiros, e os militares estavam carregados de roupas, remédios, alimentos, colchões, tendas, facas, fogareiros, utensílios e até jipes que compartilhavam com os nativos, com quem não queriam se indispor.

Quando a guerra acabou e os militares foram embora, os nativos ficaram desolados. Foi então que criaram imitações das pistas de pouso que traziam os soldados e suas tão desejadas cargas, inclusive com fogo nas laterais, como faziam os americanos para facilitar pousos noturnos, e uma torre de comando, onde um nativo se sentaria com "fones de ouvido" de madeira e "antenas" de bambu — ele era o controlador de voo.

Eles criaram uma narrativa: as pistas e a torre de comando eram o fator que desencadearia o aparecimento dos militares e seus suprimentos. Como a maior parte das narrativas, criava efeito e consequência onde não havia. Até hoje nas ilhas de Tanna, onde vivem 30 mil pessoas, cultua-se um homem chamado John Frum. Soldado americano durante a Segunda Guerra, Frum virou uma figura adorada pelos habitantes da ilha, que acreditam que ele um dia voltará trazendo saúde e prosperidade. Existe até o "dia de John Frum", celebrado todo 15 de fevereiro. Ninguém nem sabe exatamente quem foi John Frum, uma vez que não há registro de combatente com esse nome. Uma hipótese é que John Frum tenha sido algum carismático militar que se apresentava como "John from America".

Essa história soa como uma anedota, mas acreditar que John Frum vai abençoar uma ilha seria tão diferente de qualquer outra superstição nossa, como usar uma camiseta da sorte (às vezes a cueca) no dia do jogo do nosso time ou de jogar cartas de tarô? Aliás, será que o mercado de capitais não costuma louvar vários Johns Frums?

Um caso de que gostamos muito envolvendo a falácia da narrativa está contado no livro *A loja de tudo,* do jornalista Brad Stone, sobre a história da Amazon. Quando Stone foi conversar com Jeff Bezos, o fundador da empresa, sobre o livro que pretendia escrever, Bezos o questionou: "Como você planeja lidar com a questão da falácia da narrativa?"

"Bezos estava sugerindo que a ascensão da Amazon poderia ser esse tipo de história incrivelmente complexa. Não havia explicação simples para como certos produtos foram inventados [...] 'Quando uma empresa formula uma ideia, o processo é caótico. Não há um momento do tipo *ahá*.' [Bezos] temia que reduzir a história da Amazon a uma narrativa simples pudesse dar a impressão de clareza, em vez do que realmente foi."

O jornalismo — e o endeusamento de personalidades que ele promove, inclusive no mercado financeiro — é um campo muito propenso a narrativas simplificadoras da realidade, inclusive (e talvez especialmente) ao interpretar as oscilações do mercado. Como apontou Taleb, veículos de imprensa conseguem até mesmo criar duas narrativas contraditórias sobre o mesmo fato. Ele cita a agência de notícias Bloomberg. Em 2003, primeiro a agência afirmou que a captura de Saddam Hussein tinha impactado o mercado americano negativamente, por trazer instabilidade ao Oriente Médio. Mas horas depois o mercado virou, porque ele flutua, e a agência fez uma nova matéria, afirmando então que a captura tinha dado confiança aos investidores ao reduzir o risco de terrorismo.

"O problema do excesso de causação não reside no jornalista, e sim no público. Ninguém pagaria um dólar para comprar uma série de estatísticas abstratas que lembram uma palestra universitária entediante. Queremos ouvir histórias [...] Mas não há razão para isolar os jornalistas. Acadêmicos em disciplinas narrativas fazem o mesmo, mas adornam o processo com uma linguagem muito mais formal", escreveu Taleb em *A lógica do cisne negro*.

O cérebro não é um observador independente. Ele é um criador de versões, um simplificador da realidade, um inventor de justificativas artificiais. Ele não aceita a aleatoriedade. Ele precisa do "era para ser assim".

A INVEJA DA FÍSICA

Algumas áreas do conhecimento são menos propensas ao discurso e à criação de narrativas do que outras. Nas finanças e na economia, por exemplo, essa é uma prática comum, mas não é o caso da física. Aliás, dizem que os economistas invejam a física, uma vez que este é um campo do saber em que é possível fazer medições precisas e estabelecer leis que, se não forem completamente imutáveis, são muito confiáveis.

Na economia e nas finanças, análises, *papers* e livros podem estar travestidos de ciência, mas em boa parte dos casos atuam apenas no nível do *storytelling*, ou seja, da construção de uma narrativa crível. O problema é que não há nada que diga que a verdade precisa ser crível: como disse o jornalista Alberto Dines, há situações verossímeis que não são verdadeiras e há situações verdadeiras que não são verossímeis.

Como apontou André Lara Resende em seu livro *Devagar e simples,* o Iluminismo nos tirou a grande referência divina: não cabe, em um mundo guiado pela razão, apontar o mero desejo de Deus como resposta para todas as perguntas. Mas o que botar no lugar dele? O que cultuaremos? Há grande dificuldade nessa substituição, mas há alguns aspirantes. A ciência é uma fortíssima candidata (concorrendo muito de perto com o dinheiro).

Esse prestígio da ciência fez os financistas e os economistas quererem soar mais como físicos ou químicos do que como jornalistas ou cientistas sociais. Ou seja, queriam que a economia e as finanças fossem vistas como *hard science*. Não é o caso. Narrativas travestidas de matematizações continuam sendo narrativas. A economia não é técnica e objetiva; não consegue nem aspirar a isso. A consequência disso é que, no seu estudo, não é possível consolidar um conhecimento para o qual pudéssemos olhar e dizer: isto é o que sabemos até agora, essa é a fronteira.

Um dos autores deste livro, o Ricardo, fez alguns períodos de uma faculdade de física. Nunca lhe ocorreu que faltasse ao curso uma disciplina sobre história da física — tema relegado no máximo à curiosidade — ou que devesse ler Newton no original. Os grandes físicos do passado são lembrados apenas pelas homenagens em expressões como as equações de Maxwell ou as leis de Planck, Gauss, Ohm, Hubble e tantos outros. Tirando isso, Maxwell ou Planck estão mortos, obrigado pela ajuda aí, tchau. Isso porque, na física, o conhecimento vai sendo incorporado à "fronteira do pensamento". Nenhum experimento jamais refutou as equações de Maxwell, que descrevem o eletromagnetismo, então ele estará no livro-texto. A mecânica newtoniana, porém, não funciona a grandes velocidades ou dimensões muito pequenas. Não é questão de concordar: há dados.

Como dito, em economia os dados não são tão conclusivos, não há como isolar variáveis em laboratório.* Sobra para a retórica. O brasileiro Pérsio Arida e a americana Deirdre McCloskey debruçaram-se sobre tal tese e avançaram no assunto. O mercado está sujeito à falácia conhecida em latim como *post hoc ergo propter hoc*, que significa "depois disso, logo, causado por isso". Enxergamos causa e efeito onde há mera sucessão temporal.

Nos últimos anos, tornou-se muito comum no mercado financeiro brasileiro a ideia da "ditadura do argumento". Em uma reunião, se o estagiário argumentar melhor que o sócio, opta-se pela argumentação do estagiário. Esse posicionamento pode parecer moderno e democrático e se opõe a uma posição mais antiquada de "quem sabe mais é o chefe". Na prática é difícil saber o quanto a tal ditadura do argumento

---

* Embora alguns pesquisadores estejam tentando avançar nessa direção. O prêmio Nobel de Economia de 2019 foi dado para um trio de pesquisadores que desenvolveu métodos para mensurar a efetividade de algumas políticas públicas em temas como saúde ou educação. A ideia é utilizar os dados disponíveis para mimetizar um ambiente de laboratório, com grupos controle e isolamento de variáveis. Mas daí a dizer qual é o melhor sistema econômico possível ou como ganhar dinheiro na Bolsa é algo completamente diferente.

de fato existe, porque, ao fim do dia, alguém vai ter que dar a palavra final sobre a melhor argumentação, e em geral quem dá a palavra final é quem manda no negócio.

Mas vamos supor que a ditadura do argumento funcionasse para valer. Seria ela boa para a empresa? Achamos que não. Como apontaram Arida e McCloskey, o embate argumentativo não é vencido por quem tem a verdade final das coisas, por quem tem a razão última, mas por quem tem a melhor retórica. Assim, na ditadura do argumento, vence quem é melhor de papo, mas não necessariamente de visão.

A solução para isso? A ditadura do teste, dos resultados, de que falaremos no capítulo 10. Nos seus investimentos, cuidado para não ficar mais encantado por defender a sua visão do que por ganhar dinheiro, sob pena de ficar cheio de razão e com pouco dinheiro. Não queremos estar certos, queremos ganhar dinheiro.

NARRATIVAS E MERCADOS EFICIENTES

Se as narrativas são tão poderosas e tão comuns nas finanças, elas devem impactar os preços das ações e o mercado. Sendo assim, elas não se opõem à hipótese dos mercados eficientes, uma vez que cotações poderiam ser manipuladas não por mais informações, mas por mero enquadramento das já existentes? Sim e não.

É fato que as narrativas influenciam o mercado. Por exemplo, imagine que as ações de tecnologia estejam indo bem. Criamos então uma narrativa: elas estão indo bem porque estes papéis têm um futuro extraordinário, uma vez que o mercado vai se consolidar daqui a alguns anos e seus lucros vão se multiplicar exponencialmente. O ponto é que, se muita gente (ou pouca gente com muito dinheiro) acreditar nisso, as ações vão subir ainda mais. O mercado influenciou a narrativa, e a narrativa influenciou o mercado. Em linhas gerais, é a proposta de George Soros e sua teoria da reflexividade.

O mercado é eficiente na maior parte do tempo; quando não é, nós temos imensa dificuldade para entender verdadeiramente o que está acontecendo.

Veja que uma empresa pode inclusive ficar melhor simplesmente porque os investidores acreditam que ela é boa. Se o seu valor de mercado, movido pelo seu carisma injustificado, sobe, essa empresa terá mais facilidade para se financiar, por exemplo, fazendo uma nova emissão de capital a cotações muito favoráveis ou mesmo conseguindo linhas de crédito mais generosas.

Na nossa opinião, foi o que aconteceu com a Equatorial Energia. Muita gente boa acreditou na empresa, especialmente em grandes fundos do Rio de Janeiro, círculo onde todo mundo se conhece, que o sucesso da Equatorial se tornou uma profecia autorrealizada. O mundo é assim: gentil com quem já aparenta ser abastado de antemão. Claro que, como aponta Shiller, isso não é bem o que se espera de um mercado completamente eficiente e racional.

Mas antes de gritar "chora, Eugene Fama", não se empolgue. Lembre-se do que foi dito sobre bolhas e momentos de irracionalidade do mercado. Elas podem até existir. Mas, se você não tiver um método para identificá-las sistematicamente, nada adianta. Não há nenhum método para prever quais narrativas vão prevalecer no futuro ou quais vão morrer pelo caminho, de modo a ganhar dinheiro sistematicamente com isso. Podemos dizer que narrativas influenciam o mercado, mas não conseguimos apontar quais, quando e como. Em outras palavras, é complicado ganhar dinheiro assim. Ninguém sabe direito o que faz uma narrativa cair no gosto das pessoas e outra, não.

Pois é, não vamos nos livrar da hipótese dos mercados eficientes tão cedo. Uma formulação possível é esta: o mercado é eficiente na maior parte do tempo; quando não é, nós temos imensa dificuldade para entender verdadeiramente o que está acontecendo.

É mais fácil sermos enganados pelas narrativas — atribuindo causa e consequência a movimentos aleatórios do mercado — do que conseguir manipulá-las para vencê-lo.

Há, porém, um potencial caminho para lidarmos com o mercado de maneira mais efetiva. Mas, antes de chegar a ele, vamos complicar ainda mais a nossa empreitada. Não é apenas o mercado que vai a todo momento procurar nos botar de volta no nosso devido lugar de submissão. Nosso cérebro também vai fazer de tudo para dificultar.

4

A AUTÓPSIA DE UMA MENTE LIMITADA

No capítulo anterior, falamos sobre a propensão à retórica. Ela é apenas uma das variáveis que limitam nossa capacidade de analisar o mundo a que estamos sujeitos. Mais difícil do que vencer o mercado é vencer os nossos próprios vieses cognitivos. Tentar ao menos entendê-los é o que vamos fazer neste capítulo.

Comecemos pelo fato de que provavelmente nenhum de nós é tão bom quanto acha que é. Os psicólogos chamam isso de ilusão da superioridade. Você se considera um motorista melhor do que a média? Se você respondeu sim, está acompanhado por 93% dos americanos. O problema é que é impossível que 93% dos americanos dirijam melhor do que a média; em uma distribuição normal, apenas 50% das pessoas estão acima da média em qualquer coisa. (Em um dos estudos, o voluntário que disse estar "na média" tinha se metido em três acidentes e perdido a carteira de motorista no último ano.)

A autoconfiança excessiva se reproduz em tudo. Estudos diversos mostraram que professores superestimam suas aulas, por exemplo, e os alunos acham que são melhores do que realmente são. Outros estudos abordaram capacidade de liderança, habilidade no xadrez, humor, conhecimento de gramática. Não, não é só você que sabe usar a crase, Camões.

Em resumo, é preciso lutar contra aquilo que Adam Smith ainda no século XVIII chamou de "o misterioso véu de autoilusão que esconde as deformidades da própria conduta". Em outras palavras, você tem que parar de se achar.

Quem melhor aplicou isso na área de investimentos foi Terrance Odean. No começo dos anos 1970, Terrance virou hippie e abandonou a faculdade, em Minnesota, onde estudava escrita criativa. Passou 15 anos em trabalhos informais: foi de motorista de táxi a programador de computadores. Na improvável idade de 37 anos, retornou para a faculdade, onde acabaria estudando estatística. Formou-se e acabou fazendo doutorado em finanças. Hoje professor em Berkeley, na Califórnia, ele ainda é meio riponga — se mete em retiros silenciosos no meio do deserto, onde fica mais de uma semana calado.

Quando fala, porém, ele diz coisas interessantes. A principal: o ego vai fazer muito mal aos seus investimentos. Quando estiver perdendo, vai fazer você manter posições ruins por não querer admitir que errou. Quando estiver ganhando, o sucesso vai lhe subir à cabeça e você vai assumir riscos maiores do que deveria.

Mas o pior da autoconfiança excessiva é que ela leva o pequeno investidor a querer ser *trader*, ou seja, a comprar e vender ações com o objetivo de ganhar no curto prazo. O sujeito acha que sua capacidade de saber o que vai acontecer com determinado papel nos próximos dias — ou horas — é maior do que a do restante do mercado.

No longo prazo, comprar ações é uma aposta no crescimento das empresas e do país. Não é um jogo de soma zero: se os lucros e o PIB sobem, todo mundo ganha. O sujeito do *buy and hold* enriquece porque a produção e a produtividade aumentam, não porque alguém na outra ponta perdeu dinheiro. O bolo, medido pelo valor de mercado das empresas ou pelo produto nacional, cresceu junto com as fatias de todo mundo.

Fazer *trades* de curto prazo, porém, envolve a crença de que você tem mais informação, mais inteligência ou melhores técnicas do que os outros. Quem compra uma ação de manhã com o objetivo de vender à tarde não acha que a empresa ou o país vão melhorar a partir do meio dia. Ele quer tomar dinheiro de outros: os otários que venderam de manhã e/ou compraram à tarde e saíram perdendo. No curto prazo, o mercado é, sim, um jogo de soma zero ou algo muito perto disso. O bolo não cresce em poucas horas. Nesse período, só dá para roubar um pedaço da fatia dos outros.

O problema é que esse tipo de investidor não tem mais informação, mais inteligência e muito menos melhores técnicas do que os outros. Nas palavras de Terrance, é uma imensa inocência o pequeno investidor achar que ele vai entrar no mercado e vai ser mais inteligente ou melhor informado do que "os caras do Goldman Sachs" na outra ponta.

"É como decidir jogar basquete um contra um com algum jogador profissional da NBA. Você vai perder."* E perde mesmo: um estudo da FGV que ficou relativamente famoso no começo de 2019 mostrou que mais de 90% dos investidores brasileiros que fazem *day trade,* ou seja, compram e vendem ações no mesmo dia de modo especulativo, acabam tendo prejuízo.

O estudo é até generoso, porque considera apenas os investidores que não haviam desistido antes de 300 dias de pregão. Na verdade, entre os 19.696 que começaram a fazer *day trade* entre 2012 e 2017, apenas 13 (sim, 13) tiveram lucro médio diário acima de R$ 300 ao fim desse período — o que não é nenhuma fortuna se você considerar que isso vira uma espécie de trabalho de tempo integral do sujeito. Além disso, não havia curva de aprendizagem: quem perdia dinheiro continuaria perdendo mesmo se insistisse. Dar certo como investidor envolve um contínuo exercício de humildade. Não, você não é o cara mais esperto da mesa.

Um ponto interessante: diversos estudos mostram que homens são mais propensos à autoconfiança excessiva do que as mulheres. Um dos estudos de Terrance mostrou que investido-

---

* Aliás, a pessoa física que decide especular na Bolsa não está competindo apenas contra os altamente instruídos e bem informados profissionais das grandes instituições do mercado financeiro, mas também contra robôs que compram e vendem papéis em microssegundos.

res homens compram e vendem ações com uma frequência 45% maior do que as mulheres. Isso faz com que eles percam 2,65 pontos percentuais de rentabilidade ao ano, contra "apenas" 1,72 delas.

O investidor que acabou de entrar na Bolsa, ainda virgem de perdas mais significativas, é o que oferece mais risco a si mesmo. Especialmente se tiver começado dando a sorte de ganhar algum dinheiro. Ele ainda não sabe nada, mas já se considera o Warren Buffett. Para esse tipo de investidor, achar que sabe é muito mais arriscado do que simplesmente não saber. Segundo Taleb, não ter um mapa é melhor do que ter um mapa errado. Quem não sabe se abstém de participar. A não ser que você seja como um paciente estúpido, que fica dando ordens para o cirurgião, dizendo que não é assim, "me dá aqui esse bisturi que eu mesmo faço". (Talvez a anestesia geral tenha sido inventada mais para contemplar os médicos do que os pacientes.) É a ilusão de saber que causa problemas.

Tal ilusão é especialmente comum entre quem acabou de começar a estudar um assunto, mas ainda é incapaz de perceber quanta coisa ainda tem a aprender. Há inclusive um termo técnico e um gráfico para isso. É o efeito Dunning-Kruger, batizado assim em homenagem a dois professores da universidade americana de Cornell que descreveram o fenômeno. O gráfico é este:

Veja que o gráfico da autoconfiança volta a subir, mas não atinge o pico inicial. Ou seja, desconfie de especialistas muito confiantes sobre terem todas as respostas. Só acredite num guru que duvida da própria capacidade de estar certo. Charles Darwin, que assim como Adam Smith escreveu sobre o tema muito antes de os professores de Cornell nascerem, refletiu que a autoconfiança é mais consequência de saber pouco do que de saber muito. O verdadeiro saber nos deixa um tanto céticos: "As coisas não são tão simples."

A autoconfiança, contudo, não é algo necessariamente ruim. Talvez ela seja altamente benéfica em outras áreas muito valorizadas da vida, como a conquista de parceiros sexuais ou amorosos e a carreira dentro das empresas — de entrevistas de emprego à escolha do próximo CEO, as pessoas querem alguém que *pareça* saber o que está falando ou fazendo. (Nas palavras tão poéticas do ator Paulo César Pereio, "na vida o importante não é ter aquilo grande, mas saber fazer cara de quem tem".)

A questão é que o mercado, ao contrário de pretendentes ou recrutadores, é insensível às aparências. A cotação dos seus ativos não se importa com sua capacidade de defender a sua carteira com convicção. No mercado, fazer cara de quem tem, digamos, a rentabilidade grande não adianta. Como dizem os americanos, *money talks, bullshit walks* — "a grana manda, a conversinha desanda", se você permite certa liberdade a este tradutor.*

Talvez não seja sem razão que você nunca tenha ouvido falar de um grande investidor que anteriormente fez carreira como CEO de uma multinacional ou algo do tipo. Aliás, bons investidores não costumam ser machos alfa: Warren Buffett e seu amigo Charlie Munger estão muito mais para vovôs fo-

---

* A ação não se importa se você acredita que ela é extraordinária, mas perceba que, se todo mundo (ou pelo menos gente suficiente) acredita nisso, ela vai subir, como apontamos anteriormente. Mas, como você não controla as crenças de todo mundo (e não há um modelo capaz de prever quais narrativas estarão em voga no futuro), na prática não faz grande diferença.

O mercado, ao contrário de pretendentes ou recrutadores, é insensível às aparências.

finhos com quem você tomaria um chá da tarde do que para, digamos, "banho de testosterona" ou "vamos lá dar tiro em zebra na savana".

O que é muito comum, especialmente em *venture capital*, são investidores que fundaram eles mesmos empresas de sucesso. Mas há uma diferença sensível entre fundadores e executivos contratados para serem CEOs. Quem cria um negócio quer acima de tudo fazê-lo dar certo. O executivo pode até querer isso, e claro que existem CEOs que transformaram algumas empresas para sempre (Jack Welch, na GE, é o caso mais notório). Mas o executivo que quer ser CEO precisa, antes de tudo, vencer o jogo de política interna e imagem que vai permitir que ele chegue ao cargo e se mantenha lá.* O fundador que se agarra à conversinha em detrimento dos fatos perde tudo; o CEO, muitas vezes, colhe seu bônus por uns anos e, se a coisa fica feia, troca de emprego.

O CEO que liderava a principal empresa de alimentos do país em 2008, quando ela quebrou utilizando seu caixa para apostar contra o dólar, hoje é... CEO de outra importantíssima empresa de alimentos. (Na época, ele resumiu a situação que deu fim à empresa de mais de 60 anos: "A despeito de um ano muito bom em termos operacionais, registramos prejuízo contábil.") Pode-se discutir responsabilidades à vontade, mas

---

*Um CEO precisa ter a aparência meio poderosa de um CEO; um fundador não precisa ligar para essas coisas. Bill Gates ou Luiza Trajano provavelmente nunca teriam sido promovidos a CEOs se a empresa fosse de outra pessoa. Há um estudo que mostra que até a altura é levada em consideração; gente baixinha tem menor chance de virar CEO, simplesmente porque os recrutadores acham que eles têm menos cara de aptos para o cargo, uma vez que são fisicamente menos imponentes. É sério.

um investidor que após perder tudo, dissesse para si mesmo que "o ano foi muito bom, apesar do prejuízo contábil", estaria fora do jogo por muito tempo.*

Há áreas em que as aparências importam mais ou pelo menos tanto quanto os fatos concretos: a política, onde o centro de todas as coisas está na narrativa, ou a carreira no ambiente corporativo.

Vencerás pela narrativa vs **Vencerás pelos números**

- Sucesso na política
- Ascensão na vida corporativa
- Reconhecimento como artista
- Reputação na imprensa

- Sucesso nos investimentos
- Vitórias no esporte
- Estilo de vida saudável
- Compreensão do mundo natural

Maior poder da argumentação e das histórias

Maior poder dos dados e dos resultados

No outro extremo, você tem os investimentos e, veja que interessante, o esporte. A pista de cem metros rasos ou a piscina olímpica não se importam com a narrativa que o atleta criou para ele: o que vale é o tempo cronometrado, não o quanto você se ama, se tem certeza da vitória ou se é capaz de atacar verbalmente a competência dos seus concorrentes e fazer jogo de bastidores contra eles. A medalha está para o esporte assim como a rentabilidade está para os investimentos: ela não se importa com a sua retórica, ego ou aparência.

---

* O CEO em questão argumentaria anos depois que o CFO tomava decisões à sua revelia, se reportando diretamente ao presidente do conselho de administração. Mesmo que fosse isso, apenas reforça nosso ponto: em busca do cargo acima dos interesses da empresa, ele teria aceitado ser CEO sem controlar o CFO, algo que um fundador jamais toleraria.

Por isso, sobre os perigos do ego ou da confiança excessiva, vale a pena ouvir o que Bernardinho, cujo período como técnico da seleção masculina de vôlei foi o mais vitorioso da história, tem a dizer.

"O sucesso traz sempre o risco de a vaidade se exacerbar e o ego se hipertrofiar, fazendo desaparecer a condição que fez do atleta um vencedor", escreveu ele em seu livro *Transformando suor em ouro*. "O combate à acomodação é permanente. Ao garoto convocado pela primeira vez, se você diz que o treino começa às sete, é possível que ele pergunte se não pode ser às cinco. Ele quer melhorar, está animado, cheio de gás. Já o campeão do mundo pode reagir de outro modo: por que não às dez? Como já chegou lá, tende a relaxar. Por isso quero todos na quadra às sete da manhã."

A lição mais importante de Bernardinho para nós é esta: no dia que você para de reconhecer que é falível e limitado, você faz bobagem. Por mais talentoso que seja. Do mesmo modo, ser extraordinariamente inteligente não é a coisa mais importante para ganhar dinheiro no mercado. Aliás, há uma citação de Warren Buffett muito frequente: "Se você tem um QI de 150, venda 30 pontos para alguém; você precisa ser esperto, mas não um gênio."

A maior prova de que inteligência sozinha não resolve nada é Isaac Newton. Em 1720, ele tinha ações da South Sea Company, a Companhia dos Mares do Sul, que era dona dos barcos que faziam comércio no Atlântico Sul. A ação não para-

A medalha está para o esporte assim como a rentabilidade está para os investimentos: ela não se importa com a sua retórica, ego ou aparência.

va de subir. Após ter um lucro de 100%, Newton vendeu seus papéis. Mas o preço continuava subindo, e vários conhecidos de Newton estavam ficando ricos. Ele não resistiu: comprou ações da South Sea novamente. A bolha estourou e o físico perdeu £ 20.000, cerca de R$ 30 milhões de reais em valores corrigidos. Pelo resto da sua vida, Newton proibiu qualquer um de citar as palavras South Sea na sua frente.

Como Newton perdeu toda a sua fortuna:
valor das ações da South Sea Company

- Newton investe um pouco
- Newton vende suas ações e fica feliz
- Os amigos de Newton ficam ricos
- Newton volta a comprar as ações, agora com tudo
- Newton perde tudo

Fonte: Mark Faber: Gloom Boom Doom

Newton achou tudo que aconteceu no mercado naquele período muito pouco racional. Segundo seus biógrafos, ele disse depois disso que era capaz de calcular o movimento dos grandes corpos celestiais, mas não a loucura das pessoas. Deu ruim para o Newton.

De modo que agora vamos fazer uma jornada pela loucura das pessoas — ou, em outros termos, pelas principais limitações psicológicas humanas que atrapalham o investidor. Você não vai conseguir anulá-las, claro. Mas domar o ego para conhecê-las e aceitar que é um ser vulnerável já é um grande passo para evitar ser uma vítima.

TODOS OS VIESES DO HOMEM

O psicólogo e prêmio Nobel de Economia Daniel Kahneman foi um dos principais responsáveis pelo desenvolvimento da chamada economia comportamental, que busca mostrar que as pessoas não agem racionalmente o tempo todo, como postulava a teoria econômica clássica.

Os pesquisadores atrelados a essa área passaram as últimas décadas procurando exemplos desses desvios da racionalidade (os chamados vieses cognitivos). A lista é longa. Alguns já foram até citados neste livro. Eis exemplos clássicos, tendo sempre em mente que vários desses vieses se misturam ou se complementam:

1) Viés de confirmação. Você compra ações da Oi e torce para o Flamengo. As notícias favoráveis à Oi chamam mais a sua atenção do que as negativas, que você tende a ignorar. Na hora do jogo, você sempre acha que foi pênalti para o Flamengo e que o jogador adversário deveria ter sido expulso. Peneiramos a realidade para que nossas ideias preconcebidas sejam reforçadas. É preciso certa dor para enxergar que os fatos podem contradizer nossas posições.

O problema é que, se você não se policiar, vai manter maus investimentos só porque não consegue ver a hora de abandonar o barco.

Toda vez que Charles Darwin se deparava com um fato que contradizia suas teorias, ele se obrigava a escrever sobre ele. Senão, dizia ele, sua mente simplesmente rejeitaria a nova informação sem nem avaliá-la.

2) Viés da autoconveniência. Se der certo, é mérito nosso. Se der errado, a tendência é culpar os outros. Se a ação subir, somos os gênios das finanças. Se cair, aconteceram imprevistos, os executivos da empresa são uns idiotas, o resto do mercado é incapaz de compreender a qualidade do papel. Se o filho for bem na prova, ele é esperto; se for mal, o professor é injusto na correção ou não sabe elaborar as perguntas corretamente.

No capítulo 10, vamos falar sobre a importância de assumir as próprias responsabilidades e, acima de tudo, os erros.

3) Aversão à perda. A economia clássica sempre trabalhou com o conceito de aversão a risco: preferimos a certeza de ganhar menos do que um retorno maior porém incerto. A economia comportamental sofisticou esse raciocínio e passou a falar em aversão à perda.

Você vai ao shopping e só leva o cartão. Gosta de uma roupa e resolve comprar. Ao chegar no caixa, é avisado de que há uma sobretaxa de R$ 10 para quem paga com cartão. Tudo bem?

A maior parte das pessoas se incomoda muito com o que parece ser uma cobrança injustificada. Aliás, entidades de defesa do consumidor se mobilizam com frequência para impedir o que chamam de discriminação de clientes em razão da forma de pagamento.

Agora, imagine que a blusa de que você gostou, em vez de custar R$ 200, custa R$ 210. Não é razão para deixar de comprar. Ao chegar no caixa, você se depara com um aviso: desconto de R$ 10 para pagamentos em dinheiro. Você se revolta? Repetidos estudos mostraram que não: para muitas pessoas, é mais doloroso sentir que estão perdendo dinheiro (ou seja, tendo de pagar) do que deixando de ganhar (um desconto).

A questão é que odiamos perder. A dor da perda é maior do que o prazer do ganho. A alegria de encontrar uma nota de R$ 100 na rua é muito mais fugaz do que o martírio de perder uma nota de R$ 100. Isso foi até quantificado: o sofrimento de perder é até 2,5 vezes maior do que a satisfação de ganhar. Quando temos sensação de que vamos perder, somos induzidos a fazer todo o possível para tentar evitar isso, até mesmo entrando em uma aposta.

Façamos um exercício mental relacionado à aversão à perda. Imagine que você seja assaltado na rua e os ladrões levem R$ 1.000 que você tinha na carteira. Numa escala de zero a dez, quão triste ou irritado você ficaria? Pois é, agora imagine uma situação ligeiramente diferente. Você encontra na rua R$ 2.000. Poucos metros adiante, porém, assaltantes levam R$ 1.000 do que você tinha em mãos. E agora? De zero a dez, quão incomodado você ficaria?

Normalmente a primeira situação parece pior. Nas duas ocasiões os assaltantes levam exatamente a mesma quantia: R$ 1.000. Mas, no segundo caso, parece que ainda saímos ganhando, então tudo bem.

Richard Thaler chama isso de "efeito dinheiro da casa": em cassinos, apostadores que começam ganhando assumem mais risco, como se o dinheiro recém-conquistado não fosse deles. Se eles o perderem e forem embora para casa no zero a zero, no seu cálculo mental sabem que "deixar de ganhar" vai doer menos do que se tivessem perdido o dinheiro que já tinham quando chegaram. (Um robô completamente racional não se comportaria assim. Do ponto de vista do seu patrimônio, ter incorporado R$ 1.000 há dois minutos ou há vinte anos não faz qualquer diferença.)

Na ponta oposta disso, um subproduto da aversão à perda é a chamada escalada irracional do comprometimento. Trata-se de investir mais e mais na decisão errada na esperança de revertê-la e se livrar da dor de assumir que errou. Se você já perdeu dinheiro demais no cassino, melhor ir embora. Se você escolheu a ação errada, venda, limite a perda e parta para a próxima. Mas em geral não é isso que as pessoas fazem, tanto que a cultura popular está repleta de ditados como "está no inferno, abraça o capeta".

Mais adiante, falaremos da importância do arrependimento: o investidor tem de se desapegar do passado. Mas chegaremos lá.

4) A felicidade do peru. Racionalmente, ganhar R$ 100 em dez *trades,* um a cada dia, lhe traria a mesma felicidade que ganhar R$ 1.000 de uma vez. Entretanto, não é assim: as pessoas têm uma percepção diferente quando as coisas boas acontecem aos poucos. Se você estiver mobiliando uma casa (e for do tipo que sente prazer fazendo isso), eis a sugestão: compre um móvel de cada vez.

Maquiavel já sabia disso há mais de 500 anos. "Quando fizer o bem, faça aos poucos, de modo que o povo desfrute de uma contínua sensação de bem-estar. Quando fizer o mal, porém, faça tudo de uma vez", escreveu em O Príncipe.

Assim como Maquiavel, um mineiro anônimo cujo áudio circulou no fim de 2019 também sabia. O rebaixamento do Cruzeiro, ele dizia, não era tão ruim assim. O sofrimento do dia da queda é curto, mas o prazer depois é longo: "Cair é ruim só na hora. A gente sofre, fica triste, mas na série B é bom demais: ganha tudo, ingresso é cinção, bebida lá dentro é baratim, você faz a festa, Mineirão lotado gritando 'vamos subir, zeroo!' Você vai ver que beleza que é, só farra, campeão com cinquenta pontos na frente."

Esse será um tema importante no capítulo 9, quando discutiremos alocação e estratégias em que o investidor perde um pouco de dinheiro todos os dias até que, em um grande momento, ganha muito de uma vez. Até pode funcionar do ponto de vista financeiro — embora isso também seja questionável —, mas há aqui um elemento de felicidade: quem quer passar anos sofrendo um pouquinho todo dia para ter uma única grande felicidade de uma vez? Um robô poderia fazer a conta fria e achar que compensa. Nós não somos assim.

O peru de Natal é o oposto desse investidor. Passa meses feliz, sendo alimentado todo dia, até que um dia acaba inesperadamente assassinado.* Do ponto de vista do peru, argumenta Kahneman, a vida foi muito boa.

5) O efeito halo. Este viés explica por que advogados usam ternos caros. A impressão que temos de alguém em

---

* Fosse o peru um estatístico ou economista, calcularia que sua possibilidade de sofrer uma agressão tende a zero: trata-se de um evento que nunca foi reportado. Mas, quando o criador aparece com a faca para o abate, não adianta o peru mostrar a ele seu modelo matemático que aponta sua morte como risco desprezível.

uma área afeta todas as outras, mesmo as não correlacionadas. No exemplo de Kahneman, se gostamos da política de um presidente, provavelmente gostamos também da sua voz, do seu humor e até é possível que o consideremos bonito. O oposto também vale. Se o advogado tem boa aparência e se veste bem, então deve ser competente.

O fenômeno foi apontado originalmente pelo psicólogo Edward Thorndike. Chama-se efeito halo porque é como se determinadas pessoas tivessem sobre si um halo, uma auréola, feito anjos, de modo que nossa boa impressão inicial sobre elas logo se transforma em uma ideia de perfeição.

Há várias implicações para a gestão de ativos a partir do efeito halo. A mais imediata talvez seja a nossa incapacidade de perceber defeitos em ações ou títulos que nos causaram uma boa primeira impressão ou pelos quais temos carinho. Reserve o fogo da paixão para os relacionamentos, evitando-o nos investimentos.

Relacionado ao efeito halo está o que Kahneman chamou de WYSIATI, de "what you see is all there is", ou "o que você vê é tudo que existe". Nossos cérebros adoram tirar conclusões, mesmo quando há pouquíssimas informações disponíveis. Se eu lhe perguntar se uma pessoa inteligente e forte será uma boa líder, é provável que você se sinta muito confortável para dizer que sim. O problema é que as pessoas podem ser inteligentes e fortes e ao mesmo tempo corruptas, cruéis e intolerantes.

A escolha profissional é repleta de armadilhas desse tipo. Você gosta de cuidar de pessoas, seria um ótimo médico. Mas quantos aspectos da vida de um médico existem além de cuidar de pessoas? Alguém pode adorar escrever, mas daí a se tornar ser um jornalista bom ou feliz é bem diferente. (Muitos jornalistas escrevem pouco, algumas áreas de medicina envolvem pouco contato com os pacientes, e muitos ótimos líderes talvez nem sejam tão inteligentes, apenas sabem reconhecer e incentivar o potencial dos outros. O mundo é complicado.)

Mesmo profissionais muito experientes na área de investimentos têm de se policiar para não deixar o efeito halo e o

WYSIATI influenciarem suas escolhas. Há um exemplo recente envolvendo o próprio Warren Buffett. Ele ama o jornalismo e lê jornais com a obsessão de quem passará por uma sabatina sobre as notícias. "Eu amo jornais desde sempre e sempre vou amá-los. Leio cinco jornais por dia. Pode me chamar de viciado", escreveu há alguns anos. Sua idade e seu círculo social intelectualmente sofisticado fazem com que ele esteja cercado de pessoas que também se interessam por jornais.

Temos neste caso, então, uma propensão natural a gostar de tudo que envolve jornalismo (efeito halo) e um viés para achar que os leitores de jornal seguem interessados no produto, já que é isso que ele vê ao seu redor (WYSIATI).

Em 2012, Buffett comprou 28 jornais americanos por US$ 344 milhões. O interesse por esse tipo de aquisição começou em 1977, quando comprou o *The Buffalo News* por US$ 36 milhões, ou US$ 151 milhões em valores atuais. Em 2020, depois de dar entrevistas se declarando desiludido com o futuro dos jornais como negócio, Buffett vendeu seus negócios de jornalismo por US$ 140 milhões: US$ 400 milhões a menos do que os valores de compra, considerando a inflação. (Para conseguir vender, Buffett ainda teve que financiar a compra oferecendo um empréstimo.) Pois é, até Buffett pode ficar cego de amor por alguns ativos e levar vários anos para se desfazer deles.

6) Presunção da verdade. Nós confiamos nas pessoas. Nosso padrão é achar que elas estão falando a verdade.

Quem apontou isso foi o escritor Malcolm Gladwell, no livro *Falando com estranhos*. Ele cita o caso de Neville Chamberlain, primeiro-ministro britânico que chegou a viajar até a Alemanha, reconfortou-se ao ouvir de Hitler que suas intenções eram pacíficas e adotou uma política de apaziguamento com o alemão. O encontro resultou na invasão da Polônia pelos nazistas e na necessidade de chamar Winston Churchill para resolver a bagunça causada pela inocência de Chamberlain.

O que Gladwell avalia é que talvez sejamos quase todos um pouco como Chamberlain e que isso não é necessariamente ruim. A vida em sociedade seria impossível sem algum nível de confiança recíproca. É muito doloroso viver desconfiado, isolado, procurando falsidades em tudo que nos dizem. É até mesmo ineficaz: para cada Hitler, existem milhões de pessoas maravilhosas que são honestas em suas declarações.

Nos investimentos, porém, a vocação para a crença pode ser uma grande inimiga do investidor. No mercado financeiro (e no mundo?), alguém está sempre querendo arrancar o seu dinheiro. Há um dito que postula que todo dia um otário e um malandro saem à rua na intenção de fecharem negócio. O perigo é nós sermos os otários. Como diz Warren Buffett, se você está jogando pôquer há meia hora e não sabe quem é o pato da mesa, o pato é você. Você vai acreditar no controlador da empresa cujas ações está comprando? Você vai acreditar no gerente do seu banco?

O malandro pode ser mais inteligente do que o otário, mas talvez ele só tenha mais informação. E, no mercado, quase sempre a pessoa física estará na ponta menos informada. Os gestores das empresas em que investimos sempre sabem melhor o que está acontecendo. Nunca sabemos exatamente quanto dinheiro a corretora está ganhando com uma operação nossa. É quase impossível saber se alguém está operando contra nós com informação privilegiada.

Como dissemos no começo deste capítulo, porém, o problema não é ter menos informação, mas não querer admitir isso. É possível ganhar muito dinheiro no mercado mesmo sendo pessoa física e, portanto, estando na maior parte das vezes no lado mais vulnerável do balcão. Apenas fique atento e evite investimentos em que a informação de curto prazo seja essencial — *day trade,* por exemplo —, em oposição a posições de longo prazo. O ceticismo é seu maior aliado.

Não deixe a ignorância lhe subir à cabeça, por assim dizer.

7) Viés de retrospectiva. Olhamos para os acontecimentos aleatórios do passado e achamos que eles eram previsíveis ou, pior, que tínhamos certeza de que iam acontecer. A história é o reino do viés de retrospectiva: costuramos os acontecimentos históricos como se tudo estivesse fadado a ocorrer perfeitamente do jeito que ocorreu. Nas palavras de George Orwell no ensaio "Notas sobre o nacionalismo", publicado em 1945: "Aqueles que reescrevem a história provavelmente se convenceram ao menos em parte de que estão incorporando fatos ao passado [...] O mais provável é estarem convictos de que a versão deles efetivamente ocorreu aos olhos de Deus, justificando o rearranjo dos documentos nesse sentido."

Nos investimentos, boa parte da performance decorre da aleatoriedade, como já discutimos. Evite ao máximo ver competência onde há sorte. Há uma tendência humana a sempre querer encontrar coerência, causa e efeito. Não é assim que funciona.

Steve Jobs tem um discurso muito famoso que fez para uma turma de formandos da Universidade Stanford. A lição: você precisa acreditar que tudo vai dar certo no final (nas palavras dele, "que os pontos vão se conectar"), porque no final é isso que acontece. Jobs não se arrependia de ter largado a faculdade para fazer cursos aleatórios de caligrafia e depois abrir uma empresa.

O problema do discurso de Jobs é o viés de retrospectiva: sabemos que deu certo para ele porque já aconteceu e ficamos tentados a extrapolar essa história específica como sendo uma regra geral. O problema é que nada garante que teria dado certo para outra pessoa. O fracasso existe. Largar a faculdade pode ser a pior decisão da sua vida. Jobs certamente era muito competente e teve muito mérito, mas também teve sorte.

Quem apontou um dos maiores elementos de sorte no caso de Jobs foi Malcolm Gladwell. Muitos dos líderes da revolução dos computadores nasceram em dois anos muito específicos: 1954 ou 1955. Além de Jobs, estão lá Bill Gates, Scott McNealy, que fundou a Sun Microsystems, Eric Schmidt, que viria a ser CEO do Google, entre outros.

Por que exatamente nesses dois anos? Em 1975, quando a tecnologia que permitiu os microcomputadores apareceu, eles estavam na idade perfeita: tinham cerca de 19 anos. Uma idade em que já é possível ter alguma experiência com programação e abrir uma empresa, mas jovens o bastante para ainda não terem uma família e um emprego seguro e bem remunerado na IBM, HP ou Xerox que certamente os desestimularia a empreender na precariedade de uma garagem.

Ao contrário do discurso de Jobs, Gates fez declarações muito menos deterministas sobre o seu caminho até o sucesso. "A sorte teve um papel imenso. O *timing* foi essencial para o nosso sucesso. Eu nasci no lugar e na hora certos." Claro que não é como se fosse acabar passando fome — ele mesmo diz que provavelmente teria um bom emprego como programador ou cientista, mas daí ao salto para ser o cara mais rico do mundo vai um bocado de aleatoriedade.

Claro que Gates teve também muitos méritos — ele não foi a única pessoa que nasceu em 1955 —, mas tenha em mente que, depois que as coisas aconteceram, é muito fácil acreditar que elas estavam fadadas a acontecer. Como diz Daniel Kahneman, "o teste definitivo de uma explicação é ver se ela tornaria o evento previsível de antemão", não depois do ocorrido.

Nos investimentos, todo investidor que ganhou dinheiro se considera um gênio em retrospectiva. Você não precisa ser mais um deles.

8) Viés do sobrevivente. Há outro viés comum relacionado ao anterior. Além de Jobs, muitos dos fundadores de empresas de maior sucesso dos Estados Unidos largaram a faculdade. O próprio Gates. Mark Zuckerberg, do Facebook. Travis Kalanick, da Uber. Jack Dorsey, do Twitter. Ted Turner, da CNN — este na verdade foi expulso por ter levado uma garota ao dormitório. Podemos concluir, então, que o segredo para ser um empreendedor de sucesso é largar a faculdade.

Não, não e não. Você não pode olhar os casos de sucesso para apontar qual é o caminho até lá. Você precisaria analisar também quantas pessoas largaram a faculdade e não tiveram sucesso. (Muitas, provavelmente.) O cemitério dos fracassados é invisível.

Nas finanças, o viés do sobrevivente está muito relacionado com os rankings de fundos. É bem provável que os fundos de melhor desempenho em determinado período tenham se concentrado em poucos ativos e eventualmente utilizado dinheiro emprestado para maximizar seus lucros. Ao fazer isso, adotam uma estratégia "tudo ou nada": diversificar e não tomar dinheiro emprestado reduz os riscos, mas também o retorno potencial máximo.

O problema é que uma pequena fração daqueles que se arriscaram muito, por mera distribuição estatística, sempre vai encontrar a sorte e se dar bem, inclusive melhor do que o resto do mercado. Mas olhar só para essa cena é um erro. Você precisa observar o quadro todo.

Veja o ranking dos melhores fundos de 2018 da Infomoney. O fundo de ações com maior retorno entregou impressionantes 47 pontos percentuais acima do Ibovespa, que é a média do mercado. "Esses caras devem ser uns gênios", você pensa. Então em 1º de janeiro de 2019 você entrega seu dinheiro para eles cuidarem. Muita gente fez isso. O patrimônio do fundo (e o número de cotistas) dobrou entre o fim de 2018 e o começo de 2019, ou seja, houve uma enxurrada de novos aportes e clientes. O que aconteceu depois de 12 meses? Eles performaram 9 pontos abaixo do Ibovespa — para um gestor de fundo de ações é certamente um ano para esquecer.

Fomos tentar entender o que aconteceu nos documentos obrigatórios que o fundo manda para a Comissão de Valores Mobiliários. O que encontramos lá não surpreendeu. O fundo, que tem sede em Porto Alegre, era muito (mas muito mesmo) concentrado. Em dezembro de 2018, tinha 57% do seu patrimônio em uma única ação: Banrisul, o banco estatal do Rio Grande do Sul. E o que aconteceu com o preço da ação do Banrisul em 2018? Depois ficar estável até outubro, disparou quando ficou claro que Eduardo Leite, um político tucano, liberal e supostamente simpático à privatização do banco, ganharia a eleição para governador do estado.

O ano de 2019 chegou, e Leite assumiu. O fundo foi aumentando a sua aposta no Banrisul: chegou a ter mais de 75% do fundo alocado nessa única ação. Mas, tcharan, a cada mês ficava mais claro que o banco não seria privatizado na velocidade esperada, frustrando o mercado.

Até a redação deste livro, em 2020, a discussão sobre o tema ainda era muito preliminar. O jovem governador deu prioridade à aprovação da reforma da previdência dos servidores gaúchos. Para piorar, uma lei estadual bizarra determina que a privatização do Banrisul precisaria ser aprovada em um plebiscito pela população. No momento em que escrevemos, o governador dava declarações dúbias sobre o tema e a base governista mal havia começado a trabalhar na revogação dessa lei, que seria apenas o primeiro passo de um longo processo para tirar o banco das garras do governo de um estado quebrado.

De modo que, enquanto a Bolsa inteira se valorizou em 2019, com o Ibovespa crescendo 32%, a cotação do Banrisul caiu, levando o fundo junto.

Esse é um caso útil tanto de viés de retrospectiva quanto de viés do sobrevivente.

Do ponto de vista da retrospectiva, considere que nossos investidores gaúchos fizeram uma aposta arriscada: botar todas as fichas no Banrisul, na expectativa de que ele seria privatizado. Na primeira rodada, pareceu que estavam certos e eles ganharam um bom dinheiro. Na segunda, o jogo ficou nebuloso e eles se deram mal.

Aqui de 2020, quando o torneio ainda está em aberto, pode ser que a grande aposta prospere e eles fiquem ricos, mas também pode ser que o Banrisul nunca seja privatizado e que eles sofram com as perdas. Mas você, que está nos lendo no futuro, precisa ter algo em mente: daqui do passado, era impossível ter certeza. Você não pode, aí do futuro, dizer em retrospectiva que era óbvio que comprar ações do Banrisul era a coisa certa ou errada a ser feita. Muito menos se glorificar como gênio por ter comprado ou se culpar por não tê-lo feito.

Mas suponha que dê certo. O banco é privatizado, seu valor multiplica, todo mundo fica feliz. É aí que entra o viés do sobrevivente. Não é porque deu certo para esse fundo que você pode concluir que o caminho para ser um investidor de sucesso é se concentrar muito em uma ação. O sucesso é um mau professor. O fato de ter funcionado não significa que não havia uma chance imensa de ter dado errado. Tudo são probabilidades, nunca certezas. A história, feliz ou infelizmente, só conta o que aconteceu, ignorando as várias possibilidades que poderiam ter sido.

O VIÉS DO VIÉS

Antes de avançarmos para algumas ferramentas que vão nos permitir lidar com nossos próprios vieses, gostaríamos de fazer um breve contraponto ao que consideramos exageros da economia comportamental.

É inegável que essa área teve nas últimas décadas um papel fundamental ao mostrar que, ao contrário do postulado pela teoria econômica clássica, os agentes econômicos (ou seja, nós) não são estritamente racionais o tempo todo, e, portanto, os mercados estão sujeitos a diversas ineficiências. Movidas por vieses como os que acabamos de ver, as pessoas podem fazer coisas estúpidas.

Embora os economistas comportamentais ainda gostem de se encarar como os garotos rebeldes que vieram para dizer aos economistas mais velhos e reacionários que seu Deus não existe, essa não é a verdade.

A economia comportamental virou *mainstream:* seus integrantes agora são professores de instituições como a Universidade de Chicago ou Yale, ganharam diversos prêmios Nobel (Kahneman, Thaler, Shiller) e no mercado passou a ser chique citar suas conclusões. Foi-se o tempo em que eram *outsiders.*

Em um movimento pendular, a economia comportamental virou uma panaceia e tudo agora é viés. O maior deles passou a ser enxergar viés em qualquer coisa. Chegou a hora de uma nova geração fazer a crítica da economia comportamental, apontar seus erros e, quem sabe, inclusive redimir parte significativa da defesa da racionalidade humana e da eficiência dos mercados.

Um primeiro ponto importante é que parte significativa do que esses economistas chamam de irracionalidade pode não ser assim tão irracional. Talvez tais comportamentos sejam apenas resultantes das forças evolutivas darwinistas. Como afirmamos anteriormente, se as pessoas sentem que estão ganhando, arriscam menos. Optam por ganhar R$ 500 em detrimento de 50% de chance de ganhar R$ 1.000. Se têm a percepção de que estão perdendo, apostam. Optam por 50% de chance de perder R$ 1.000 em detrimento da certeza de perder só R$ 500. Os economistas comportamentais enxergam isso como sendo incoerente — uma violação à chamada estabilidade das preferências. Você não pode ser arrojado de manhã e conservador à tarde só porque alguém botou um negativo na frente dos números.

Mas será que não?

Um algoritmo frio programado para ganhar dinheiro não faria isso, mas você não é um algoritmo. Você é humano. E humanos morrem.

Gerd Gigerenzer talvez tenha feito a melhor crítica à insistência das finanças comportamentais em achar que instabilidade de preferências é sinônimo de irracionalidade: as pessoas não estão sendo irracionais, elas estão procurando sobreviver. E isso é absolutamente racional.

Se uma pessoa está com câncer terminal, faz sentido ela participar de um novo tipo de tratamento que pode causar terríveis efeitos colaterais; mas, se a pessoa está saudável, por que vai concordar com um procedimento médico arriscado? É perfeitamente racional sermos avessos ao risco diante de uma situação boa e amantes do risco em uma situação ruim. Pense no goleiro de um time prestes a ser desclassificado que vai para a área adversária tentar um derradeiro cabeceio.

Nas páginas anteriores, rimos do dito popular "está no inferno, abraça o capeta". De fato, pode não ser um bom conselho no cassino, mas com certeza é na hora de pular um muro perigosamente alto para tentar fugir de um animal agressivo

— e nossos cérebros foram programados para esse tipo de situação, não para se dar bem em Las Vegas. Ainda bem! Gigerenzer chama isso de racionalidade ecológica.

Mesmo no mercado acionário, o fato de a dor da perda ser maior do que a alegria do ganho é perfeitamente compreensível. Você pode ganhar para sempre, mas só pode perder até determinado ponto. Se você ganhar 500%, parabéns; se perder 100%, acabou. De alguma forma seu cérebro sabe que não há simetria. Ficar R$ 50 mil mais perto da falência *deveria mesmo* lhe afetar mais do que ficar R$ 50 mil mais perto da riqueza.

Outro problema da economia comportamental é que ela é toda baseada em experimentos de laboratório, em geral usando estudantes universitários de psicologia como cobaias voluntárias. Você pede que o aluno imagine que seu carro de R$ 20 mil tem 0,1% de chance de ser roubado. Sabendo disso, ele faria um seguro de R$ 400?* Ele responde que sim, embora seja evidente que esse valor é irracional. Olha a aversão à perda aí! Pronto, está provado como humanos são trouxas, e, portanto, está no lixo a teoria econômica como a conhecemos.

O problema, aponta Taleb, é que o estudo não leva em consideração que o sujeito pode estar exposto a outros riscos fora do ambiente controlado do laboratório. Talvez o carro seja seu ganha-pão. Talvez ele saiba que é um motorista meio maluco sedento por velocidade cujo perfil de risco é maior do que o dos outros. Talvez more num bairro perigoso. Talvez precise muito do carro para levar os filhos ao hospital para fazer algum tratamento recorrente. Talvez ele já tenha riscos de ruína financeira demais na vida para adicionar mais um. Sabe-se lá. Não é aversão irracional à perda se de fato você tem o que perder.

Pense no exemplo do sujeito que começa ganhando 1 milhão no cassino, perde tudo e "irracionalmente" não se incomoda. Para o economista, ele está fazendo uma "contabilidade

---

* Ou seja, um seguro cujo "valor justo" seria de R$ 20 — o valor do bem multiplicado pela chance de acontecer.

Para ter sucesso nos investimentos, devemos lutar contra as limitações da nossa cognição e as armadilhas da nossa mente.

mental" que não encontra ressonância no mundo real. Como dito, do ponto de vista do patrimônio, perder 1 milhão que se ganhou cinco minutos atrás ou há 20 anos não faz diferença.

O problema é o seguinte: quem disse que ele poderia perder 1 milhão do seu patrimônio já consolidado? Talvez ele não tivesse o dinheiro. A trajetória importa. Ou pior: se ele perde 1 milhão do dinheiro que já tinha, não haveria como esconder da família. Ganhar 1 milhão e perder 1 milhão na mesma noite pode significar chegar em casa e afirmar que ficou só bebendo cerveja e observando o movimento. Programe aí o robô para levar isso em consideração.

Parece piada, mas no laboratório ninguém morre, ninguém se machuca, ninguém leva bronca porque fez bobagem. Além disso, no laboratório ninguém passa todos os dias da vida repetindo o mesmo experimento. Importar-se "desproporcionalmente" com um risco muito pequeno não é irracional se você vai se expor muitas vezes a ele. Um risco diário de 0,05% ao longo de duas décadas implica uma quase certeza. Mas, no laboratório, só se faz uma rodada — e julgamos as pessoas a partir disso. De modo que Gigerenzer aponta que os economistas comportamentais têm um "viés de viés": ou seja, uma tendência a ver vieses em todos os lugares, mesmo onde não há nada.

Eventuais exageros não invalidam necessariamente todas as conclusões das finanças comportamentais ou os vieses apresentados. Mais do que isso: do ponto de vista individual, não importa tanto saber o quanto somos enviesados — muito ou só um pouco —, mas acima de tudo saber que os vieses existem e que podem nos levar a erros.

De alguma forma, para ter sucesso nos investimentos, devemos lutar contra as limitações da nossa cognição e as armadilhas da nossa mente.

Será preciso, em algum grau, se desumanizar: matar o próprio ego, parar de se preocupar com o vizinho, abandonar o arrogante desejo de ter total controle sobre o destino das coisas, não ceder à tentação das narrativas autoconvenientes e de querer ter razão, enfim — buscaremos praticamente estar acima do bem e do mal.

É com esse modesto objetivo que vamos à segunda parte deste livro.

PARTE

2
AS RESPOSTAS

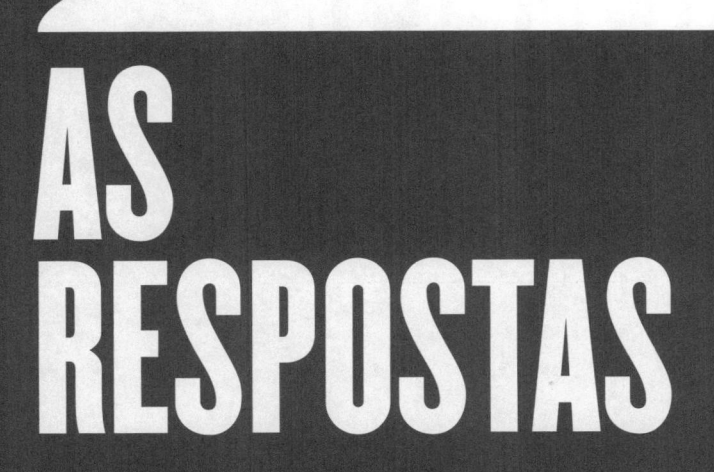

5
UMA QUESTÃO DE PACIÊNCIA

Na primeira parte deste livro, vimos o tamanho do problema. O mundo é difícil de entender. Costumamos ser individualmente menos informados do que o mercado, que, por ser um agregado, tem olhos e ouvidos em todos os lugares. Tentam criar narrativas e enquadramentos dos fatos para nos iludir. Por fim, nossos cérebros são pouco confiáveis. É uma corrida no meio da tempestade, contra gente muitas vezes maior do que nós, com um carro meio problemático.

Agora que você já está devidamente assustado, vamos às soluções.

A primeira delas envolve o maior ativo de um investidor: a paciência. O longo prazo é nosso aliado. O mercado transfere dinheiro dos impacientes para os pacientes. Tomemos como exemplo o mercado de ações em um período de 50 anos. O gráfico a seguir mostra o Ibovespa de 1967 até 2017, levando em conta a inflação do período, em um levantamento da Economática.

Evolução do Ibovespa ajustado pelo IGP-DI

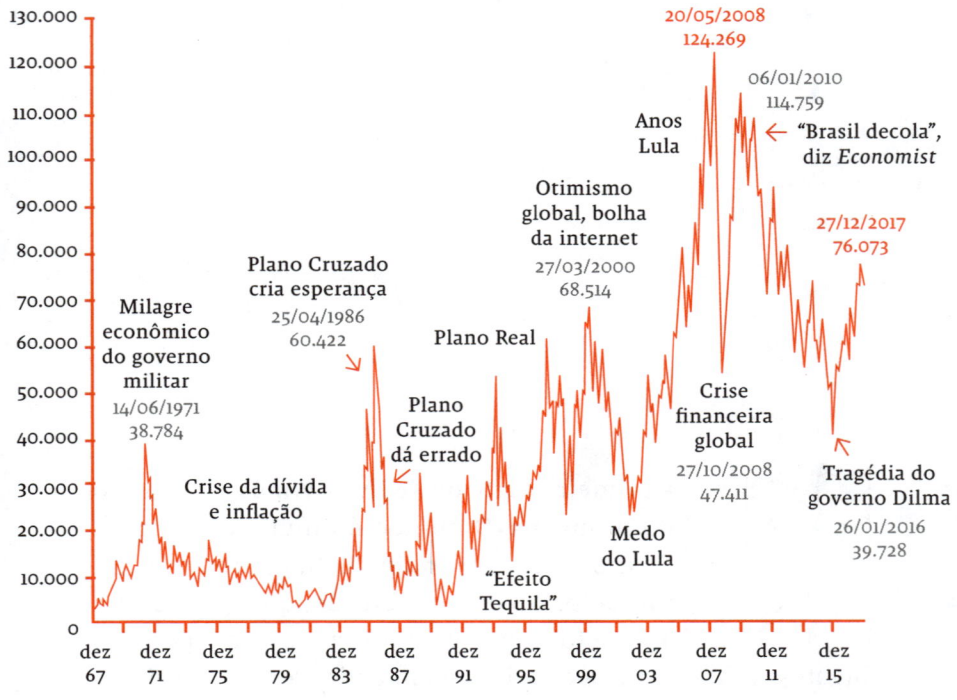

- Milagre econômico do governo militar — 14/06/1971 — 38.784
- Crise da dívida e inflação
- Plano Cruzado cria esperança — 25/04/1986 — 60.422
- Plano Cruzado dá errado
- "Efeito Tequila"
- Plano Real
- Otimismo global, bolha da internet — 27/03/2000 — 68.514
- Medo do Lula
- Anos Lula — 20/05/2008 — 124.269
- Crise financeira global — 27/10/2008 — 47.411
- "Brasil decola", diz *Economist* — 06/01/2010 — 114.759
- Tragédia do governo Dilma — 26/01/2016 — 39.728
- 27/12/2017 — 76.073

Fonte: Economática <https://insight.economatica.com/desempenho-do-ibovespa-50-anos-de-historia/>. Acesso em jul.2020.

No curto prazo, é possível perder muito dinheiro na Bolsa. No longo, porém, veja que ela segue uma suave tendência de alta, em boa medida proporcional ao crescimento do país, com os picos cada vez mais altos e com os vales cada vez menos baixos. Veja, por exemplo, que, no pior momento da crise do governo Dilma, quando havia a perspectiva de quebra do país, a Bolsa tinha um patamar não tão distante daquele dos momentos mais eufóricos dos anos 1990, com o Plano Real.

Outro exemplo: em 2008, a crise fez parecer que o sistema financeiro global ia por água abaixo. O cenário de desespero arrebentou a Bolsa. Mas veja que, mesmo no seu pior momento, outubro daquele ano, ela ainda valia mais do que o dobro do vale anterior, entre dezembro de 2001 e dezembro de 2003, quando houve fuga de capitais por medo do modo como Lula conduziria a política econômica.

Em geral a tendência do mercado é para cima, mas o seu crescimento não é linear. Ele é cheio de momentos de euforia e de desespero, na forma do gráfico a seguir. Discutiremos mais sobre isso no capítulo 8.

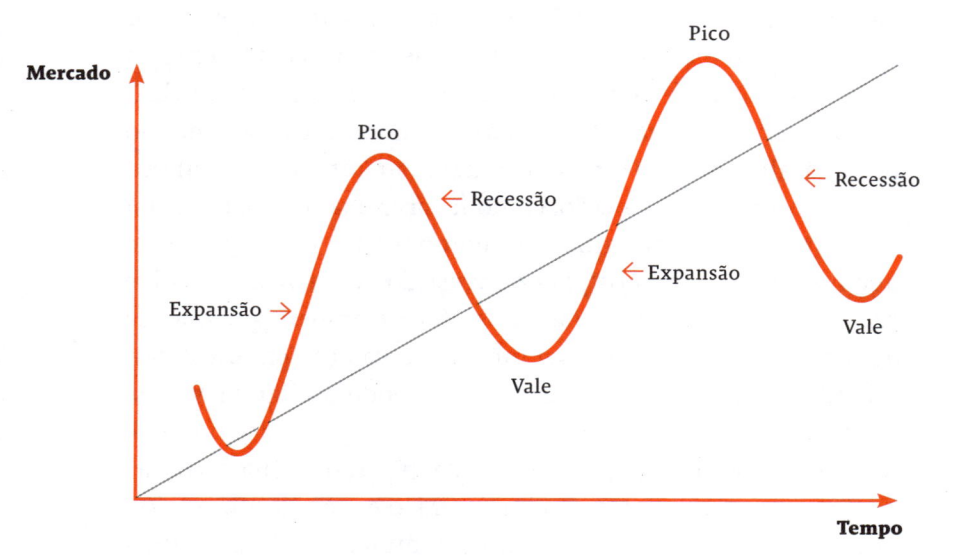

Em países em desenvolvimento, como o Brasil, o sobe e desce é ainda maior. (Em termos mais sofisticados, a amplitude das ondas é maior.) Muitas vezes, também, esta linha de tendência de alta é menos inclinada, sobretudo quando comparada ao desempenho da Bolsa norte-americana. Entre outros motivos, sofremos muito mais com as emoções da política: golpe militar, confisco de dinheiro, insegurança jurídica, trocas de moeda, escândalos de corrupção, imbecis em série no poder... Todo tipo de esculhambação acontece nestas terras, e isso obviamente impacta os mercados. Também falaremos mais disso no capítulo 8.

O importante aqui é que, no longo prazo, tende a haver uma perspectiva de valorização dos seus investimentos. Ela costuma se sobrepor ao barulhento ruído de curto prazo, por mais histriônicos e emocionantes que eles sejam. O que você não pode é querer tentar operar esses ruídos.

No curto prazo, o mercado tem um componente brutal de imprevisibilidade. Não dá para saber onde os preços vão estar amanhã. É impossível. A melhor previsão possível para as cotações de amanhã é a cotação de hoje. O resto é *random walk*, variações aleatórias. Há grande convicção, porém, de que as cotações do Ibovespa e do S&P 500 serão mais altas em cem anos do que hoje. A melhora da produtividade implica o aumento da riqueza. (Pode haver, claro, um meteoro ou uma guerra nuclear que destruam a humanidade, mas esperamos que nesse cenário pós-apocalíptico você tenha prioridades maiores do que vir nos cobrar sobre essa convicção, como ir caçar o jantar na floresta.)

O mundo é mais difícil de entender no curto prazo do que no longo, ao menos para o investidor. Se investir envolve probabilidades, o curto prazo nos oferece amostras pequenas demais. O Messi pode não ser uma boa escalação em um determinado jogo, porque seu desempenho pode oscilar, mas é obviamente um craque para quem topar observá-lo ao longo de todo o campeonato ou, melhor ainda, por toda a sua carreira.

Em termos estatísticos, o longo prazo é mais confiável porque, pela atuação da lei dos grandes números, ele permite a ocorrência do fenômeno da regressão à média. No caso do gráfico anterior, a média é aquela linha crescente, o que significa que seus investimentos estão se valorizando. Sente e espere, portanto. (E diversifique, mas logo chegaremos lá.)

Um estudo feito entre 1992 e 2002, liderado por Michael Mauboussin, que foi diretor do Credit Suisse e é professor da Columbia Business School, mostra que os fundos de melhor performance têm menor tendência ao giro da carteira: ele en-

---

O mundo é mais difícil de entender no curto prazo do que no longo, ao menos para o investidor.

---

controu uma taxa de giro média de cerca de 30%, contra 110% na média da indústria.

Sossegue.

UMA FALHA CLARA DE MERCADO

Na primeira parte deste livro tentamos, embora sem sucesso, encontrar falhas na hipótese dos mercados eficientes. Entretanto, é importante considerar uma questão apontada por alguns investidores: o mercado é excessivamente apressado. Veja este trecho de uma carta do primeiro trimestre de 2012 da gestora Dynamo: "Cada vez mais, os investidores esperam e cobram dos gestores de recursos resultados de curto prazo. Três meses de performance abaixo do benchmark já são suficientes para deflagrar ondas de resgates nos fundos de investimento. Nesse ambiente impaciente, os gestores tornam-se mais avessos a risco e, como reflexo de sobrevivência, passam a rejeitar estratégias cujos resultados só apareceriam mais à frente no tempo [...] A sobrevivência de longo prazo na indústria de gestão de recursos exige bons resultados no curto prazo [...] O vírus do curto prazismo é tão difundido que mesmo alguns gestores mais estabelecidos, com alguns anos de *track record,* podem sofrer instabilidade em seus passivos, diante de resultados ruins em alguns trimestres. Até entre investidores institucionais, que por definição poderiam perseguir estratégias de mais longo prazo, também se verifica esta pressão por resultados rápidos. [Nas palavras de Keynes] 'A sabedoria convencional nos ensina que é melhor para a reputação errar convencionalmente do que ser bem-sucedido não convencionalmente.'"

O texto da carta mostra que há uma imensa massa de dinheiro no mercado — bilhões comandados por gestores de fundos — que não pode se dar ao luxo de pensar no longo prazo. Se as cotas perdem valor, haverá saques dos fundos ou esses profissionais serão demitidos. Isso quer dizer que os grandes players não estão alocando o dinheiro da forma, opa!, *eficiente.*

Eles estão supervalorizando ativos com potencial de retorno no curto prazo (como se fosse possível saber exatamente quais ativos terão maior retorno no curto prazo), enquanto menosprezam aqueles que exigem mais tempo e paciência. E, como são grandes players, suas preferências afetam as cotações.

O que vamos tentar fazer é nos apropriar dessa oportunidade de ganhar dinheiro. Chegaremos lá. Antes disso, vamos continuar lendo a carta dos sócios da Dynamo:

"Entre os intermediários financeiros, *advisors* e provedores de serviços de análise, os incentivos também acabam contribuindo para uma orientação mais de curto prazo. Isto porque esses agentes intermediários são remunerados no fechamento das operações ou por taxas incidentes sobre transações. Quanto maior a atividade de compras e vendas, em tese melhor para essa categoria de participantes."

Veja que não só os fundos agem assim. Toda a indústria financeira está voltada para o curto prazo. As corretoras precisam de volume de transações. Um agente de investimentos costuma recomendar muitas movimentações na carteira porque, além de seu trabalho parecer mais essencial, ele também pode gerar mais comissões. Assim fica complicado pensar no longo prazo. Como disse o escritor Upton Sinclair: "É difícil fazer um homem compreender algo quando seu salário depende, acima de tudo, de que não o compreenda."

Bancos podem ser comandados por executivos que precisam apresentar resultados no curto prazo ou que preferem o bônus de hoje ao reconhecimento em um futuro distante. Por que iniciar um novo projeto corporativo cujo prazo de maturação exige cinco anos se minhas *stock options* vencem em 24 meses? Retorno imediato é dopamina. É o desconto hiperbólico: queremos as recompensas o quanto antes.

"A experiência nos ensina que muitas vezes são as reações exageradas dos investidores com horizonte curto que acabam gerando as melhores oportunidades para os investidores mais pacientes", afirmam os sócios da Dynamo na carta do segundo trimestre de 2012.

Há uma arbitragem temporal a ser feita aí, e nós ensinaremos a fazer.

O LONGO PRAZO COMO ANTÍDOTO AOS VIESES

Uma das experiências psicológicas mais divertidas já feitas, a começar pelo nome, é o Experimento do Marshmallow, realizado nos anos 1960 pelo psicólogo Walter Mischel, então professor da Universidade Stanford, e desde então reproduzido amplamente. Se você tiver crianças pequenas em casa, pode fazer com elas também: é, de fato, engraçado.

O pesquisador coloca a criança em uma sala. Ela está sentada a uma mesa com um doce bem à sua frente (em Stanford eles usaram um marshmallow, que deu nome ao experimento). O pesquisador diz então que ela tem duas opções: comer o doce agora, se quiser, ou esperar o pesquisador voltar. Se ela não tiver comido quando ele voltar, ganhará mais um doce. O objetivo é medir a capacidade da criança de resistir à tentação da gratificação imediata. Trata-se de um experimento sobre o autocontrole: é preciso se esforçar para vencer a tentação de curto prazo.

O pesquisador leva dez minutos para voltar à sala, e nesse período as crianças são filmadas. Elas visivelmente ficam muito ansiosas enquanto tentam se controlar e não comer o marshmallow. A sala não tem nenhuma distração: não há brinquedos, fotos, nada que possa ajudá-las a pensar em outra coisa. Em vídeos espalhados pela internet podemos ver variados tipos de reação das crianças submetidas ao teste. Muitas ficam cheirando o doce. Uma coloca-o inteiro na boca e logo em seguida o tira. Várias tiram apenas uma lasca. Há uma criança que dá uma deliciosa e convicta lambida no marshmallow e depois o coloca de volta no lugar.

Algumas crianças conseguem se segurar, outras não resistem. As que têm sucesso muitas vezes adotam estratégias para vencer as próprias tentações. Uma menina simplesmente se vira de costas para o marshmallow, sabendo que vê-lo vai levá-la a tomar uma decisão impulsiva.

Mas o mais surpreendente é que, como esses estudos começaram a ser feitos há muitas décadas, os pesquisadores puderam acompanhar o que aconteceu com as crianças. Aquelas que conseguiram esperar por mais tempo, na média, tiveram maior sucesso na vida em diferentes métricas: alcançaram melhor desempenho escolar, entraram em melhores universidades, tiveram maiores salários e menor incidência de obesidade.

Quase tudo que importa na vida envolve esperar por uma recompensa maior. Quem fica em casa estudando porque quer passar amanhã no vestibular poderia estar se divertindo com os amigos agora, por exemplo.

Esse estudo se aplica perfeitamente aos investimentos: esperar não é fácil. Há a tentação. É instintivo, o ser humano costuma tomar decisões pouco racionais, como discutimos no capítulo anterior. É o que Kahneman chamou de sistema 1: o lado animalesco e intuitivo do nosso cérebro. Mas existe também o sistema 2, racional e calculista, que pode se sobrepor ao sistema 1 e nos fazer tomar a decisão certa, ainda que isso implique algum esforço. Mesmo em crianças. Mesmo com um doce embaixo do seu nariz.

Vamos imaginar agora uma variação do experimento do marshmallow. Suponhamos que você tenha que escolher entre ganhar um presente hoje ou amanhã. É óbvio que você vai preferir hoje. Ficará curioso para saber logo o que é. Se perguntar para uma criança, ela provavelmente gritará que quer agora. É a empolgação humana do curto prazo em sua pureza. Mas e se mudarmos um pouco a pergunta: você prefere ganhar um presente daqui a 450 dias ou daqui a 451 dias? Puf, quem se importa? Tanto faz. A criança vai ficar brava com você por tê-la incomodado com essa patifaria e não vai nem querer responder.

Em tese, um dia é um dia, não deveria fazer diferença. Mas faz, porque a gente supervaloriza esse um dia se ele estiver muito próximo. Pensar no longo prazo é, de alguma maneira, desligar o sistema 1. Isso mostra que trabalhar com o longo prazo minimiza nossos vieses, nossas tentações. Por exemplo, caça-níquel vicia mais do que a Mega Sena. No primeiro caso, o resultado é imediato, assim como o ímpeto de dobrar a aposta. No segundo, esperar dias até o resultado diminui a euforia e impede que o apostador se arrisque por impulso. Você não quer ser um investidor de caça-níquel, ansioso pela próxima dose de dopamina liberada pelo ato de puxar a alavanca, dependente dela feito um rato de laboratório.

O sistema 1 definido por Kahneman vai levá-lo a ser um *trader* frenético, um especulador, não um investidor. Como vimos, comprar e vender com frequência excessiva provavelmente vai fazer com que perca dinheiro. Isso cria um fluxo terrível de estímulos cerebrais: viciante prazer pelos lucros do dia, dor pelas perdas. Para você, a Bolsa vai virar um cassino. Pior: você ainda vai ter custos imensos de transação e vai pagar mais impostos, enriquecendo os outros.

> Tenha cuidado, por exemplo, com qualquer um que se aproxime tentando lhe vender alguma solução mágica para capturar ganhos de curto prazo, muitas vezes envelopada sob o nome de análise técnica: métodos que supostamente permitem prever o preço futuro dos ativos a partir de dados do mercado, comumente com o uso de gráficos, procurando padrões em formação na tela. Temos uma postura agnóstica sobre ela. Respeitamos, mas não somos seguidores. Há pesquisadores relevantes que apontam consistência em algumas técnicas, como Andrew Lo, do MIT, ou Pedro Valls, da FGV. Temos pouco conforto em admitir a premissa de que necessariamente padrões de comportamento dos preços no passado sejam fáceis de identificar e permitam projetar o futuro. Fora de condições muito específicas, não há validação científica ampla favorável a seu uso.
>
> De qualquer forma, a análise técnica não representa o ato de investir. É *trading*. Não é a nossa praia. Partindo do princípio de que ninguém deveria recomendar a outros aquilo em que não acredita, sugerimos que também não seja a praia de nenhum investidor individual com viés de longo prazo. Se o leitor decidir enveredar pelo caminho do *trading* — e não do investimento —, nossa sugestão seria para fazê-lo com uma parcela menor de seu patrimônio e evitando alavancagem, com muita disciplina e regras criteriosas de utilização.

Para o investidor comum, nem sequer faz sentido ficar olhando cotações freneticamente, todo dia. A realidade empresarial não muda em 24 horas — claro, há raras exceções capazes de contestar essa afirmação. Os ciclos corporativos são diferentes do ciclo do *day trade*. É como a criança que fica lambendo o marshmallow. Você não vai conseguir se controlar. Melhor ir embora, deixar o marshmallow sozinho, ir pensar em outra coisa.

Ações, fundos imobiliários e outros investimentos em Bolsa têm marcação a mercado. Quando você entra na sua plataforma de investimentos, poderá vê-los sendo reprecificados em tempo real conforme o mercado oscila. Você vê seu patrimônio aumentar ou diminuir um pouquinho a cada segundo. Isso é consequência de uma coisa boa: tais ativos têm liquidez, ou seja, sempre tem alguém comprando e vendendo, o que implica que você pode rapidamente vendê-los (ou comprar mais) se quiser, pelo preço em tela.

Imóveis não são assim: você só sabe o preço real de um apartamento quando tenta vendê-lo, às vezes com grande espera. A falta de marcação a mercado dos imóveis faz com que, numa grande crise, as pessoas se desesperem com suas ações ou fundos perdendo valor rapidamente, mas não sofram tanto ou nem pensem em seus imóveis, embora eles também desvalorizem. Só não se sabe quanto. Como vimos no capítulo anterior, *what you see is all there is*, o que você vê é tudo que existe.

Sugerimos que você se policie para ter o melhor dos dois mundos: a liquidez dos ativos negociados em Bolsa e a paz de espírito de quem não fica o tempo todo enlouquecido pelas cotações, evitando deliberadamente ficar escravo delas. O preço da ação sozinho, desconectado da realidade objetiva da respectiva empresa, não diz nada.

Não se torne aquela pessoa insuportável que não consegue se concentrar completamente em um almoço com alguém querido porque toda hora precisa checar as cotações das suas ações no celular. Em respeito a quem estiver com você, claro, mas acima de tudo para seu próprio bem.

ATIVOS PARA O LONGO PRAZO

Considerando que teremos uma visão de investimentos de longo prazo, o que comprar, afinal? Eis a pergunta central a que esta segunda parte do livro tenta responder.

A literatura de finanças refere-se amplamente ao retorno superior das ações no longo prazo. Isso fica claro e expressivo para países desenvolvidos. Tenderá a ser o caso também para o Brasil conforme passemos a conviver com patamares civilizados de juros. O grande clássico sobre o assunto é o livro do americano Jeremy Siegel: *Investindo em ações no longo prazo*.

Nos Estados Unidos, há uma vastidão de dados à disposição dos pesquisadores e o mercado de capitais é bem antigo. De modo que é possível analisar a rentabilidade de uma variedade de ativos desde o começo do século XIX, que é o que Siegel fez. Desde 1802 até o começo do século XXI, as ações americanas entregaram 6,6% de rentabilidade ao ano acima da inflação. Isso significa aproximadamente dobrar de valor a cada dez anos. Títulos governamentais de longo prazo entregaram 3,6%. Os de curto prazo (no gráfico a seguir, chamados de letras) renderam 2,7%. O ouro, veja só, teve ganho real de pouco mais de zero — na prática, apenas pagou a inflação.

O dólar perdeu valor ano a ano, até US$ 1 passar a valer apenas US$ 0,05.* Note que o gráfico seguinte está em escala logarítmica. (Impressiona a estabilidade das linhas. Os retornos das ações no século XIX são muito parecidos com os retornos no século XX.)**

---

* Aqui entra a questão da inflação. Ela obviamente causa perdas para detentores de moeda, mas perceba que ativos financeiros, como títulos de renda fixa, sobretudo prefixados, podem virar pó caso ocorram períodos de rápida aceleração dos preços. Ações, imóveis ou ouro não sofrem desse mal: suas cotações também estão sujeitas às forças inflacionárias, sendo igualmente remarcadas para cima.

** Embora o dólar acentue muito sua parte de valor na segunda metade do século XX, especialmente a partir do abandono do padrão-ouro. Com a moda de imprimir moeda como se não houvesse amanhã iniciada em 2008 e reforçada em 2020, isso deve se agravar daqui em diante.

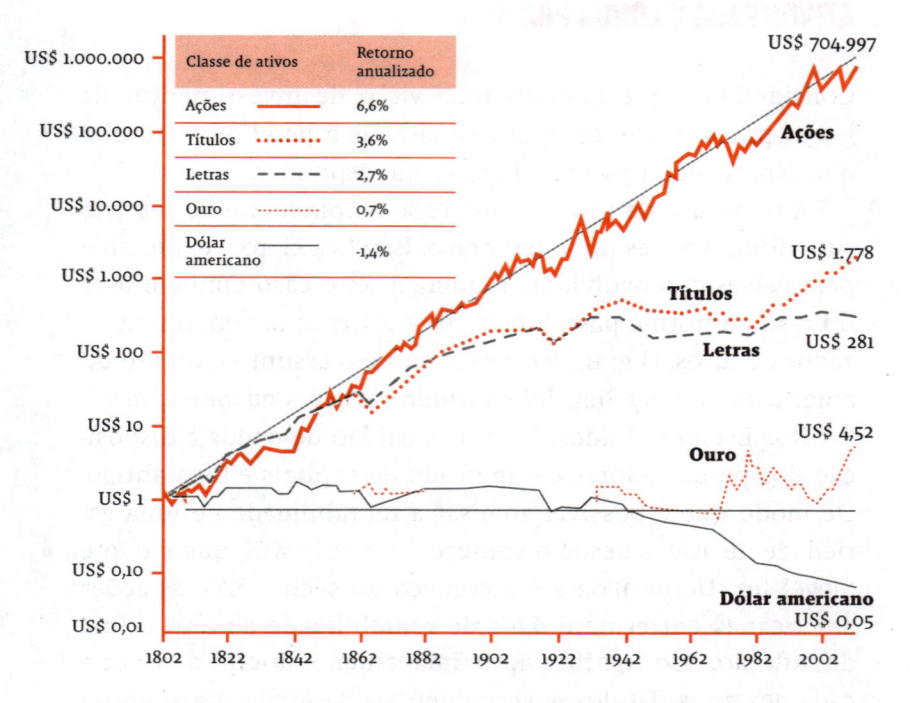

Classe de ativos	Retorno anualizado
Ações	6,6%
Títulos	3,6%
Letras	2,7%
Ouro	0,7%
Dólar americano	-1,4%

Ações: US$ 704.997
Títulos: US$ 1.778
Letras: US$ 281
Ouro: US$ 4,52
Dólar americano: US$ 0,05

Fonte: *Investindo em ações no longo prazo*, Jeremy Siegel, Bookman

  Comprar uma ação significa comprar uma fatia de uma empresa. Ou seja, comprar uma determinada tecnologia, uma cultura, certo conjunto de processos e, principalmente, um grupo de pessoas — minimamente competentes, esperamos — que todo dia se juntam para tentar fazer aquele negócio crescer. Podem ter dificuldades, podem fracassar, podem estar perdidos, podem querer se esconder no banheiro, podem avançar aos trancos e barrancos. Mas eles estão lá, todos os dias, com uma missão: dar um jeito de entregar mais dinheiro para os acionistas.

  Por trás de cada ação há uma empresa, e a pergunta que importa é se você quer ser sócio dela. "Se você não pensa em manter uma ação por dez anos, nem pense em tê-la por dez minutos. Quando nós nos tornamos sócios de negócios extraordinários com gestores extraordinários,

> **Por trás de cada ação há uma empresa, e a pergunta que importa é se você quer ser sócio dela.**

nosso período favorito de retenção do papel é para sempre", afirma Buffett.

Dificilmente outros ativos carregam o mesmo potencial de multiplicação. Um imóvel pode se valorizar, claro, às vezes muito, mas ele não vai passar a ter o triplo do tamanho nem vai fazer fusões em série com os apartamentos vizinhos para buscar sinergias e dominar o mercado. O ouro, por definição, pode compor bem um portfólio diversificado, mas dificilmente virá daí uma supermultiplicação. A renda fixa, em especial quando são parcas as possibilidades no mercado de crédito, também não costuma oferecer um retorno de dólares para uma aposta de centavos — muitas vezes, aliás, é exatamente o contrário.

Isso não significa que você não deva ter esses e outros ativos na sua carteira. Ações são voláteis e podem ser arriscadas.* Tenha fundos imobiliários, tenha ouro, tenha moeda estrangeira, tenha títulos. Proteja-se: falaremos sobre alocação no capítulo 9. O ponto aqui é que as ações merecem um lugar de destaque na sua carteira, e dedicaremos vários capítulos a elas.

Alguns críticos apontam que Siegel se concentra muito nos dados do mercado americano, onde o capitalismo funciona; certamente os investidores russos do começo do século passado, que se depararam com uma revolução bolchevique, não diriam que no longo prazo suas ações tiveram muito va-

---

* Vamos ver no capítulo sobre risco que as duas coisas não são sinônimas. Mostraremos também que a renda fixa muitas vezes pode ser mais arriscada do que as ações.

lor. Mas, bom, meu amigo, se vier uma revolução comunista por aí, também não vai adiantar muito você ter imóveis ou CDBs de algum banco burguês.

No Brasil, é fato que em vários intervalos de tempo o CDI, ou seja, a renda fixa, superou e pode voltar a superar as ações. Se Siegel fosse brasileiro, talvez tivesse tido a tentação de escrever um livro chamado *Títulos públicos para o longo prazo*. Esperamos, porém, que, superadas as idiossincrasias e as jabuticabas, tenhamos um país diferente à nossa frente. Isso significa um prêmio de risco positivo, ou seja, mais rentabilidade para aquilo que é menos seguro, como costuma acontecer na maioria dos mercados.

Siegel também cita no livro o caso de John Raskob, que foi executivo financeiro da General Motors. Em 1929, Raskob deu uma entrevista dizendo que todos os americanos deveriam investir na Bolsa, que assim ficariam ricos. Apenas US$ 15 por mês bastariam. Era uma época de euforia. Pouco depois dessa declaração, porém, o mercado desabou, com perdas de até 89%. Os investimentos de quem entrou na alta viraram pó. Raskob de repente se tornou o símbolo da tragédia. Sua entrevista no momento errado lhe deixou exposto. Um senador citou seu nome quando precisou apontar um culpado. A revista *Forbes* disse que sua recomendação havia sido uma ofensa ao povo americano.

Siegel, porém, defende Raskob. Se alguém tivesse seguido seu conselho a partir do momento em que a entrevista foi publicada, teria de fato perdido algum dinheiro com o *crash*. Mas se o investidor, dotado de imensa confiança em Raskob, tivesse perseverado no investimento ao longo do tempo, não teria se saído mal. Apenas quatro anos depois, seu investimento já teria superado a renda fixa. Vinte anos depois, seria o dobro dela, entregando 7,89% ao ano. Trinta anos depois, sua rentabilidade anual teria sido de 12,76%, valor que podemos dizer que é bastante satisfatório.

"Os mercados altistas e mercados baixistas resultaram em histórias sensacionais sobre ganhos inacreditáveis e perdas devastadoras. Contudo, [a história de Raskob ilustra que] os investidores acionários pacientes que conseguem ver além das manchetes amedrontadoras sempre superaram o desempenho daqueles que procuram refúgio em títulos e outros ativos."

Uma vez que você decidiu ter uma fatia da sua carteira em ações, com foco de longo prazo, surge a inevitável pergunta: quais ações?

6
O QUE É UMA BOA EMPRESA

Comprar uma ação, como já dissemos, é comprar um pedacinho de uma empresa. Você será sócio de um negócio, que pode se multiplicar. Nenhum apartamento vai se tornar um prédio, nenhuma barra de ouro vai virar duas, nenhum título de renda fixa seguro vai se rentabilizar acima de uma taxa relativamente bem comportada. Ações, porém, têm o potencial de fazer isso.

Têm potencial, mas nada é garantido. Você precisa escolher boas ações.

O que é uma boa ação? Boas ações em geral combinam dois fatores: pertencem a boas empresas e são oferecidas a preços baixos. Bem intuitivo: se você vai entrar numa sociedade, provavelmente vai querer estar numa empresa boa e não pagar caro demais pela sua participação.

Não é fácil encontrar esse bicho. Se uma empresa é extraordinária, é provável que muita gente já tenha percebido isso e seu preço seja alto. Se a ação está barata, é porque existe quase um consenso de que ela é ruim ou passa por um mau momento. Os mercados são eficientes na maior parte do tempo, lembre-se sempre disso.

Mas vamos começar pelo início: o que é uma boa empresa?

Reconhecer uma boa empresa pode ser útil em diversos aspectos da vida. O mais óbvio é a carreira: onde você quer trabalhar? De que tipo de empresa você deveria fugir ou para onde deveria ir mesmo que lhe fosse oferecido um salário menor no curto prazo? Empreendedores e gestores também terão grande interesse nesse assunto: como criar uma empresa à prova de balas?

Vamos chamar algumas pessoas com pontos de vistas bem diferentes para nos ajudarem: Philip Fisher, Michael Porter, Charlie Munger, Jorge Paulo Lemann, Marcel Telles, Sam Walton, André Esteves e Roberto Sallouti.

Fisher foi um investidor americano que defendeu o investimento em empresas com grande potencial de crescimento. Porter é professor de Harvard. Munger é o principal sócio de Warren Buffett. Lemann e Telles são duas das mentes por trás da AB InBev e 3G Capital. Walton é fundador do Walmart. Esteves e Sallouti são sócios do BTG.

Esse time vai nos ajudar a responder a algumas perguntas essenciais sobre o que é uma boa empresa. Veremos que esta missão está muito longe de ser simples. Há muitas características a se observar, e nenhuma empresa vai ser perfeita em tudo.

1) Qual é o potencial do mercado onde a empresa atua?

O crescimento é o oxigênio das empresas — e, no agregado, dos governos e países.

Em 1992, James Carville, um estrategista da campanha presidencial de Bill Clinton, tornou famosa a seguinte frase: "É a economia, idiota." O objetivo era atacar o então candidato à reeleição, George Bush "Pai", que governava o país em meio a uma recessão. Clinton ganhou, e a frase ficou para a posteridade como sinônimo de um ensinamento maior: governos caem quando o dinheiro falta no bolso das famílias.

Collor e Dilma sofreram impeachment em meio ao caos na economia; Lula se reelegeu sem dificuldades no primeiro turno em 2006 em um país que não parava de crescer, mesmo com o escândalo do mensalão.

Não é diferente no caso das empresas. As que crescem criam novas unidades de negócio e consequentemente novos cargos de gestão, o que traz oportunidades de ascensão para seus profissionais. A Ambev é a rainha disso: vai, meu filho, assumir a liderança de marketing desta cervejaria que acabamos de comprar na Ásia. Já empresas estagnadas (ou, pior, que encolhem) transformam a disputa pelas posições existentes em uma briga de foice: as oportunidades são muito poucas para o número de interessados. As pessoas se desmotivam. Muitos dos bons profissionais vão procurar outro lugar melhor. Os ruins permanecem, mas ficam entediados e reclamões. É quase uma imposição matemática. A ação é um pedaço da empresa; se a empresa cresce, o pedaço cresce junto.

Mas vamos primeiro falar do mercado em que uma empresa atua. O tamanho do mercado é um dos seus principais motores de crescimento. Ao analisar uma empresa, avalie se é factível pensar nessa companhia dobrando ou triplicando de tamanho em cinco ou dez anos. É razoável supor, por exemplo, que o mercado de educação no Brasil ainda não esteja saturado: se a renda nacional crescer, muitas famílias que até então não tinham acesso a escolas ou universidades particulares provavelmente vão passar a procurá-las. O mercado de turismo no Brasil, para citar mais um exemplo, está muito longe do seu limite. Assim como o de seguros de automóveis; apenas 20% da frota é segurada.

Por outro lado, será que a Sabesp, concessionária dos serviços públicos de saneamento básico em São Paulo, tem muitos novos consumidores a encontrar? Será que o setor de supermercados tem ainda tanto a crescer? Outro exemplo, este doloroso: o que será do mercado de livros no Brasil, considerando que em 2010 foram vendidos 437 milhões de exemplares e em 2018 esse número caiu para 352 milhões?

Às vezes crescimento e decadência convivem na mesma empresa. Em uma companhia de telecomunicações, o mercado de TV a cabo perde assinantes ano após ano, esmagado pela concorrência com empresas de streaming como a Netflix. Telefone fixo, então, nem se fala: a essa altura, ligar para a residência de alguém é quase falta de educação, e muita gente nem tem mais número de telefone residencial. O mercado de dados, ou seja, de pacotes de internet, porém, é crescente, seja no celular dos brasileiros ou no mercado corporativo.

Claro que as empresas podem crescer mesmo atuando em um mercado estagnado, se roubarem participação das concorrentes. O Pão de Açúcar não precisa que a receita do setor de supermercados cresça. Basta roubar uma fatia do Carrefour, de concorrentes menores e mais desorganizados do interior ou de quem quer que seja. Mas veja que isso é mais difícil: uma coisa é remar com o vento a favor, outra é ter que usar o remo para frear o concorrente. Além disso, lembre-se de que a empresa pode simplesmente já ter uma fatia grande demais do mercado, sem ter muito de quem tomar participação.

Um ponto importante é que neste caso viver em um país em desenvolvimento tem suas vantagens: há muito menos mercados saturados no Brasil do que nos países desenvolvidos. Imagine uma montadora de carros no Japão. O japonês que queria comprar um carro novo já o fez, e agora o mercado consiste basicamente na reposição dos automóveis conforme eles vão ficando velhos. Em 2009 havia 75 milhões de veículos no Japão. Em 2018, 78 milhões, contando ônibus e caminhões.

Já no Brasil ou em outros países menos desenvolvidos há ainda muito mercado a ser explorado. Em 2009 o Brasil tinha 50 milhões de veículos. Em 2018 eram 100 milhões — e isso com a maior recessão da história em curso. Além disso, considere que a idade média da frota no Brasil é de mais de 9 anos: tem muita gente com carro velho que, se tivesse dinheiro, compraria um novo.

Tudo isso para dizer que em geral os mercados em nosso país estão longe da saturação, por causa do nosso estágio de desenvolvimento econômico e pelo nível baixo de consumo da população. Esse é um argumento para que você invista seu dinheiro no Brasil, não na Europa. O potencial é maior. O aspecto negativo é que nosso país é uma bagunça, onde tudo pode acontecer. Mas essa é outra discussão.

2) A empresa é obstinada a criar novos produtos?

Talvez os mercados em que uma empresa atua estejam saturados. Aliás, todos os mercados vão nessa direção: todo setor jovem um dia será maduro. Houve um tempo em que ninguém tinha TV. Hoje em dia é difícil encontrar algum adulto que não tenha um smartphone.

A Apple deu uma ótima solução para isso: não só lançar modelos novos que façam as pessoas quererem trocar de celular, mas também produtos novos. Apple Watch, Apple TV, Apple Torradeira... (Em 2019, a empresa vendeu mais relógios do que toda a tradicional indústria suíça.)

O Google é ainda mais criativo. Surgiu a partir do mecanismo de busca, mas não sossega: tem o Docs, o Gmail, o Maps, o Chrome, o Android, a entrada em serviços de Cloud, além de uma infinidade de outras coisas menos famosas ou que deram menos certo. Ah, sim, e o YouTube, que foi comprado, não desenvolvido do zero, mas que não deixou de ser um novo e importantíssimo produto. Claro que o mecanismo de busca está longe de morrer ou de ficar saturado, ainda é o rei dos produtos da empresa, mas note que eles buscam diversificar.

Você pode dizer que Google e Apple são casos extremos, e são mesmo. Mas esse argumento se aplica a qualquer empresa. No Brasil, o UOL deixou de ser apenas um portal de conteúdo na internet, negócio de potencial questionável, criando o PagSeguro, produto de pagamentos digitais, que em termos financeiros hoje é o que importa para a empresa. Muitas vezes, um produto alternativo com o tempo passa a ser o principal negócio da empresa.

A Ambev, notando que seus produtos mais tradicionais, como as cervejas Skol e Brahma, tinham um teto de vendas, investiu em novas marcas, tanto de cerveja (de Stella Artois a Colorado) quanto de outros produtos (como os sucos Do Bem) — ainda que talvez tenha demorado um pouco para fazer isso. A Coca-Cola fez um movimento muito parecido, e hoje vende de água a suco de soja.

Voltando ao caso da Sabesp, fica claro que é um pouco mais difícil para uma concessionária de saneamento básico criar um novo produto. (Isso não quer dizer que você não deva em hipótese alguma comprar ações da Sabesp, a depender do preço, mas chegaremos lá.)

Em boa medida, as dificuldades financeiras dos jornais refletem a sua dificuldade ou demora para criar novos produtos com viabilidade financeira, notoriamente assinaturas digitais. O *The New York Times* só adotou o *paywall* digital (que permite ler algumas matérias gratuitamente e depois só para quem tem assinatura) em 2011, após cinco anos de sangria financeira. A *Folha de S. Paulo,* primeiro veículo a fazer isso no Brasil, seguiu o jornal americano em 2012, quando já tinha perdido 70% da sua circulação impressa ante os recordes dos anos 1990.

A Fiat foi outra empresa que teve dificuldade para renovar sua oferta de produtos. Montadora com mais veículos vendidos no Brasil por 14 anos seguidos até 2014, puxada pelo não tão saudoso Palio, em 2018 ficou apenas em sexto lugar, atropelada por modelos mais bem-sucedidos de concorrentes, como o Hyundai HB20 e o Chevrolet Onix.

3) A empresa faz um esforço efetivo em P&D?

Uma maneira óbvia de enxergar o quanto a empresa se esforça para criar novos produtos é ver o seu nível de investimento em pesquisa e desenvolvimento, o popular P&D. E aí é que mora a verdadeira questão.

Philip Fisher defendia que o gasto com P&D tem de ser constante, ou seja, não pode ser expandido nos anos prósperos e depois abruptamente restringido nos anos menos favoráveis. Mas diversos executivos têm uma visão de curto prazo. Muitas vezes sua remuneração está atrelada ao resultado anual ou a outro indicador pouco relacionado ao longo prazo. Qualquer investimento que vá maturar em três ou quatro anos tem apelo menor: numa dessas, o CEO nem vai estar lá mais. O problema é que, em três ou quatro anos, vamos olhar para trás e questionar por que não se investiu em P&D.

Importante também apontar que não é necessário reinventar a roda: ainda mais em países como o Brasil, muitas vezes é possível simplesmente ver o que está funcionando lá fora e adaptar.

Além de P&D, há outro tipo de pesquisa que caracteriza as empresas vencedoras: a pesquisa de mercado. Grandes multinacionais de consumo têm unidades excepcionais de *consumer insights,* áreas especializadas em entender os hábitos e desejos dos consumidores e em testar novos produtos antes de serem lançados. Na Unilever, que se destaca nesse quesito, o pesquisador vai até a casa do consumidor, avalia se há algum dado novo, oferece um novo produto de brinde e depois retorna para saber o que o consumidor achou. A pesquisa de mercado, associada à área de marketing, pauta os esforços de P&D.

Henry Ford ficou famoso por desprezar a pesquisa de mercado, dizendo que, se tivesse perguntado aos consumidores o que eles queriam, eles teriam respondido cavalos mais rápidos. A frase é espirituosa, mas se aplica a uma fatia muito pequena do trabalho de pesquisa de mercado.

Se você tivesse perguntado às pessoas em 1990 o que elas achariam de um mecanismo de busca como o Google, é claro que elas não saberiam o que responder. Mas a maior parte dos desenvolvimentos em uma empresa não são automóveis revolucionários ou novos serviços digitais jamais imaginados. A maior parte dos lançamentos tem vantagens sobre produtos anteriores, que as pessoas já conhecem. Uma vez que os consumidores já sabem o que é um carro, certamente elas terão considerações a fazer sobre qualquer novo modelo.

Uma boa empresa precisa ouvir seus consumidores. Mas muitas vezes isso não acontece: a arrogância sobe à cabeça e as empresas se sentem *too cool for their clients*. O mais surpreendente é que os executivos têm consciência desse erro. "A verdade é que a Ambev, nos últimos anos, ficou muito autocentrada, olhou muito para o seu umbigo [...] Faltou olhar para além dos nossos muros, ter um pouco mais de empatia, escutar mais", disse Jean Jereissati Neto, presidente da companhia, no evento CEO com Propósito, em 2019, quando a empresa levava certo suor da concorrente Heineken entre os consumidores de maior renda. Pois é.

4) Como é o marketing e a área de vendas da empresa?

Existe uma certa ilusão de que um bom produto se vende sozinho. Como qualquer empresa de varejo sabe, isso não poderia estar mais longe da verdade.

No livro *Capitalismo na América*, Alan Greenspan mostra como a história do capitalismo nos Estados Unidos é também uma história das áreas de vendas e de marketing. Quando John Deere inventou no século XIX um arado com um assento superior que permitia ao fazendeiro pilotá-lo em vez em empurrá-lo, "feito um verdadeiro príncipe da campina", não economizou nos esforços de divulgação: espalhou representantes pelo país, criou competições de arado (devia ser uma coisa curiosa de se ver), fazia todo tipo de anúncios educacionais.

Seu contemporâneo Cyrus McCormick, criador da colheitadeira, chegou a criar um jornal próprio cheio de infomerciais dos seus produtos, com circulação de 350 mil exemplares. "Negócio sem propaganda é como piscar para uma moça bonita por trás de óculos de sol", disse um dos seus funcionários.

Mesmo empresas que gastam uma fortuna com P&D precisam gastar muito mais com equipe de vendas. Farmacêuticas são um exemplo. Gastam bilhões com legiões de representantes que visitam periodicamente os médicos para contar-lhes das novidades e alegremente distribuir amostras grátis, que arrancam sorrisos de todo mundo: do médico, que tem um "mimo" para dar ao fim das consultas, dos pacientes, que adoram ganhar remédios de graça, e das próprias farmacêuticas, que usam isso para habituar os pacientes aos seus produtos e garantir suas marcas nas prescrições médicas.* Além de uma grande rede de vendedores ou distribuidores, boas empresas têm boas marcas, criadas ao longo de muitos anos de investimento em marketing.

Veja o depoimento de Charlie Munger, sócio de Warren Buffett, sobre a experiência que eles tiveram nos anos 1970 comprando a See's Candies, tradicional empresa de doces americana: "Quando nós compramos, não conhecíamos o poder de uma boa marca. Com o tempo, descobrimos que a gente podia simplesmente aumentar o preço em 10% ao ano e que ninguém se importava. Aprender isso mudou nosso jeito de investir. Aquilo foi realmente importante."

Buffett e Munger passaram a chamar empresas com marcas muito fortes de "monopólios de consumidores". Marcas *premium* podem cobrar mais caro. Há ainda um outro ponto, como aponta Buffett: "As empresas de bens de consumo estão sempre em luta com os varejistas [...] Mas as marcas realmente fortes conseguem melhores condições em um Walmart da vida. As marcas mais fracas estão mais vulneráveis." Vulneráveis a quê? A dar descontos agressivos que o varejista não repassa ao cliente, a tolerar prazos de pagamento muito grandes, a ter a maior parte do seu lucro capturado de alguma forma pelo varejista.

Mas um supermercado não pode deixar de ter Coca-Cola, Omo, Nescau ou Colgate, sob pena de perder o cliente. Qual seria a sua reação ao entrar em uma loja de tênis e descobrir que eles não vendem Nike? É como naquela piada: se você deve R$ 100 mil para o banco, o problema é seu; se você deve R$ 100 milhões, o problema é do banco. Se uma rede de super-

---

* Claro que há conflitos éticos aí. Há uma discussão sobre quanto exatamente a indústria farmacêutica gasta com marketing, porque depende do que você coloca na conta. De qualquer forma, gastar mais com isso do que com P&D não é raro. Não é diferente na Apple nem na maioria das empresas de outros setores.

mercados não tem determinada marca menos conhecida de refrigerantes, o problema não é do supermercado, é da fabricante da bebida. Se o mercado não tem Coca-Cola, o problema é do supermercado.

O marketing, especialmente aquele mais atrelado à construção da marca no longo prazo, representa outra linha de gastos que executivos mais afobados por resultados no curto prazo talvez tenham a tentação de cortar. Há certa inércia que pode fazer as vendas se segurarem por um ou dois anos, mas evite investir em companhias que deem resultado no presente saqueando o futuro.

5) O que ameaça uma empresa?

O varejo pode tentar espremer uma empresa fornecedora. Quem dera, porém, fosse só ele. Michael Porter, professor da Universidade Harvard, apresentou em artigo de 1979 da *Harvard Business Review* cinco forças que determinam o quanto uma empresa atua em um setor competitivo.

Uma delas é o **poder de barganha dos compradores**. A empresa que você está analisando precisa fazer promoções ou negociar sempre com os compradores ou tem marca ou exclusividade suficiente para impor o preço que quiser?

Aqui, em um extremo, temos empresas de commodities, como a Vale ou a Suzano, que não têm controle sobre os preços dos seus produtos, determinados pelo mercado mundial. Na outra ponta temos empresas com produtos cobiçados e protegidos por patentes, como, por exemplo, as empresas farmacêuticas. Você nunca entrou em uma farmácia e negociou o preço de um medicamento.* Se o médico receitou e você precisa dele, dificilmente você vai deixar de comprar.

---

* A legislação dos genéricos, capitaneada no Brasil pelo então ministro da Saúde José Serra, foi uma tentativa governamental de reduzir o poder das farmacêuticas de determinar preços, mas eles não estão disponíveis para todos os tipos de medicamento. A discussão política e de saúde pública sobre os preços de remédios é antiga e complexa.

Carros estão no meio do caminho. Há marcas, mas elas são substituíveis. As concessionárias sabem disso e estão abertas a negociar preço. Montadoras, aliás, preferem vender para indivíduos do que para frotistas (como locadoras), com compradores profissionais que negociam grandes volumes e sabem arrancar a melhor condição.

De modo que o poder de barganha dos clientes está muito relacionado com outra força de Porter, a mais central: **a rivalidade entre concorrentes**. O sonho de todo investidor é botar seu dinheiro em uma empresa monopolista. Se isso não é possível, marcas, patentes, segredos industriais ou diferenciação dos produtos podem ajudar muito, como discutimos há pouco.

Também relacionada com os concorrentes, a terceira força de Porter é a **ameaça de novos concorrentes**. O mercado tem muitas barreiras de entrada? Se você trabalha em uma grande indústria siderúrgica e está insatisfeito com seu chefe, não é trivial atravessar a rua, comprar um terreno e abrir uma concorrente para chamar de sua. É preciso muito capital, e há economias de escala: uma siderúrgica pequenininha, "para começar", não consegue que as contas fechem. Mas, se você trabalha em um escritório de advocacia e quer sair, não vai precisar de mais do que uma salinha, um computador e talvez um assistente para começar. Se for bom, é capaz inclusive de levar clientes do seu antigo escritório.

As barreiras podem ser também regulatórias. Às vezes é difícil conseguir um alvará, uma concessão ou algo assim. Não dá para abrir um hospital do dia para a noite, por exemplo. E você pode odiar o quanto quiser os cartórios, mas não poderá abrir outro na rua em frente para mostrar como é que se faz.

A quarta força é a **ameaça de produtos substitutos**. Pense nos táxis. Estava tudo bem, os clientes não tinham poder de barganhar preço, porque era tabelado, um cartel endossado pelo governo. Havia também uma barreira de entrada: era preciso um alvará, e a maior parte das cidades emitia pouquíssimos novos. Não era muito diferente de um cartório, com custos altos e serviço ruim. Até que chegou a Uber. O mesmo aconteceu com o monopólio da telefonia fixa, em tese superprotegido de concorrência. As chamadas via internet acabaram com esse mercado. Os smartphones acabaram com as máquinas fotográficas; o streaming, com as locadoras de fita etc. Para usar um termo clichê da moda, qual a chance de a empresa que você está analisando ser *disrompida* por um produto substituto digital?

Por outro lado, não parece que alguém vai inventar uma tecnologia que faça as pessoas pararem de consumir papel higiênico ou cerveja.

Por fim, há o **poder de barganha dos fornecedores**. Os insumos são raros? É preciso competir por eles? Imagine ter uma empresa que depende de um único fornecedor, sem concorrentes. Fabricantes de plásticos do país sempre reclamaram muito da Braskem, única petroquímica nacional, por exemplo. Clientes da antiga América Latina Logística, cujas ferrovias estavam caindo aos pedaços antes de serem vendidas em 2014, também viviam irritados com a falta de alternativas.

6) Esta empresa dá lucro?

Finalmente.

Talvez a pergunta mais importante de todas. Não adianta investir em P&D, ter uma marca forte, estar inserido em um bom mercado, não ter concorrentes e... perder dinheiro. Não adianta também aumentar a receita com o passar dos anos, mas ter margem de lucro baixa, não deixando nada para os acionistas.

Veja o caso dos frigoríficos. Em 2018, a JBS teve uma receita de R$ 181 bilhões e um lucro líquido de R$ 25 milhões. Para cada R$ 100 que entraram, a empresa deixou pouco mais de R$ 0,01 em resultado para o acionista. Pode-se argumentar que foi um ano ruim, mas esse é inegável e tradicionalmente um setor de margens apertadíssimas. A margem líquida média da JBS nos últimos cinco anos até 2019 foi de pouco mais de 1%.

Considere que empresas de margem de lucro muito baixa têm baixíssimo espaço para erros. Compare a JBS e sua margem de 1% com a Ambev (25%), a Grendene (27%) ou o Itaú (22%). Se a sua margem é grande, você tem espaço para fazer barbeiragem ou ser surpreendido por um imprevisto e tudo ficar bem.

Citando mais uma vez Warren Buffett, "invista em negócios que até um idiota seja capaz de administrar, porque cedo ou tarde algum vai". Além de idiotas, imprevistos acontecem. Os custos podem aumentar. Um competidor novo pode fazer pressão no preço dos produtos. Você precisa ter alguma gordura. A margem alta o protege.

Agora, dar lucro não basta. É preciso prestar atenção em dois pontos cruciais. O primeiro: o lucro é consistente, sistemático? Nos últimos 40 trimestres, a empresa deu lucro em quantos? Lucro que pula feito cabrito não é legal. Imprevisibilidade é risco. O mercado pune.

O segundo ponto: mesmo que a empresa dê lucro, veja se o dinheiro vai mesmo para o bolso dos acionistas ou precisa ser todo convertido em novos investimentos. É um lucro meramente contábil?

Em 2007, Warren Buffett, que presta atenção nisso de modo obsessivo, citou na carta aos investidores da sua empresa o exemplo da See's Candies, que mencionamos anteriormente.

Trata-se de uma fábrica de chocolates bem estabelecida. É uma empresa madura em um setor maduro — uma vez que a estrutura está pronta, não há muito o que investir. De modo que, de 1972 até 2006, a empresa teve um lucro pré-impostos de US$ 1,35 bilhão. Nesse período, porém, Buffett e a companhia tiveram que reinvestir apenas US$ 32 milhões, ou 2,4% daquele valor, em coisas como novas máquinas.

Não é que a See's Candies não tenha crescido. No período, o lucro anual cresceu de US$ 5 milhões para US$ 80 milhões, um crescimento bastante razoável de 8% ao ano. O ponto é que seu retorno sobre o capital investido é extraordinariamente alto. Cada dólar que você pinga lá em investimentos se multiplica rapidamente. Isso significa que o investimento necessário é baixo, o que por sua vez permite que o grosso do lucro caia direto no bolso dos acionistas.

Contraponha isso ao setor de telecomunicações. 3G, 4G, 5G: a cada 5 ou 10 anos, a tecnologia avança para permitir maior transmissão de dados e é preciso investir rios de dinheiro em nova infraestrutura.

Um chocolate é um chocolate desde o século XIX, quando surgiram Nestlé, Cadbury e Hershey's. Certamente o produto como o conhecemos não mudou muito desde o século passado.

O goal-keeper carioca esquecendo o goal

A Lacta já anunciava seus chocolates no Brasil desde a época em que goleiro era *goalkeeper*, em 1917, não muito após a extinção dos dinossauros e ainda 13 anos antes da primeira Copa do Mundo. Mas uma rede móvel é uma rede móvel diferente a cada pequeno intervalo de anos, para o desespero dos seus donos. E veja que o retorno sobre o capital investido das empresas de telecomunicações é muito baixo, como mostra a McKinsey.

"O 4G foi lançado em 2009 [...] Apesar dos investimentos das operadoras em infraestrutura, suas receitas apresentaram crescimento estável. Em algumas regiões, incluindo Europa e América Latina, elas caíram", escreveu a consultoria em um relatório de 2018, que apontava que as empresas se preparavam para o 5G com "resignação". Não tem como fugir: "Mesmo que os operadores atrasem os investimentos do 5G, eles vão ter de aumentar os gastos com infraestrutura para lidar com o crescente tráfego de dados, que historicamente cresce entre 20% e 50% ao ano." A receita, porém, não sobe, porque o preço ao consumidor por megas ou gigas em ambientes competitivos só diminui.

"Isso não quer dizer que um negócio que tenha grandes exigências de capital não possa ser um investimento satisfatório. Nós investimos em empresas assim, até porque não existem muitas See's Candies", conclui Buffett em carta da Berkshire Hathaway de 2007. "Mas o mundo dos sonhos é ter um fluxo cada vez maior de lucros com praticamente nenhuma grande exigência de capital."

A terceira e última ponderação sobre lucros: cuidado com lucros fajutos. Não adianta reportar lucro enquanto come o caixa ou enquanto aumenta muito a dívida. Dinheiro emprestado pode até mascarar um problema de geração de caixa por um tempo, mas certamente não para sempre.

Por falar em telecom, veja o caso da Oi. De 2010 a 2013, a empresa reportou lucros acumulados de mais de R$ 6 bilhões. A empresa teve lucro em todos os trimestres. Lindo, não? O problema foi que, nesse mesmo período, a dívida líquida cresceu de R$ 19 bilhões para R$ 31 bilhões.

7) Como está a dívida da empresa?

Dívida grande demais é obviamente uma desgraça, e para melhor compreendê-la em um caso concreto é importante olhar tanto o seu nível quanto a sua trajetória.

Em geral, considera-se que uma dívida acima de três ou, em alguns casos, quatro vezes o fluxo de caixa* pode começar a ser problemática, especialmente se ela for crescente. A partir desse patamar, o dinheiro que a empresa faz vai sendo cada vez mais consumido apenas pelo serviço da dívida; a empresa vive de pagar juros, e não sobra nada para investimentos, muito menos para o acionista.

Quando se trata de Bolsa de Valores é sempre melhor evitar grandes riscos. Imprevistos vão sempre ocorrer, de modo que investir em uma empresa que, por sua posição de dívida, dança tango à beira do precipício está longe de ser uma estratégia inteligente.

Da mesma maneira, tenha muito cuidado com promessas de *turnaround*, ou seja, de novas gestões assumindo empresas em situação ruim para tentar dar um jeito nelas. Citando mais uma vez Warren Buffett: quando um gestor brilhante assume uma empresa horrível, em geral é a reputação da empresa que fica intacta.

Claro que é possível ganhar muito dinheiro com a transformação de uma empresa pela qual ninguém dá nada. Compra-se muito barato, afinal. Mas é muito difícil saber *a priori* quais casos vão funcionar. Este é um território onde as métricas tradicionais não funcionam, sendo substituídas pelas promessas. Não dá lucro, mas vai dar; não tem eficiência, mas vai ter. Como medir uma promessa? É possível, mas exige diligência e experiência.

---

* Medido aqui pelo Ebitda, Lucros antes de Juros, Impostos, Depreciação e Amortização, que é a tradução da expressão em inglês Earnings before Interest, Taxes, Depreciation and Amortization.

> Até é de se entender que alguns fundos se especializem em comprar empresas ruins com o objetivo de participar da sua gestão. Fica mais fácil defender a monarquia se o novo rei for você. Mas obviamente essa não é a opção mais simples para o investidor individual. Sem falar que mesmo gente muito competente já se complicou na tentativa de fazer *turnarounds* corporativos — BRF talvez seja o caso mais emblemático. As pessoas envolvidas no *turnaround* continuam sendo brilhantes, o problema é que muitas vezes o restaurador enfrenta uma missão mais difícil que o artista original.

Ainda sobre lucros inexistentes, tornou-se comum, neste mundo de juros baixos, que investidores ponham dinheiro em empresas digitais que queimam caixa brutalmente enquanto ganham mercado, na promessa de que um dia isso vai mudar. Há muitos exemplos tanto no exterior (Uber, WeWork) quanto no Brasil (como as empresas dos patinetes elétricos).

É fato que, no mundo digital, pode haver vantagens em crescer primeiro e lucrar depois. Se você é a Uber, tudo que busca é dominar o mundo e se tornar sinônimo de transporte por aplicativos — o que, convenhamos, eles conseguiram. Isso precisa ser feito rapidamente, antes que concorrentes ocupem o espaço, porque não há grande barreira tecnológica: não é difícil fazer um aplicativo desses, tanto que muitos fizeram depois. Então gaste brutalmente com marketing, faça muitas promoções, garanta a disponibilidade do serviço a qualquer custo. Em tese, um dia você vai reinar sozinho, consolidando o hábito do consumidor a seu favor, e então poderá começar a mudar o foco de crescimento para rentabilidade. Houve quem tenha feito isso com muito sucesso: Amazon e Facebook, por exemplo, operaram por anos no vermelho e hoje são máquinas de dinheiro.

O problema é que, para o investidor, não é propriamente fácil saber quem vai conseguir chegar lá, assim como no caso das situações de *turnaround*. É um jogo de retornos extraordinários, sem dúvida. Quem comprou ações da Amazon em 1998 ganhou muito mais dinheiro do que quem comprou ações da segura Coca-Cola. Mas como saber de antemão?

Um grande fundo de *private equity* pode ter a diligência e os processos para tentar adivinhar. Para o investidor individual, porém, a falta do lucro como farol deixa a decisão de investimento menos clara. Se for brincar de botar dinheiro em empresas que não tenham lucro, faça isso apenas com uma parcela muito pequena do seu patrimônio, que não lhe fará falta em caso de (provável) fracasso. E faça de forma diversificada. Se a sorte o abençoar, sorria, mas não pegue confiança nem multiplique a aposta.

8) Os administradores sabem controlar custos e despesas?

Se é para cortar custos, não podemos deixar de falar de Jorge Paulo Lemann, o principal empresário por trás da 3G, dono da Ambev e de várias outras companhias. Custos, diz ele, são como unha: se não cortar, cresce sozinho.

Custos e despesas — ou ao menos parte deles — são o que a empresa realmente consegue controlar. O preço pode ser atacado por um concorrente. Um novo produto pode não ser aceito pelo consumidor. Por mais bem recompensados que sejam, talentos podem ir embora. Se queremos margem alta, como apontado em pergunta anterior, há de se controlar a despesa.

Empresas podem gastar muito dinheiro com coisas que não melhoram em nada o produto ou a vida dos seus consumidores: muitos funcionários com funções parecidas, carros importados ou voos de classe executiva para os diretores, escritórios nababescos e superdimensionados. (Do ponto de vista do investidor, empresa boa é aquela em que todo mundo trabalha apertadinho e, quando viaja, fica no Ibis.) Gastos assim apenas consomem margens, uma vez que não trazem mais vendas.

No livro *Sonho grande,* de Cristiane Correa, Adilson Miguel, um dos raros diretores da Brahma que se manteve na empresa comprada por Lemann e sua turma em 1989, resumiu: "Antes eu tinha uma sala de uns 40 metros quadrados, três telefones, secretária exclusiva, um status extraordinário, só que não ganhava porra de dinheiro nenhum."

Há ainda muito gasto desperdiçado em marketing, muita área de suprimentos acomodada que não espreme adequadamente os fornecedores, muitas funções que poderiam ser terceirizadas, gente demais fazendo relatórios ou reuniões que no fim do dia são inúteis. Não é difícil achar por onde começar, a maior parte das empresas tem muito mato alto.

Observe o estilo de vida dos executivos da empresa em que pretende investir. Eles têm uma vida simples ou são deslumbrados com dinheiro? É evidente que não se espera que um CEO faça voto de pobreza ou chegue para trabalhar de Uno 97 só pela humildade, mas é ilusão achar que existe uma separação brutal entre a maneira como as pessoas enxergam sua vida pessoal e profissional. Se o sujeito é perdulário com o próprio dinheiro, por que seria cuidadoso com o da empresa onde trabalha?

Ainda no livro, a jornalista Cristiane Correa cita um exemplo concreto: "A simplicidade salvou Jorge Paulo Lemann de um aperto em 1991. Ele dirigia pela estrada Rio-Santos e parou em um posto de combustível para abastecer. Enquanto enchia o tanque, o local foi assaltado. Seu carro, um Passat, não despertou qualquer interesse dos marginais — e Jorge Paulo pôde seguir viagem tranquilamente."

Warren Buffett, famoso por morar na mesma casa desde 1957, diz que procura empresas tocadas por gente que está lá mais pela paixão do que pela vontade de ter dinheiro para gastar. "O maior luxo é fazer o que se ama todos os dias. Padrão de vida e custo de vida são coisas muito diferentes", afirma ele.

Um caso de quase obsessão pelo que faz é o de Sam Walton, icônico fundador do Walmart, que aliás era tão compulsivo por corte de custos que faz Jorge Paulo Lemann parecer um esbanjador. Walton era fascinado por supermercados. Em uma visita ao Brasil, resolveu ir até uma loja do Carrefour, no

Rio de Janeiro, e não pensou duas vezes: sacou uma trena do bolso e começou a medir o tamanho das gôndolas, logo estava com uma câmera tirando fotos e, por fim, puxou uma prancheta para fazer desenhos sobre a distribuição dos produtos. O estranho comportamento chamou a atenção dos seguranças da loja, que abordaram o gringo. Ele não falava português e acabou detido em uma sala pelos seguranças. Walton foi socorrido justamente por Lemann. Ao saber do paradeiro de Walton, o empresário brasileiro ligou para o presidente do Carrefour no Brasil, que por sua vez, provavelmente entre estupefato e constrangido, ordenou que liberassem o dono do Walmart imediatamente.

Lembre-se, porém, que o corte de custos não pode ser feito em detrimento do que discutimos anteriormente, como gastos com desenvolvimento de novos produtos. Cortar custos e despesas é uma coisa que nunca pode ser confundida com corte de qualidade e inovação em produtos — algo que talvez até Jorge Paulo Lemann possa ter deixado passar.

A Ambev (e o conglomerado global a que ela pertence, a AB InBev) se atrapalhou com isso. O veterano da companhia Miguel Patricio disse em entrevista à revista *Exame* em abril de 2019 que por anos eles foram "pautados apenas na eficiência, obcecados pela eficiência, mas pouco inovadores", citando a Amazon como exemplo de empresa inovadora e eficiente. O próprio Lemann falou sobre o assunto durante conferência anual do Instituto Milken, em Los Angeles, no dia 30 de abril de 2018: "Eu sou um dinossauro apavorado [...] Eu vivia naquele mundo aconchegante de marcas antigas e volumes grandes, em que nada mudava muito, e você podia só focar em ser mais eficiente e tudo bem [...] O cliente já não quer sair mais de casa, quer tudo entregue na casa dele. Em cerveja, houve todas essas novas marcas [artesanais] entrando no setor. Estamos sendo afetados por tudo."

Podemos — e devemos — ser eficientes na produção, mas não vale jogar água na cerveja nem no ketchup.

9) A diretoria é honesta sobre os seus erros?

A sinceridade de altos executivos associados à Ambev sobre os problemas das suas empresas é sinal de que a cultura do conglomerado valoriza mais a busca por soluções do que a manutenção de uma imagem de infalibilidade mágica.

Toda empresa comete erros ou têm dificuldades. Cuidado com aquelas companhias que escondem os problemas e pintam um cenário paradisíaco a cada divulgação trimestral de resultados. A comunicação da empresa deveria ter como objetivo mostrar a realidade, não vender ilusões. Credibilidade perde-se muito fácil. Há de se fazer o que foi sinalizado aos investidores. E há que reportar resultados conforme sinalizado aos investidores. A verdade é filha do tempo, não tem jeito.

Você quer investir em uma empresa que trate minoritários como você como verdadeiros sócios, o que implica não varrer as adversidades para baixo do tapete. Fazê-lo, aliás, diz muito sobre o caráter das pessoas à frente de um negócio. O que nos leva ao próximo item.

10) A integridade dos controladores e dos administradores é inquestionável?

Dizia o Barão de Itararé: "De onde menos se espera, daí é que não sai nada."

Este é um tópico curto porque não há muito o que dissertar sobre decência. Assim como não existe meio grávida, meio morto, não existe meio ético. Integridade é um traço totalizante: ou isso transpassa todos os aspectos da vida da pessoa, ou se trata mesmo de um picareta. A pergunta aqui é simples assim: você prefere ser sócio de Roberto Setubal, do Itaú, ou de Joesley Batista, da JBS?

Governança corporativa, no sentido das garantias de que todos os *stakeholders* devem ser remunerados adequadamente, conforme suas expectativas, mediante as possibilidades materiais, é inegociável. Em primeiro lugar porque uma hora os podres das empresas, especialmente com governos, podem e provavelmente vão emergir, destruindo o valor das ações. Aconteceu com a citada JBS, que admitiu em delação ter pagado propina a assombrosos 1.829 políticos. Aconteceu com todas as grandes empreiteiras, que acabaram quebrando. Aconteceu com a Oi, em recuperação judicial enquanto este livro é escrito, que tinha uma estranhíssima relação com o filho de Lula, em que a empresa lhe dava dinheiro e ele não fazia nada.

Mesmo antes dos escândalos virem a público, não era muito difícil saber que algo cheirava mal em empresas como a JBS ou a Odebrecht. A imprensa especulava abertamente: em 2017, em matéria para a *Folha de S. Paulo,* as repórteres Renata Agostini e Ana Estela de Souza Pinto perguntaram diretamente a Joesley sobre corrupção no Brasil, e ele respondeu que não sabia que existia isso no país até descobrir "assistindo na televisão".

Evite se misturar com quem tem problemas de reputação. Ou cobre um preço alto por isso — você pode até comprar uma empresa de governança corporativa ruim e questionável, mas deve exigir um prêmio muito, muito elevado. Até porque o problema não é só a destruição de valor que vai ocorrer quando a empresa for desmascarada. Você vai perder dinheiro muito antes desse dia. Se um controlador é capaz de subornar políticos ou cometer outros crimes, por que ele não roubaria também o dinheiro de um investidor minoritário como você?

Há muitas formas de fazer isso. A Oi, por exemplo, mais de uma vez comprou a preços estranhamente altos ativos que antes pertenciam a seus controladores, em prejuízo dos minoritários. A Gerdau é uma empresa correta e bem gerida, mas apesar disso no passado quis, para a perplexidade do mercado, fazer as suas empresas pagarem royalties à família controladora pelo uso do seu sobrenome, que eles consideravam uma marca. Com vontade e criatividade, sempre se dá um jeito.

Philip Fisher destaca um outro ponto relacionado com transparência: a empresa tem, digamos, excesso de criatividade na contabilidade? Balanços de incorporadoras, por exemplo, são tradicionalmente complicados. Um indicador é o reconhecimento de receitas que depois se mostram artificiais por causa dos distratos, ou seja, das desistências de compra. O corretor no estande vende o imóvel para quem não quer ou não pode pagar, o investidor acredita que aquilo é de verdade, e alguns anos depois o negócio acaba cancelado.

11) A empresa tem uma cultura? Ela inclui trabalho em equipe e meritocracia?

A Ambev, bastante citada neste capítulo, é um famoso exemplo de empresa percebida como meritocrática. Outro é o banco de investimentos BTG Pactual, de André Esteves.

Não é tão difícil reconhecer traços de meritocracia em empresas. Elas não costumam ter filho do dono. "A gente olha por ano 70 mil candidatos a trainee. Será que a minha genética é tão forte que vou criar um filho que é 1 em 70 mil? Não só não acredito nesses milagres da genética, como eu acho que a nossa cultura desapareceria", disse Marcel Telles, um dos sócios da 3G, conforme registrado no livro *Sonho grande*.

Empresas meritocráticas não têm promoção por tempo de serviço, mas por capacidade de gerar resultados, não importando idade ou há quanto tempo se está aguardando uma promoção. Empresas meritocráticas têm um sistema claro e em geral muito sofisticado de avaliação (transparente, com expectativas conhecidas) atrelado a significativas recompensas financeiras. Essa recompensa não é distribuída de forma igualitária: os melhores ganham muito, os piores não ganham nada. Mais recentemente, as recompensas têm extrapolado o cunho estritamente financeiro, ligando-se também a outros elementos como propósito ou sentimentos de pertencimento, mais valorizados sobretudo pelas gerações mais novas.

Empresas meritocráticas às vezes dispensam de forma muito digna funcionários que não conseguem entregar resultados. A McKinsey, por exemplo, auxilia seus ex-funcionários na busca de um novo emprego, partindo do princípio que falta de adequação a um trabalho específico não significa incompetência generalizada. Às vezes a pessoa apenas não é apaixonada por aquilo, e é melhor para todo mundo que ela possa procurar algo que realmente a estimule. Muitos dos que saíram da McKinsey tiveram carreiras brilhantes em outras empresas ou atividades.

Em empresas meritocráticas qualquer jovem competente e extraordinário tem chance de um dia virar sócio, ainda que o processo naturalmente seja muito competitivo. Eis a dura realidade: se você trabalha em uma empresa onde não há perspectiva alguma de um dia se tornar sócio, realmente não querem você por perto. (O que, aponta Lemann, é pior para eles, porque um funcionário sempre se dedica menos do que o sócio ou do que o sócio em potencial.) Infelizmente a maioria das empresas é assim. Procure melhor oportunidade assim que puder.

Roberto Sallouti, CEO do BTG, reforça que não há contradição alguma entre meritocracia e trabalho em grupo. Ele cita o icônico Banco Garantia, fundado nos anos 1970 no Rio de Janeiro e que foi uma espécie de berço do capitalismo moderno brasileiro. "O Garantia foi o pai da nossa cultura, mas com uma grande diferença: o Garantia tinha uma cultura muito individualista. Se eu sei que 6% do que for feito eu levo para casa, então é cada um por si. Se nós somos um time, porém, não temos gerências individuais, o que a gente ganha é dividido meritocraticamente, conforme um processo de avaliação qualitativo sobre a contribuição de cada um. Isso valoriza o trabalho em equipe."

Boas empresas desenvolvem seus profissionais desde muito novinhos, de modo a criar uma cultura própria, que ainda vai estar lá quando a diretoria atual tiver ido embora. Cuidado com empresas que, sempre que surge uma vaga de comando, reagem recrutando pistolões do mercado. Esse é maior recibo de incapacidade de formação interna. Empresas de cultura sólida são obsessivas em cultivar suas lideranças do futuro.

O Bradesco é extraordinário nisso. O atual CEO, Octavio de Lazari, entrou no banco aos 15 anos, como office boy. Seu antecessor, Luiz Carlos Trabuco, começou aos 17, como faz-tudo em uma agência de Marília, no interior de São Paulo.

Para mostrar que é ingênuo ver o mundo como se ele fosse dividido entre vilões e heróis, existe uma empresa que tinha uma cultura admirável, amada pelos seus funcionários, gente altamente motivada. Seu nome? Odebrecht.

Os funcionários ficavam décadas na Odebrecht. A empresa não só fazia todo o possível para ser vista como uma família, como se esforçava para empregar parentes de funcionários. Um em cada quatro funcionários tinha algum familiar trabalhando na companhia. (Não era exatamente meritocrático, é verdade.) A empresa não falava em empregados, mas em "integrantes", termo com mais cara de célula revolucionária leninista do que de empreiteira multinacional.

Quando a Lava Jato devastou a Odebrecht, inclusive financeiramente, Stela Carneiro fez uma matéria para o *Valor Econômico* sobre os funcionários demitidos ("ex-integrantes") da empresa, que estavam com dificuldade para encontrar novos empregos. Essas pessoas tinham certeza de que iam ficar para sempre na Odebrecht. Elas se sentiam parte daquele projeto, e isso não tem nada a ver com corrupção, mas com uma cultura extremamente forte.

"Enquanto trabalhava como engenheira de planejamento e custos da Odebrecht Engenharia e Construção, Fernanda Santos, 33 anos, recusou cinco propostas de emprego vindas de *headhunters*. Na verdade, nem quis escutá-las [...] Três anos depois, foi demitida após o grupo imergir em uma série de escândalos de corrupção levantados pela Operação Lava Jato. Nos primeiros quatro meses após a demissão, Fernanda, que é carioca e formada em engenharia pela UFRJ, ficou paralisada [...] Isso aconteceu há 15 meses. Até agora, nada de entrevistas ou propostas de trabalho. 'Fiquei sem chão porque os valores da companhia eram os meus. No começo achei que era só por conta da crise, mas agora acho que onde eu trabalhei está me atrapalhando', diz."

A cultura da empresa foi criada pelo fundador Norberto Odebrecht. Ela tinha até nome: TEO, de Tecnologia Empresarial Odebrecht. O termo é meio bobo, mas aquilo que Norberto chamava de doutrina era levado a sério. Os textos falam em "partilhar os resultados". Os bônus dos altos executivos da empresa chegavam a responder por 70% das suas remunerações. Um dos itens de responsabilidade empresarial falava em "criar oportunidades de trabalho e desenvolvimento", e a empresa de fato privilegiava a todo custo promoções internas. Isso significava entrar como estagiário e acabar participando ou eventualmente liderando obras de hidrelétricas, aeroportos, metrôs ou, para os mais velhos, até usina nuclear.

Como apontou uma reportagem de Malu Gaspar para a revista *piauí* de outubro de 2016, "[Norberto] era idolatrado pelos funcionários, que [...] disseminavam histórias que desembocavam invariavelmente no elogio do homem simples e humilde".

Não se trata aqui de menosprezar os crimes cometidos e confessados pela empresa e seus executivos, obviamente. Como dito, fique longe de empresas com problemas éticos. O fato é apenas que nenhuma empresa ou pessoa é só mutreta ou mérito: ambos podem coexistir.

12) A empresa tem visão de longo prazo?

Crescer é fundamental, claro, mas aqui se trata de mais do que isso: você tem a impressão de que quem trabalha na empresa está lá para arrancar o máximo de resultado no curto prazo, mesmo que em detrimento da sustentabilidade do negócio, ou existe uma preocupação com perpetuidade?

Na prática, este item é resumo de tudo que foi dito antes neste capítulo: se você tem uma visão de longo prazo, naturalmente investe em P&D, não descuida da marca, forma pessoas e se preocupa quase paranoicamente com reputação, então prefere um lucro recorrente do que uma porrada artificial de uma vez só.

Se você só quer saber de embolsar uma grana e ir embora, porém, para que gastar tempo com os longos ciclos de desenvolvimento de produtos, cultivando talentos ou mesmo evitando falcatruas?

Em geral, empresas familiares tendem a ter uma visão mais de longo prazo, porque os executivos se vão, mas a família fica — os Setubal não vão acabar com o Itaú para ter um trimestre extraordinário. Mas veja que há de tudo: a Oi foi saqueada justamente pelos seus controladores, enquanto a Renner, uma companhia de capital pulverizado (ou seja, sem um controlador definido),* é há muitos anos gerida com imenso zelo.

A Renner, aliás, sintetiza muito do que queremos dizer aqui com visão de longo prazo. Quem melhor resumiu o *case* foram os sócios da Dynamo, em uma carta do terceiro trimestre de 2015:

"Não é incomum empresários queixarem-se da falta de oportunidades ou de sorte. Muitas vezes, não se trata de falta de oportunidade, mas de preparação [...] Lembramos a trajetória da Renner. A empresa passou os anos 1990 implementando mudanças importantes no modelo de gestão, nos sistemas de informação, intensificando treinamento, desenvolvendo a cadeia de suprimentos, se capitalizando e observando com paciência as aventuras de alguns competidores. Quando veio a crise no final da década e grandes varejistas como a Mesbla e a Mappin faliram, a Renner estava preparada: ocupando o espaço deixado por esses competidores, num ataque ousado, abriu 28 lojas, dobrando de tamanho em dois anos, estabelecendo de forma definitiva sua posição no mercado."

O mérito é acima de tudo do brilhante José Galló, CEO da empresa por 27 anos, que levou a Renner de oito para 560 lojas, de um valor de mercado de menos de US$ 1 milhão — sim, com "m" — para R$ 30 bilhões. (Quando Galló assumiu, ouviu dos controladores que, se fosse bem, ganharia como recompensa um Monza.)

---

* Desde 2005, mas os dois controladores anteriores não se intrometeram na gestão profissional a partir de 1991.

Galló é obcecado por tratar bem os clientes, encantá-los (a Disney também pensa assim!), não por causa do próximo balanço, mas porque no longo prazo você precisa que eles voltem. A obrigação de qualquer atendente de loja é receber o cliente com um sorriso, um "olá, tudo bem?" e um genuíno prazer em servir. É impressionante como o cliente ainda é atendido com má vontade em várias das grandes redes de lojas e supermercados, como se estivesse fazendo um favor por estar ali. O fato de não serem treinados adequadamente (ou, em caso de inaptidão completa, demitidos) mostra que os gestores devem ter outras prioridades, sabe-se lá quais.

> Buffett e o pessoal da Dynamo são grandes críticos do curto prazo aplicado aos investimentos, que pode ser visto na tirania extrativista dos lucros trimestrais. Eles defendem, e nós endossamos, inclusive o fim da divulgação pelas empresas das expectativas (o popular *guidance*) de lucros trimestrais, em benefício de prazos maiores. Botar um número a ser batido a cada três meses incentiva os executivos a olharem só para isso, ignorando qualquer iniciativa que tenha tempo de maturação maior — e, no fim, são estas as que realmente importam.
>
> Um exemplo de situação em que isso aconteceu também envolve incorporadoras. Um boom de IPOs por volta de 2007 fez com que elas estivessem capitalizadas. Foi o que a Dynamo chamou de "corrida sem vencedor": para vender é preciso lançar, e para lançar é preciso se meter em uma disputa meio suicida por terrenos cada vez mais caros, prédios em cidades com mercados desconhecidos e rebaixamento dos controles de custo e qualidade.
>
> Uma honrosa exceção: a Helbor. "A empresa não se deixou seduzir pelo canto da sereia [...] Continuou tratando cada empreendimento como se único fosse, a modo artesanal [...] com o mesmo cuidado e diligência de quem administra seu próprio negócio [...] No curto prazo lá de trás [porém] a companhia talvez não tenha festejado tanta metragem de lançamentos quanto alguns concorrentes", escreveu a Dynamo em carta do segundo trimestre de 2012. No longo prazo, a Helbor foi uma das únicas que se salvou.

Carlos Brito, da Ambev, faz uma ótima analogia: evite a todo custo empresas que sejam tratadas como um carro alugado. Se o carro é seu, você cuida, se preocupa, faz revisão e manutenção preventiva. Se o carro é alugado, seu horizonte envolve apenas manter a aparência de que ele está inteiro até a devolução. Provavelmente vai inclusive metê-lo em estradas ou situações em que não colocaria seu próprio veículo.

"Criamos um sistema que expele o profissional que se une à empresa para construir currículo. Não gostamos das pessoas que acham bom ter uma empresa no currículo por três anos, depois outra, e por aí vai [...] Por isso, as decisões [que esses profissionais tomam] não são tão boas. Leva tempo construir uma empresa. E ele não tem tempo para isso", disse Brito em um evento em 2015, registrado pela revista *Exame*.

UMA CRÍTICA A UM GURU

Quando se trata de apontar as características de uma boa empresa, é inevitável não falar de Jim Collins, que escreveu, entre outros, um famosíssimo livro de negócios chamado *Empresas feitas para vencer.*

No livro, ele analisa 11 empresas vencedoras nas suas áreas e aponta que todas elas adotaram uma estratégia de manter um foco estreito bem definido, ou seja, de não diversificar demais suas operações ou tentar muitas coisas ao mesmo tempo. Collins chamou isso de "uma cultura de disciplina". O problema é que ele chegou a esse número a partir de uma lista maior, de 1.435 empresas.

No capítulo 4 falamos do viés do sobrevivente. Não é porque você conhece algumas pessoas que abandonaram a faculdade e ficaram ricas que isso seja uma boa ideia. Você precisa ver quantas abandonaram a faculdade e ficaram pobres. De forma que a pergunta a que Collins não respondeu é esta: das outras 1.424 companhias, quantas tiveram disciplina mas fracassaram por focar em estratégias que se comprovaram inadequadas? O sucesso é um mau professor. Você precisa aprender também com os fracassos.

O que é fugir do seu foco? Empresas aéreas que criaram subsidiárias de milhagem que hoje valem mais do que elas próprias fugiram do seu foco, que era levar as pessoas de um lado para outro? A Kodak, que se agarrou mais do que devia ao seu negócio antigo de filmes fotográficos e acabou falindo, deveria ser premiada por não ter tentando diversificar?

O professor de administração Phil Rosenzweig, ex-Harvard e atualmente na Suíça, é um crítico da teoria de Collins. Ele aponta como exemplo as dificuldades da Lego nos anos 1990 e 2000. Quando os brinquedos de montar pareciam defasados perante os videogames e outros novos interesses das crianças, tanto a imprensa quanto os especialistas criticaram a empresa por não conseguir se reinventar. Quando a Lego tentou criar novos produtos, sem sucesso, passou-se a dizer que o erro havia sido se desviar das suas raízes e da sua tradição. Alguém sempre vai arrumar uma explicação a partir de algum recorte limitado dos fatos.

Sinal de que Collins estava de fato apenas inventando uma explicação a partir de um recorte limitado dos fatos, não descobrindo alguma lei inexorável da administração, é que as empresas que ele listou em 2001 como sendo as grandes referências de gestão e foco performaram pior que a média da Bolsa americana nos dez anos seguintes.

Segundo Rosenzweig, não se pode escolher um grupo de vencedores e tirar lições de vida sem antes compará-los com aqueles que ficaram pelo caminho.

"Se acreditarmos em gurus de administração, consultores e professores de escolas de administração, o alto desempenho pode ser alcançado com suficiente cuidado e atenção a um conjunto preciso de elementos: aqueles quatro fatores, aqueles seis passos, aqueles oito princípios. Faça essas coisas e o sucesso o aguarda na próxima esquina [...] Mas o desempenho pode ser menos certo e suscetível à engenharia."

Rosenzweig cita neste trecho de seu livro *Demolindo os mitos* o viés de retrospectiva, de que falamos: depois que as decisões empresariais deram certo, "esquecemos que elas eram conversas arriscadas na época em que foram tomadas". Ele cita como exemplo o McDonald's: apostar em franquias parece inteligente hoje, mas "nos anos 1950 era um salto no escuro".

ESTRATÉGIA E EXECUÇÃO

Ter uma boa estratégia é importante, claro, aponta Rosenzweig, na medida em que ela define aquilo que a companhia faz e pretende fazer de diferente de seus concorrentes, ou seja, quais caminhos ela tomará para ser irreplicável. Mas um elemento importante abordado por ele é que os gurus falam mais de estratégia do que de execução — "sou um consultor *estratégico*", lhe dirá um profissional do ramo, e de fato a estratégia soa muito mais nobre do que a plebeia e rasteira execução. "A execução envolve muito menos incerteza e riscos que a escolha estratégica. Na execução, os administradores podem de fato fazer melhorias", diz Rosenzweig.

Isso porque a estratégia envolve fazer escolhas sobre coisas como quais produtos oferecer, como competir (preço ou qualidade?), em quais tendências de mercado apostar, ter franquias ou lojas próprias, buscar crescimento orgânico ou comprar um concorrente. "Ou seja, a estratégia depende das preferências dos clientes, das ações dos concorrentes, da perspectiva de alguma nova tecnologia." Há muita complexidade envolvida, diz Rosenzweig.

Rosenzweig aponta que um ramo inteiro da economia, a teoria dos jogos, surgiu a partir do estudo da mera interação entre duas pessoas no Dilema do Prisioneiro, em que dois presos comparsas precisam decidir entre duas estratégias muito simples: dedurar ou não o outro. Imagine agora o quanto é difícil analisar estratégias corporativas, que envolvem muito mais atores, possibilidades e recursos.

Entretanto, se a escolha estratégica "está ligada ao confuso mundo exterior", a execução "tem lugar inteiramente dentro da empresa", diz Rosenzweig. Há muito menos incógnitas.

A execução é importante, muito bem, mas daí surge o problema: como melhorá-la?

"Dizer 'precisamos executar melhor' é tão útil quanto dizer 'precisamos trabalhar melhor'. É apenas conversa mole para boi dormir. Em vez de meramente afirmar a importância da execução impecável — afinal, quem poderia ser contra a execução impecável? —, seria melhor se os administradores identificassem aqueles poucos elementos de execução que são os importantes para cumprir a estratégia escolhida. Para uma empresa poderia ser a redução do tempo do ciclo de fabricação. Ou abaixar o nível de defeitos. Para outra poderia ser melhorar a velocidade da chegada de novos produtos ao mercado. Ou alcançar níveis mais altos de retenção do cliente. Ou melhorar a taxa de entrega no prazo. É claro, é tentador dizer que tudo é importante, mas isso é fácil demais. A chave é perguntar: Para a nossa empresa, neste momento, competindo com os nossos rivais, quais das muitas dimensões da execução são as mais importantes? É uma pergunta mais difícil porém necessária se queremos desenvolver um senso compartilhado de prioridades. E isso pode ser feito."

Ele cita, como exemplo de empresa obsessiva com execução, a Dell. A companhia reduziu com muito sucesso seu tempo de montagem após a encomenda de computadores e conseguiu manter um estoque muito pequeno: menos de cinco dias de vendas! Porque resolveu que isso era fundamental. Também em execução, não existe regra, fórmula, solução mágica: cada empresa deve achar onde é que o calo aperta.

Lemann já disse que a sua diferença para Eike Batista é que ele tinha se preocupado em se cercar de pessoas excepcionais em execução. Em reunião anual da Fundação Estudar de 2016, registrada pela revista *Exame*, disse: "Sou mais sonhador do que executor, mas sou o primeiro a reconhecer que só ficar sonhando grande não adianta nada. Almocei com o Elon Musk, da Tesla, maior sonhador da atualidade, em um sábado, às duas da tarde. É um malucão em termos de ideias e me disse: 'Me desculpe, tenho que voltar para a fábrica, estamos tendo problemas, e vou voltar para ter certeza de que vamos preencher as cotas de produção. Se não funcionar, vou dormir lá.'"

Não se trata, portanto, de colocar a estratégia em segundo plano. O ponto aqui é que o PPT corporativo aceita tudo. A mão na massa, inclusive dos bambambãs da empresa, é que faz as boas ideias de fato transformarem o futuro.

UM MUNDO VELOZ

Veja que muitos dos elementos que caracterizam uma boa empresa não são quantitativos. Não dá para colocar um número na cultura corporativa firme, na integridade ética e muito menos na disposição do Elon Musk de dormir na fábrica até as cotas de produção serem preenchidas. Mesmo aquilo que é calculável precisa ser ponderado: pode haver bons motivos para que as coisas estejam fora do lugar. "As pessoas calculam demais e pensam de menos", como disse Charlie Munger.

Além disso, o mundo está mudando muito rapidamente: empresas estabelecidas e muito bem estruturadas, que tranquilamente tirariam notas altíssimas com base nos critérios que aqui apresentamos, podem perfeitamente ser desafiadas por startups inovadoras. Pense nos já citados Itaú ou Bradesco, cheios de lucro, cultura e gente talentosa, tendo de reagir à agilidade dos bancos digitais.

O livro *Organizações exponenciais,* de Salim Ismail, Michael Malone e Yuri van Geest, cita o exemplo da Kodak, que faliu "após ter inventado e depois rejeitado a fotografia digital", em 2012, no mesmo ano em que uma empresa chamada Instagram, então com apenas 13 funcionários, era comprada por US$ 1 bilhão pelo Facebook. "A concorrência de muitas das empresas americanas da Fortune 500 não está mais vindo da China e da Índia [...] Está vindo, cada vez mais, de dois rapazes em uma garagem com uma startup, alavancando tecnologias com crescimento exponencial."

Isso obviamente bagunça muito a compreensão do mercado em que uma empresa atua e especialmente em que vai atuar daqui a alguns anos. As barreiras de entrada estão desaparecendo. O trabalho do investidor focado em analisar o valor das companhias está ficando mais difícil. "[O] novo mundo da Organização Exponencial [...] é um lugar onde [...] nem a idade, nem o tamanho, nem a reputação, nem as vendas atuais garantem que você estará vivo amanhã", escrevem os autores.

Em 1958, a vida útil média de uma empresa no S&P 500 era de 61 anos. Hoje, é de menos de 18 anos. A McKinsey acha que em 2027 vai ser de 12. As empresas de maior valor de mercado são todas relativamente recentes: Google, Amazon, Apple.

É verdade que esse fenômeno é menos acentuado no Brasil por enquanto. Por aqui, as empresonas tradicionais ainda não foram destronadas do topo do Ibovespa. O país é menos dinâmico, cheio de oligopólios e tem a tecnologia sub-representada em seus índices de ações. Mas é ilusão achar que atraso significa total proteção, como diria o finado economista Rudi Dornbusch, que foi professor no MIT: as coisas demoram mais para acontecer do que você pensava e, então, elas acontecem mais rápido do que você pensava que aconteceriam.

Suspeite, portanto, de recomendações simplistas de investimentos, tão comuns na internet, na linha "compre ações com tanto de crescimento, tal retorno sobre o patrimônio e distribuição de dividendos acima de x%". Seria fácil se a análise fosse assim trivial, mas não é, e casas de pesquisa ou fundos de ações gastam imensa quantidade de tempo e recursos para fazê-la — e ainda assim montam suas carteiras com posições variadas, cientes de que sempre vão errar algumas apostas. Se houvesse fórmula mágica, ela seria copiada por todos. E, então, deixaria de ser lucrativa.

Sobre fundos, veja que não há contradição alguma entre fazer o seu próprio estudo das empresas e também observar o que os peixes maiores estão fazendo no mercado. Você até pode ser um grande gênio das finanças. Dificilmente, porém, será o único. Olhe a composição acionária das companhias. Veja se há ali fundos de ações com reputação e bom histórico de resultados.* Se houver, é ótimo indicativo. Ideias de investimento não têm direitos autorais. Tenha consciência apenas de que a responsabilidade final de fazer sua própria diligência e de tomar a decisão de comprar é sempre sua. Como discutido anteriormente, não ponha a culpa nos outros pelo botão que você mesmo apertou.

Mais do que isso, ter boa companhia endossando as suas visões sobre determinada empresa é um imenso alívio, considerando tudo que deve ser analisado. Veja a quantidade de características que citamos neste capítulo, sendo que várias delas são muito subjetivas. A análise de empresas é algo que exige muita dedicação e esforço, e que, mesmo assim, está sempre sujeita a erros. De modo que não faz mal algum tentar saber o que o nerd da sala está achando da prova, e temos certeza de que esses fundos citados ficarão lisonjeados de se prestarem a esse papel.

Saber o que é uma boa empresa, porém, não basta. Preço importa. A sabedoria popular diz que de graça até ônibus errado. Não chegamos a tanto, mas reconhecemos que é fundamental pagar barato ou pelo menos um valor justo pelas coisas: ou seja, é preciso evitar ações muito caras, mesmo que sejam de ótimas empresas. É o que vamos discutir agora.

---

* Alguns deles, em uma lista não exaustiva: Dynamo, SPX, JGP Equity, Verde, Brasil Capital, Bogari, Núcleo Capital, Velt, Constellation, Atmos, Squadra, Scorpos, Fama, Vinci, Mosaico. Posições de mais de 5% no capital das empresas devem ser divulgadas e estão disponíveis tanto no site da Bolsa quanto nas abas de relações com os investidores das empresas. Além disso, você pode ver (com um atraso de três meses) toda a carteira dos fundos, tanto no site da CVM quando em portais especializados.

7 O QUE É UMA EMPRESA BARATA

Formado aos 19 anos pela Universidade de Nebraska, Warren Buffett resolveu fazer um mestrado em Harvard. Foi, porém, rejeitado. Considerando a tradição americana de retribuir à faculdade onde se estudou com doações generosas, é provável que aquele tenha sido o erro mais caro já cometido por um departamento de admissões.

Warren foi então aceito na Universidade de Columbia, em Nova York, onde conheceu o professor de finanças Benjamin Graham, que seria sua grande influência e cujo livro já tinha lido. O jovem Buffett era um aluno mala, do tipo que muita gente detestaria: aquela figura que, quando o professor fazia uma pergunta, corria para levantar a mão e ficava acenando freneticamente até que fosse chamado e, obviamente, desse a resposta certa. Sobre outro professor, David Dodd, Buffett diria décadas depois: "Eu conhecia o seu livro melhor do que ele, [nas aulas] citava os trechos de cor." Pensando bem, talvez Harvard tenha feito a coisa certa. Até a sua biógrafa, Alice Schroeder, que fez o livro mais favorável possível sobre o investidor, concedeu que nessa época Buffett foi um aluno, apesar de genial, "impulsivo e imaturo".

Graham é o pai da chamada análise fundamentalista de ações e tinha um método relativamente simples para selecioná-las.

Vamos começar pelos aspectos ainda inquestionáveis (e bastante originais para a época) da sua filosofia. Talvez o mais importante: o valor das ações flutua muito no curto prazo e o investidor não deveria se preocupar tanto com isso. No curto prazo, o mercado pode precificar de modo muito errado uma ação, mas isso se corrige com o tempo, conforme fica evidente para todo mundo que uma empresa é boa ou ruim. No longo prazo, a verdade prevalece. O investidor deveria, portanto, procurar por empresas cujo valor real ("intrínseco", para usar o termo fundamentalista) fosse maior do que o preço da ocasião. Ou seja, que estivessem descontadas perante o seu valor justo, com uma boa margem de segurança. Que estivessem, enfim, baratas.

Graham usava a analogia do senhor Mercado: um velho razoável, mas que tem recaídas maníaco-depressivas, bipolares, situações em que pode ficar tanto brutalmente otimista (quando os preços vão ao céu) quanto muito pessimista (quando tudo fica muito barato). Até aí tudo certo, mas a coisa fica um pouco ultrapassada quando vamos à parte prática de Graham.

O conselho de Graham era procurar empresas que fossem grandes pechinchas observando o seu balanço, como aquelas cujo patrimônio líquido fosse muito maior do que seu o preço de mercado, ou cujo preço por ação fosse um múltiplo muito pequeno do lucro por ação.

Imagine uma empresa simplificada que tem apenas dez ações e lucra R$ 10.000 por ano. Ou seja, o lucro por ação é R$ 1.000. Se o preço dessa ação for R$ 3.000, seu índice preço/lucro (o famoso P/L) seria 3. Isso significa que o investimento se pagaria em apenas três anos, um retorno extraordinário.

Trata-se da chamada análise de múltiplos — porque o preço da empresa é dado como um múltiplo do seu lucro ou do patrimônio. No apêndice técnico ao final deste livro, há uma lista com os principais múltiplos que o mercado usa. A partir de Graham, eles permitiriam tornar os preços das ações comparáveis: por que a empresa Grupo Queridinha negocia a quinze vezes o lucro por ação se a sua concorrente Indústrias Desprezadas, que atua no mesmo setor e é muito parecida, negocia a apenas cinco? Há aí uma gritante oportunidade de comprar a segunda.

Eis o primeiro problema: nos anos 1950, era mais fácil achar empresas assim, extraordinariamente baratas, por conta do difícil acesso à informação. Para conseguir um balanço de uma empresa era preciso ir até a sua sede, que podia ficar no meio do nada na América profunda, em Wyoming ou Oklahoma. Era possível ficar rico simplesmente sabendo um pouco mais do que os outros. Em outras palavras, havia maior assimetria de informação e o mercado era menos eficiente. Conseguia-se uma vantagem frente à média com maior facilidade. Isso mudou radicalmente nas décadas seguintes, embora até os anos 1990 o cenário ainda fosse mais ou menos assim no Brasil.* Como apontou Zeca Magalhães, da Tarpon, conseguir um balanço podia ser um sacrifício: você tinha que ir à sede da CVM e contar com a boa vontade de um funcionário público para achar a papelada para você. Outro exemplo vem do investidor brasileiro André Jakurski. Ele relembra o *crash* de 1987 da bolsa de Nova York, em 19 de outubro. Os operadores brasileiros da Bolsa só descobriram o colapso do mercado americano pelo *Jornal Nacional*, à noite. Jakurski, que estava mais atento, aproveitou para passar o dia vendendo ações brasileiras enquanto o seu valor ainda era alto.

Os mercados podem ou não ser considerados eficientes. Há imensa discussão sobre isso. Mas uma coisa é inquestionável: eles ficaram *mais* eficientes ao longo das últimas décadas, como discutimos no capítulo 2.

O segundo problema: Graham pensava pouco no futuro das empresas. Agarrava-se aos seus balanços passados — na melhor das hipóteses, aos lucros e ao patrimônio presentes. Era como se seu mundo fosse estático: os lucros de ontem e de hoje seriam mais ou menos iguais aos lucros do futuro, de modo que pode-

---

* Isso sem falar no velho oeste regulatório: a legislação de *insider trading* era menos rigorosa ou inexistente, e todo tipo de barbaridade ocorria no mercado, inclusive na hora da divulgação de dados pelas empresas.

riam ser tomados quase como sinônimos — o mundo mudava mais lentamente naquela época. Discutiremos os problemas dessa premissa em mais detalhes no capítulo 9, mas não precisa ser nenhum prêmio Nobel para perceber que ela é um pouco frágil.

Uma alternativa a isso é o método do fluxo de caixa descontado, criado ainda em 1938 por John Burr Williams, durante seu doutorado em Harvard e que se disseminou amplamente pelo mercado financeiro durante a segunda metade do século passado. Uma empresa vale a soma dos seus fluxos de caixa de hoje ao infinito trazidos ao valor presente. Calma, vamos explicar.

Por que a soma dos fluxos de caixa* de hoje ao infinito? Porque esse é todo o retorno que a empresa dará ao acionista. Tudo que ela vai gerar para ele. Se eu compro uma empresa por R$ 100 mil, o mínimo que espero é que ela me devolva esses R$ 100 mil. Veja que, em oposição a Graham, aqui estamos olhando para o futuro, não para o passado.

E por que trazido ao valor presente? Porque o dinheiro perde valor no tempo. Muita gente interpreta isso como sendo resultado da inflação, mas aqui não é o caso: o raciocínio se aplica mesmo com inflação zero. É uma questão de psicologia humana: você prefere R$ 100 agora ou daqui a cinco anos? Imaginando que você vai preferir receber essa quantia agora, eu certamente teria de lhe oferecer mais de R$ 100 para convencê-lo a receber o dinheiro apenas daqui a cinco anos.

Esse valor adicional se liga ao conceito de taxa de juros. "Os juros são o prêmio da espera para o credor e o custo da

---

* Por que estamos falando em fluxo de caixa e não do lucro? Porque o lucro é um critério contábil. São descontadas do lucro, por exemplo, estimativas de depreciação dos ativos — imagine que a empresa tenha uma frota de carros e todo ano "dá baixa" em uma porcentagem do seu valor, reduzindo o lucro reportado, mas obviamente não o dinheiro que efetivamente cai na mão do acionista. Por outro lado, não se descontam dos lucros os reinvestimentos. Uma empresa pode reportar alto lucro por dez anos seguidos, mas exigir que todo o dinheiro seja reinvestido no negócio, sem sobrar nenhum centavo de fato para o acionista. Se você calcular o valor dessa empresa utilizando o lucro, terá um valor altíssimo, mas não se usar o fluxo de caixa. Interessa o que pinga na conta, não o que o contador diz.

impaciência para o devedor", escreveu Eduardo Giannetti no seu livro *O valor do amanhã*. Alguns preferem "pagar agora e viver depois", enquanto outros preferem "viver agora e pagar depois". Os segundos remuneram os primeiros com os juros. Se você é investidor, por definição está buscando pagar agora e viver depois. Está disposto a esperar. De modo que, a uma taxa de juros de 10% ao ano, você exigiria R$ 110 daqui a um ano para abrir mão de R$ 100 hoje. Ou, em cinco anos, cerca de R$ 161, considerando que os juros são compostos.

Suponha que você queira comprar uma padaria fictícia que vai ter um fluxo de caixa anual conforme descrito na tabela abaixo. Para facilitar a conta, imagine que ela vai fechar daqui três anos. Para saber qual é o valor justo a ser pago por essa padaria, você precisa trazer cada uma das três quantias a valor presente (ou seja, descontadas de juros), desta forma:

Ano	Fluxo de caixa	Valor presente (10% a.a.)
1	R$ 1.000	R$ 909*
2	R$ 2.000	R$ 1.653
3	R$ 3.000	R$ 2.254
Total		**R$ 4.816**

O valor da padaria, portanto, é de R$ 4.816, considerando uma rentabilidade de 10% ao ano para o seu dinheiro. Repare que, para anos muito distantes, o valor presente se torna significativamente pequeno, sobretudo a uma taxa de juros alta como a que estamos usando. A um desconto de 10% ao ano, R$ 1.000 daqui a 20 anos só valem R$ 148 hoje. (Para uma descrição mais formal e completa do método do fluxo de caixa descontado, ver o apêndice técnico.)

---

* Perceba que não são R$ 900. Se x for o valor presente, a conta a ser feita é x * 1,1 = 1000, e não 1000 * 0,9 = x. Aumentar 10% não é equivalente a diminuir 10%.

Tudo isso é muito bonito — matemáticos gostam da expressão *elegante*. O método permitiria achar o valor intrínseco de uma companhia, ou seja, o seu valor justo, o seu valor acima de qualquer flutuação momentânea do preço. Mas eis a pergunta inevitável: quem é que vai saber com certeza qual será o retorno de uma empresa daqui a um, cinco, dez anos?

Retomamos então nossa discussão dos capítulos 1 a 4: o mundo é ultracomplexo, e nossos cérebros estão repletos de vieses que atrapalham ainda mais sua compreensão. No fim do dia, o Excel aceita qualquer tipo de projeção maluca, a depender do que se queira defender, e o exercício de *valuation* muitas vezes lembra um famoso cartum do americano Sidney Harris:

"I THINK YOU SHOULD BE MORE EXPLICIT HERE IN STEP TWO."

(Texto no quadro-negro: "Então um milagre acontece...")
Acho que você deveria ser um pouco mais explícito aqui no passo dois.

Aliás, não só não sabemos qual será o fluxo de caixa de uma empresa no futuro como também não sabemos qual é a taxa de desconto apropriada a se utilizar, ou seja, os juros, porque eles variam no tempo. Mesmo a expressão "valor intrínseco" causa incômodo. Ela dá a entender que as empresas são entidades apartadas, independentes do mundo lá fora. Mas a realidade impacta as empresas. A economia, os novos hábitos de consumo, a regulação, a tecnologia. Uma empresa de construção pode ser muito bem gerida, mas tudo pode acontecer: crise econômica, aumento dos juros imobiliários ao consumidor, novas leis de zoneamento urbano, maior propensão do consumidor a alugar do que a comprar, eleições presidenciais.

Pense ainda em todos aqueles vieses inconscientes apresentados no capítulo 4. A que ponto gostar ou não de uma empresa, "ir com a cara", impacta — de forma não deliberada, claro — as decisões que o analista toma ao projetar seu fluxo de caixa futuro? A regra número um é jamais se apaixonar por uma ação, mas é humanamente possível não ficar um pouco cego de amor às vezes?

O observador, portanto, influencia na observação. Não se trata aqui do cálculo da trajetória futura de um planeta feito por um astrônomo ou da taxa de crescimento de uma população de bactérias por um biólogo. Em finanças, enxergar o futuro depende de opiniões. Não há valor propriamente intrínseco à empresa. Ele é extrínseco: a realidade não cabe no Excel, porque, em boa parte, está fora dele. Não podemos lhe cortar as pernas para fazê-la caber na nossa cama ou na nossa planilha, como no mito de Procusto citado no primeiro capítulo.

O investidor George Soros talvez tenha sido quem mais perto chegou de sintetizar e formalizar essa perspectiva na sua já mencionada teoria da reflexividade. A própria realidade (no nosso exemplo, a empresa) influencia as expectativas (algo externo às empresas), que, por sua vez, voltam a influenciar a realidade, num processo contínuo, endógeno e dialético que se repete no tempo. Dependemos de fatores externos à empresa para determinar seu valor. Portanto, a ideia de algo "intrínseco" a uma companhia cai por terra.

Mas Buffett não ficou rico ignorando tudo isso? Não lhe bastaram algumas aulas com Graham em Columbia?

Não é bem assim. Buffett teve duas atitudes muito acertadas: adotou Graham e depois o deixou um pouco de lado. É verdade que Buffett certa vez disse ser "85% Graham", mas por outro lado, em uma entrevista para a *Fortune* em 1988, também afirmou: "Se eu tivesse ouvido apenas Graham, eu teria sido muito mais pobre."

A estratégia de investimentos de Buffett mudou com o tempo. No início era, em certa medida, um caçador de empresas com preço abaixo do patrimônio líquido e com valores de mercado baixos frente aos lucros reportados. Depois, foi muito influenciado por seu sócio Charlie Munger e por Philip Fisher, mencionado no capítulo anterior, e começou a procurar empresas de melhor qualidade, ainda que por preços mais altos.

Ele também é pouco teórico: não estruturou regras ou princípios em um documento formal. Buffett é intuitivo, e tem orgulho disso. "Em todas as ações e empresas que investi, tomei a decisão em menos de dois minutos", disse ele em uma visita ao Brasil.

Não há nada de errado com a intuição. Ela tem má fama, soa irracional. Mas na verdade se trata de conhecimento acumulado que não conseguimos traduzir em palavras, como defende Malcolm Gladwell no seu livro *Blink: A decisão num piscar de olhos*. A repetição leva à incorporação inconsciente dos padrões. Grandes especialistas em arte conseguem apontar uma fraude em uma pintura em segundos, enquanto alguém em treinamento levaria horas. O profissional muito experiente simplesmente sente que há algo estranho, algo fora do lugar, e não há aí sexto sentido: trata-se apenas de um cérebro treinado pela repetição.

Gladwell dá mais um exemplo, cujo protagonista é o comandante do corpo de bombeiros de Cleveland. A história contada pelo comandante era sobre um chamado aparentemente rotineiro que ele havia recebido anos antes, quando

Não há nada de errado com a intuição. Ela tem má fama, soa irracional. Mas na verdade se trata de conhecimento acumulado que não conseguimos traduzir em palavras.

ainda era tenente. O incêndio ocorria na cozinha de uma casa. O tenente e seus homens arrombaram a porta da frente, pegaram a mangueira e jogaram água sobre as chamas. Àquela altura, o fogo deveria ter se apagado. Mas não se apagou. Então, os homens jogaram mais água. Contudo, parecia não fazer muita diferença. De repente, o tenente pensou que alguma coisa estava errada e disse para seus homens: "Vamos dar o fora, já!" Momentos depois, o piso sobre o qual estavam desabou. O fogo era no porão.

O bombeiro não conseguia explicar o motivo pelo qual determinou que sua equipe saísse da casa. O fogo não diminuía, e a casa estava quente demais. Além disso, o incêndio não fazia barulho, a casa estava silenciosa, o que não fazia sentido.

Tudo isso tem sentido quando você descobre que o fogo estava no porão, mas não foi nisso que o experiente bombeiro pensou. Sua intuição gritou "falha no padrão, perigo", e ele mandou todos saírem da casa. As mãos suadas e o ritmo cardíaco acelerado muitas vezes nos mostram que algo não está como deveria, mesmo que conscientemente ainda não tenhamos percebido.

"O mistério de saber sem saber não é um traço distintivo da intuição: é a norma da vida mental", escreveu Daniel Kahneman em *Rápido e devagar*. "O que consideramos 'perícia' em geral leva um longo tempo para ser desenvolvido. A aquisição de perícia em tarefas complexas como xadrez de alto nível, basquete profissional ou combate ao fogo é intrincada e lenta porque a perícia em um domínio não é uma habilidade única, mas antes uma ampla coleção de mini-habilidades. Xadrez é um bom exemplo. Um jogador perito pode compreender uma composição complexa em um olhar, mas leva anos para desenvolver esse nível de capacidade."

Outros grandes investidores também atribuem à intuição um papel importante na sua decisão: Soros diz que começa a sentir dor nas costas quando precisa se desfazer de alguma posição que vai afundar. Mas o fato de as coisas serem assim nos dificulta replicar Buffett, porque você pode copiar tudo de alguém, menos a sua intuição, seu conhecimento tácito.

Por melhores que sejam os livros sobre o jeito Warren Buffett de investir escritos por terceiros ou mesmo as cartas redigidas por ele mesmo, algo sempre se perde. Não é fácil botar no papel os mecanismos mentais dos quais nem ele próprio está consciente. Os pássaros desconhecem as regras formais da aerodinâmica. É evidente que quem quiser se debruçar com afinco sobre as cartas de Buffett aos acionistas da Berkshire, sua empresa e suas entrevistas sem dúvida aprenderá muito. Mas ligar os pontos de forma a implementar uma teoria final buffettiana não será tão simples.

A rotina de Buffett consiste em passar o dia se informando. Ele estima gastar entre cinco e seis horas lendo cerca de 500 páginas por dia: jornais, balanços, relatórios, memorandos internos e externos, o que vier. Esse é o jogo de Buffett: passar dias e dias sem fazer nada exceto enchendo a cabeça de informações e depois, na hora de escolher que empresas comprar, tomar uma decisão em dois minutos, intuitiva — que com certeza não tem nada de impensada.

Em cerca ocasião, ele disse que, ao adquirir uma empresa, não fazia *due diligence*, que é uma profunda investigação feita a mando do comprador para levantar todos os riscos de uma companhia antes do fechamento final do negócio. Mas não se engane: a *due diligence* de Buffett já estava feita antes de as negociações começarem.

Charlie Munger faz piada sobre a apenas aparente falta de esforço de Buffett. Em uma reunião de acionistas da Berkshire, perguntaram a Munger como era sua rotina, e ele brincou: "Na Segunda Guerra, um amigo meu pertencia a um grupo de soldados que não tinha absolutamente nada para fazer. Um general mandou chamá-los e perguntou ao comandante do grupo: 'Comandante, o que você faz por aqui?' O comandante respondeu: 'Absolutamente nada.' O general, cada vez mais nervoso, apontou aleatoriamente para meu amigo: 'E você, soldado, o que você faz?' 'Eu ajudo o comandante', respondeu ele. Ora, esta é a melhor maneira de descrever o que eu faço na Berkshire."

NÃO HÁ BALA DE PRATA

Uma pista sobre o quanto Buffett se tornou ele próprio um cético da nossa capacidade de determinar com precisão um preço justo para as empresas, e que esse é um desafio até maior do que reconhecer uma empresa boa, ocorreu em 2019. Buffett analisava, em retrospectiva, a sua participação na compra da Kraft Heinz, em 2015. "Eu errei de várias formas", ele disse em 2019. "Nós pagamos caro demais."

Na planilha, os lucros futuros da Heinz eram maiores do que a realidade demonstrou. Uma das razões é o crescimento no mundo todo de marcas *private label,* ou marcas próprias, que são aquelas dos próprios supermercados — como, no Brasil, a Qualitá, do grupo Extra e Pão de Açúcar. Elas concorrem com os produtos da Heinz, com preços muito competitivos e, obviamente, ótima localização nas prateleiras.

"A Kirkland, uma marca da varejista americana Costco, fatura 50% mais que a Heinz", lamentou Buffett. O futuro não cabe nas projeções, disse: "A Heinz tentou um monte de coisas, mas... quantas coisas funcionam? Quantos produtos realmente explodem?"

Isso não significa que vamos jogar fora o ferramental clássico. Vamos, sim, calcular múltiplos ao estilo Graham, fazer projeções de fluxo de caixa, além de analisar a qualidade da empresa nos moldes do que foi discutido no capítulo anterior.

O fato de essas técnicas não nos darem respostas inquestionáveis como um oráculo não significa que devam ser ignoradas. O bom investidor conhece a razão preço/lucro de uma ação nem que seja para ignorá-la na sua decisão de investimento, justificando para si mesmo a não aplicabilidade no caso. (Guimarães Rosa era um gênio que ignorava a norma culta por vontade, não por desconhecimento.)

No quadro a seguir, há uma lista para consulta posterior das cinquenta características de uma empresa, tanto em qualidade como preço, que fazem uma ação ser forte candidata à compra. O leitor menos especializado pode pulá-la sem prejuízo. Tenha em mente, apenas, que não há bala de prata nem pé de alho infalível para matar este vampiro: reconhecer empresas boas e baratas envolve subjetividade e risco. Mesmo Warren Buffett erra. Sempre estaremos tateando um pouco no escuro. Mas há, se não um refletor, pelo menos uma bengalinha com um feixe de luz. Para resolver este impasse, só nos resta uma alternativa, que é ler o capítulo 8.

50 PERGUNTAS ESSENCIAIS PARA AVALIAR UMA EMPRESA

Aqui estão as 50 perguntas que o investidor deve se fazer quando quiser avaliar uma empresa. Lembre-se de que essas perguntas não se esgotam em si mesmas. Como vimos, sempre haverá elementos imensuráveis em nossas avaliações, como a intuição, o conhecimento tácito e a subjetividade do observador. De todo modo, essa relação de perguntas funciona como um checklist inicial.

Lucro

1. A empresa que você está analisando dá lucro com frequência? Deu lucro em todos ou quase todos os trimestres dos últimos três anos? O Banco Itaú, por exemplo, dá lucro praticamente desde que Moisés abriu o mar Vermelho.
2. A empresa tem margem de lucro alta? A B3 tem margem líquida de mais de 40%.
3. A trajetória do lucro por ação é de crescimento? A Renner é um exemplo disso.
4. O lucro tem ressonância na geração de caixa, ou seja, não é apenas contábil? Incorporadoras têm grande diferença entre o resultado do lucro-caixa e do lucro contábil.
5. Conseguimos projetar lucros à frente com boa margem de segurança? Em outras palavras, há previsibilidade de resultados?

Dívida

6. O nível da dívida líquida é aceitável, em menos de três ou quatro vezes o fluxo de caixa? Várias empresas acabam só gerando caixa para pagar o credor. Você é acionista, não é banqueiro.
7. A trajetória da dívida não é crescente? O mercado pune empresas cuja alavancagem é ascendente. A Petrobras, por exemplo, reduziu seu índice de alavancagem de 4,2 em 2015 para 2,2 no começo de 2020.
8. É possível levar a sério o cronograma de amortização de dívidas? Há disponibilidade de recursos líquidos para arcar com isso?

9. É favorável a comparação do ativo circulante (recursos líquidos disponíveis em seu balanço; caixa, aplicações de curto prazo, estoque, contas a receber) com o passivo circulante (aquele que vence em menos de um ano)?

Crescimento

10. A empresa atua em mercados com alto potencial de expansão? Um ótimo exemplo é o Magazine Luiza no varejo digital brasileiro.

11. Tem condições de aumentar seu *market share*? A Ambev, por melhor que seja, não tem como dobrar seu *share* de 60%.

12. A empresa cria novos produtos ou unidades de negócios e tem dispêndio relevante e recorrente com P&D? Pense no Google.

13. Faz benchmark — copia o que deu certo em outros mercados e adapta para o seu modelo de negócios, muitas vezes até melhorando o original? A XP, por exemplo, se inspirou muito nas plataformas americanas como Charles Schwab.

Clientes

14. A empresa ouve e reage às demandas do consumidor? Boas empresas de consumo, como Nestlé e Unilever, costumam ter áreas grandes dedicadas a isso.

15. Tem marcas fortes? Investe na manutenção e no fortalecimento da marca com publicidade? No caso da Unilever, pense no esforço contínuo de promover marcas que são queridas, como Omo, Hellmann's, Dove ou Kibon.

16. Tem elevado LTV/CAC, ou seja, alto *lifetime value* (receita potencial esperada por cliente ao longo do seu relacionamento com a empresa) e baixo *custo de aquisição por cliente* (dispêndio necessário para a conversão)? Este foi um dos grandes indicadores anunciados pela XP em seu IPO; é também uma grande referência nas *fintechs*.

17. A empresa avalia e se preocupa com o nível de satisfação do cliente? O indicador da moda aqui é o chamado NPS *(net promoter* *score)*, que relata o quanto o usuário está disposto a recomendar o respectivo produto ou serviço a terceiros. NPS alto costuma estar associado a maior perenidade do negócio e bom crescimento.

18. Observa bons níveis para a segunda compra do cliente, o que indica capacidade de retê-lo e aumentar seu *lifetime value*? Esse crescimento obedece a uma curva exponencial, não côncava? Sendo exponencial, o tamanho da empresa rapidamente será outro, muito maior.

19. Tem KPIs (*key performance indicators*) bem definidos e monitorados dia a dia, com o alto *management* sendo capaz de medir o pulso da operação instantaneamente?

20. Oferece uma estrutura de remuneração alinhada para o *management* da companhia? Executivos são recompensados conforme geram valor aos acionistas de maneira consistente e a longo prazo? Não vale sacrificar um projeto de longo prazo por um bônus maior no final do ano. *Stock options*, remuneração dos executivos e do conselho devem estar alinhadas à geração de valor ao acionista.

21. Dispõe de elevado ROIC (retorno sobre o capital investido)? Cada real investido retorna rapidamente para a empresa em forma de lucro, de modo que a tendência é de sólido crescimento? Natura, Arezzo e Renner são exemplos clássicos de elevado ROIC.

Forças de Porter

22. A empresa tem poucos concorrentes, atua em um mercado pouco pulverizado, no limite de um monopólio? Braskem, por exemplo, joga quase sozinha.

23. Precisa ficar negociando descontos e promoções? Impõe preço? As farmacêuticas não especializadas em genéricos, por exemplo, podem usar suas patentes para subir preços.

24. Atua em um mercado com barreiras de entrada, como necessidade de grandes aportes, patentes ou restrições legais? Esse é o caso da operadora de ferrovias Rumo.

25. Corre o risco de ser ameaçada por produtos substitutos? Pense na Claro levando um suadouro da Netflix.

26. Está pouco exposta a um único fornecedor ou a variações arbitrárias no preço dos insumos? Se o preço do combustível, atrelado à cotação internacional do petróleo, sobe, não resta às companhias aéreas muito o que fazer além de chorar.

Prioridades

27. A empresa tem obsessão por controle de custos e despesas? A Ambev é um caso clássico, ainda que, em situações recentes, cortes de custos e despesas tenham se confundido com cortes de produto.
28. Tem visão de longo prazo, não extrativista, colocando o futuro à frente dos lucros do trimestre? Assim como a Renner em oposição à Oi.
29. É fanática com a experiência do cliente, faz de tudo para deixá-lo satisfeito? Bons exemplos são Magazine Luiza, Renner, e, acima de tudo, a Walt Disney Company.

Phil Rosenzweig

30. Tem uma estratégia bem definida, descrita como algo que a empresa faz diferente de seus concorrentes? Devem ser diferenciais competitivos claros e irreplicáveis.
31. Concilia sua estratégia com execução? É uma empresa de fazedores, não de prometedores com Power Point? (A HRT Petróleo, por exemplo, viveu de PPTs megalomaníacos; a OGX é outro caso clássico.) Os executivos conhecem os detalhes da operação ou vivem em uma torre de marfim? Como citado no capítulo 6, pense em Elon Musk dormindo na fábrica.

Governança

32. Os administradores têm integridade inquestionável? Bons exemplos são Itaú, Natura e Renner, em oposição à JBS.
33. Historicamente respeita os acionistas minoritários? A Oi sempre foi um mau exemplo.
34. A criatividade está nas mãos do marketing, e não nas da contabilidade? Balanço de incorporadora costuma ser complicado.

Frigoríficos também não são um exemplo de rigor contábil. IRB enfrentou recentemente um esquadrão de questionamentos nesse sentido. E algumas educacionais em Bolsa já tiveram — talvez ainda tenham — alguma elasticidade contábil excessiva.

35. Os executivos são deslumbrados com o poder e o dinheiro ou são apaixonados e honestos sobre os erros da empresa? José Galló, ex-CEO da Renner, e Leonel Andrade, CVC e ex-Smiles, são referências de executivos apaixonados e honestos.

Cultura

36. É uma empresa meritocrática e oferece perspectiva de sociedade aos funcionários? BTG e Ambev são sempre citadas como empresas meritocráticas.

37. Cultua o trabalho em equipe, em oposição à meta individual? Curiosamente, a Odebrecht era assim.

38. Cultiva suas próprias lideranças, que entram como estagiários e viram CEOs? O Bradesco, por exemplo, é provavelmente o maior *case* nesse aspecto.

Múltiplos Clássicos*

39. A empresa tem preço/lucro coerente com a média dos concorrentes comparáveis? Não precisa ser necessariamente inferior à média. Há várias situações em que a empresa merece mesmo negociar com um múltiplo superior às demais, porque goza de maior perspectiva de crescimento desses lucros ou porque existem menos risco e mais previsibilidade sobre esse lucro.

40. O valor de mercado é um múltiplo pouco elevado do patrimônio líquido? Se for um múltiplo alto, isso só se justificaria

---

* Note que os múltiplos são ferramentas iniciais de análise, não definitivas. Você calcula o múltiplo e, posteriormente, faz uma análise qualitativa para averiguar se, de fato, a empresa merece aquele múltiplo ou não. (O Banco Itaú sempre vai negociar com prêmio sobre o Banco do Brasil, porque merece. A arte da análise está em descobrir qual é o prêmio justo, e isso necessariamente passa pela análise qualitativa do investidor.)

com um retorno sobre o patrimônio muito elevado que legitime o prêmio.

41. Outros múltiplos trazem valores razoáveis? O apêndice técnico detalha vários deles, que vale calcular: valor da firma/Ebitda, valor da empresa/custo de reposição, valor da firma/valor de liquidação, preço/NAV, entre outros. Reitera-se: essas são ferramentas auxiliares, para iniciar uma análise, posteriormente sujeita ao crivo qualitativo do investidor. Em resumo, a empresa merece o desconto ou o prêmio em determinado múltiplo frente às concorrentes?

42. A empresa apresenta múltiplos que conversam bem com o histórico da própria companhia e com seu prognóstico? Os múltiplos atuais podem ser superiores à média histórica e ainda assim serem atraentes se houver maior perspectiva de crescimento do que no passado, maior previsibilidade de resultados ou menor custo de oportunidade do capital (ou seja, menos taxas de juros de mercado). Atualmente, a Cosan negocia com múltiplos maiores do que no passado, pois deixou de ser uma empresa apenas do setor sucroalcooleiro, sujeita à volatilidade das commodities agrícolas e à imprevisibilidade de resultados, para se tornar um grande grupo de infraestrutura, com operações muito geradoras de caixa e previsíveis, incluindo distribuição de combustível, distribuição de gás e ferrovias.

43. A empresa paga dividendos de forma recorrente?

44. Tem mínima liquidez, ou seja, tem volume suficiente de negociação para você vender quando quiser? Caso contrário, você precisará exigir um desconto enorme em seu *valuation* quando for comprar, para compensar o risco de só encontrar comprador para sua posição no futuro a um preço muito barato. Tais ações têm o famoso spread de jacaré no livro de ofertas de compra e venda das ações, com uma distância muito grande entre elas.

Greenblatt

45. A empresa tem valor de mercado superior a algumas dezenas de milhões de reais? Se não tiver, é possível que passe despercebida pelo mercado inteiro.

46. O valor total da empresa (*enterprise value*, ou seja, seu valor de mercado mais sua dívida líquida) é pequeno em relação ao seu fluxo de caixa? Ver apêndice técnico para entender o uso do *enterprise value* e não apenas do valor de mercado e para uma comparação entre este indicador e o P/L.

47. O seu retorno sobre o capital é alto? Poucos ativos fixos e pouco capital de giro geram elevado fluxo de caixa.

FCD (Fluxo de Caixa Descontado)

48. Seu valor de mercado é menor do que a soma das estimativas dos seus fluxos de caixa futuros descontados? Ver apêndice técnico.

49. É possível estimar seus fluxos de caixa futuros razoavelmente, ao menos para os anos mais próximos? (Promessas de *turnaround*, por exemplo, transformam esse cálculo em um exercício completo de ficção.)

50. Se fizermos uma engenharia reversa do fluxo de caixa descontado, é possível concluir que o preço atual não exige premissas muito agressivas para o futuro da companhia? Explica-se: o DCF prevê calcular o preço justo de uma empresa a partir da estimativa da soma dos fluxos de caixa projetados de hoje até o infinito, trazidos a valor presente. Mas também podemos fazer o contrário: pegar o preço atual e, a partir dele, inferir os fluxos de caixa do futuro que estão embutidos ali. Se, para chegar no preço atual, os fluxos de caixa têm que crescer 30% ano após ano, é provável que o preço esteja caro, pois a companhia dificilmente vai conseguir materializar tamanho crescimento.*

---

* Ou seja, a utilidade do FCD vai além de simplesmente estimar fluxos futuros e trazê-los para hoje. Você pode descobrir também quanto o mercado está projetando para os fluxos futuros, a partir da cotação atual. Então, você analisa se aquilo é razoável ou não. No final do dia, você pode ficar brincando da forma que quiser sobre a planilha do FCD, mudando premissas e estimativas. Assim, cria uma análise de sensibilidade do preço mediante variação de cada variável inputada.

8
O MILAGRE DA CONVEXIDADE

Se você chegou até aqui, já entendeu que deve abandonar a hipótese pouco realista de que sabe mais do que os outros e que, portanto, tem condições de enxergar sistematicamente qualidades das empresas que ainda não estão agregadas no preço. Precisamos procurar uma forma de ganhar dinheiro que não dependa apenas de sermos os gênios do universo.

Afirmamos que ações são ativos com alto potencial de multiplicação de valor. Uma ação tem limite de perda, por definição: 100% do valor aplicado, por conta da lei de responsabilidade limitada — o investidor não responde com os próprios bens caso a empresa decrete falência. Não existe ação com valor negativo. No limite, tudo vira pó. Por outro lado, ações não têm limites de ganho. Elas podem se valorizar (e com frequência se valorizam) muito mais que 100%. Há muitos casos de valorizações de 1.000%, 5.000%. Nem é preciso falar de ações específicas. O Ibovespa, considerando a inflação, se multiplicou mais de 20 vezes nos últimos 30 anos.

Isso significa que o retorno das ações é assimétrico: se sobe, não tem teto; se cai, do chão não passa. Sempre que formos analisar um investimento, olharemos essa matriz de *payoff*. Procuramos por assimetrias convidativas, em que o potencial de ganho é bem *maior* do que o de perda, como é o caso das ações na maior parte do tempo.*

Um termo para definir tal retorno assimétrico e convidativo é a convexidade. Dizemos que são convexos os investimentos em que o ganho consolidado da sua carteira aumenta quando o cenário é positivo e não sofre grandes quedas quando o cenário muda.

Um gráfico convexo é exponencial. Veja um exemplo:

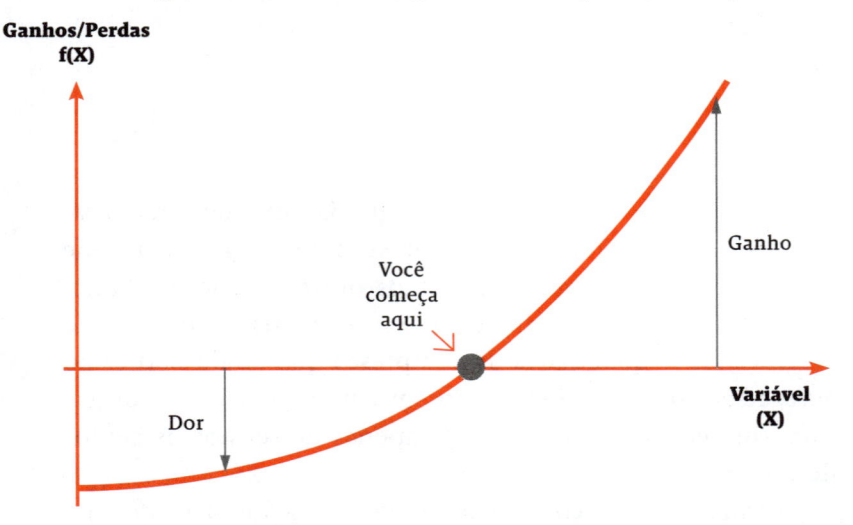

Imagine que, quanto mais para a esquerda, pior o cenário; quanto mais para a direita, melhor. O eixo vertical representa quanto dinheiro você perde ou ganha. Veja que o prejuízo é limitado, enquanto o lucro não. Se der realmente certo, os ganhos são potencialmente infinitos e, a partir de determinado nível, aumentam muito rapidamente; se der errado, as coisas não ficam proporcionalmente ruins — e a velocidade da deterioração diminui conforme o cenário piora.

Investimentos côncavos são o oposto: as perdas são potencialmente infinitas para ganhos potencialmente limitados. Uma forma de nunca esquecer a diferença entre investimen-

---

* Menos quando um país caminha para o colapso. Veja no fim deste capítulo nossas observações sobre o Brasil de 2014.

tos convexos e côncavos: Taleb mostra que a convexidade lembra um sorriso, enquanto a concavidade é tristeza.

A busca por investimentos convexos em detrimento de investimentos côncavos pode ser resumida em uma frase: aposte centavos para ganhar dólares, nunca aposte dólares para ganhar centavos.

Há uma heurística simples para verificar se seu portfólio é convexo. Quando ocorre uma melhora de cenário, seus ganhos aumentam quanto? E como são suas perdas quando o cenário não se mostra tão positivo? Se a variação do ganho supera a variação da perda em módulo, você tem um portfólio convexo. Caso contrário, ele é côncavo.

Um exemplo ultrassimplificado: se, quando o Ibovespa sobe 1%, sua carteira avança 2%, e quando o Ibovespa cai 1%, sua carteira perde 0,5%, por exemplo, temos um portfólio convexo.*

---

* Em termos matemáticos e formais (não se preocupe muito com isso se não for a sua praia), o mesmo argumento pode ser sintetizado na chamada Desigualdade de Jensen.

E DAÍ?

Até aí, tudo lindo na teoria. Teve até rostinho sorridente. Mas como isso ajuda a decidir sobre quais ações comprar? Ajuda demais. O fato de as ações serem convexas nos traz uma consequência espetacular. Imagine que você compre ações de cem diferentes empresas hoje. O que vai ter acontecido daqui a 30 anos?

Você não precisa que todas as cem empresas tenham sucesso para ganhar dinheiro. Imagine que trinta dessas empresas quebraram, quarenta ficaram no zero a zero, crescendo apenas a inflação, e apenas trinta deram certo, multiplicando seu valor de mercado já deflacionado por 20. Não estamos pedindo nada estrondoso aqui: como dito, uma multiplicação de 20 vezes foi o que aconteceu no Ibovespa nos últimos 30 anos, nessa confusão que foi o Brasil nesse período.

As trinta empresas que deram certo mais do que pagariam a conta: você teria um retorno de 560%, ou 6,5% ao ano além da inflação, o que é bastante razoável e muito mais do que o crescimento do PIB, mesmo tendo "errado" a maior parte das escolhas de suas ações — lembre-se, apenas 30% delas foram um sucesso.

Não importa aqui a imprevisibilidade da vida nem nossa impotência diante da eficiência do mercado. Você não precisa achar a ação perfeita, com todas as qualidades do mundo e com um preço inacreditavelmente baixo. O que precisa é se expor a um leque variado de empresas, aumentando a possibilidade de que *algumas* deem certo — o resto a convexidade faz por você.

A diversificação é um clássico dos livros-texto de finanças. É o chamado Efeito Lindy:* se algo sobreviveu à passagem do

---

* Termo criado em 1964 por um autor americano, originalmente para tratar da sobrevida de comediantes na TV: um sujeito que estava no ar havia 20 anos tinha maior probabilidade de continuar por mais dez do que aquele que estava havia um ano. Pense em livro: uma obra que é best-seller há 50 anos (como *1984*, de George Orwell) tem mais chance de ser um best-seller em 2050 do que um livro recente que está vendendo muito bem. Em resumo, acredite naquilo que já foi testado pelo tempo.

tempo, provavelmente tem valor, como apontariam os pensadores conservadores ou os defensores das tradições. Nesse sentido, a diversificação está para as finanças assim como Beethoven está para a música erudita.

A diversificação não é apenas uma forma de proteção, algo como não botar todos os ovos na mesma cesta. A diversificação também serve para enriquecer, ao permitir que você jogue com mais fichas e aumente a sua chance de pegar uma grande valorização.

"Your mother called to remind you to diversify."

Sua mãe ligou para lembrar você de diversificar.

Há, porém, um notório crítico da diversificação: Warren Buffett. "A diversificação é a arma daqueles que não sabem o que estão fazendo" é uma de suas frases clássicas. Há duas considerações a se dizer sobre isso.

A primeira é imaginar uma resposta potencial de Nassim Taleb a ela: "Pois então vamos diversificar, pois na maior parte das vezes nós não sabemos mesmo." (A essa altura, acreditamos que o leitor já deva estar mais do que convencido de que é impossível saber o que vai ocorrer no mercado ou com uma ação específica.)

> **Você não precisa achar a ação perfeita, com todas as qualidades do mundo e com um preço inacreditavelmente baixo.**
> **O que precisa é se expor a um leque variado de empresas, aumentando a possibilidade de que *algumas* deem certo — o resto a convexidade faz por você.**

A segunda consideração é questionar se Buffett, mais intuitivo do que teórico, segue sua própria crítica à diversificação. Ele mesmo definiu a carteira que busca ter: entre cinco e seis ações que representem, cada uma, de 5% a 10% do total de ativos, com posições menores em outras dez ou vinte ações.

Não é uma carteira propriamente concentrada. No momento em que este livro é escrito, a maior participação de uma empresa de capital aberto nos ativos da Berkshire é a Apple, que representa pouco mais de 10% do *equity* da Berkshire. Outras grandes apostas, como Coca-Cola, American Express e Bank of America, representam algo da ordem de 5% do total.

Se Buffett de fato confiasse na nossa capacidade de saber o que estamos fazendo, poderia perfeitamente eleger três supercampeãs de retornos extraordinários e ir com tudo nelas. Aliás, por que não escolher *a* melhor empresa e pronto?[*]

---

[*] É razoável responder a isso dizendo que, no tamanho atual, a Berkshire não conseguiria comprar ações de apenas uma empresa: ela é grande demais. É verdade, mas veja que a estratégia de diversificação é antiga: o patrimônio de Buffett foi pequeno no passado, e ainda assim ele distribuía seus investimentos.

Nunca é demais lembrar que Buffett recomenda aos investidores a compra de fundos de índice, ou seja, fundos de baixo custo por meio dos quais é possível comprar de uma vez todas as ações listadas no Ibovespa ou no S&P 500, por exemplo. É diversificação ao extremo. Buffett chegou a dizer que achava que deveriam fazer uma estátua para Jack Bogle, o criador dos fundos indexados. "No começo, a indústria de investimentos zombava de Jack. Para mim, ele é um herói", disse o investidor em carta da Berkshire Hathaway de 2016. "Quando me pedem uma recomendação de investimento, eu respondo indicando um fundo atrelado ao S&P 500."

> Aqui vale uma palavra sobre fundos passivos. Acreditamos que comprar o Ibovespa, normalmente via BOVA11, é uma ótima possibilidade para o investidor iniciante. Isso permite diversificar mesmo com pequenas quantias para investir. Se você busca investir no exterior, fundos atrelados ao S&P 500 ou qualquer índice de ações também são uma ótima opção.

Para quem tem um pouco mais de dinheiro para aplicar, provavelmente vale se dar o trabalho de comprar ações específicas, mas sempre mantendo o esforço de diversificação. Muitas vezes até de forma combinada a uma estratégia passiva. Aqui nem se trata necessariamente de *stock picking*, ou seja, de convicção na capacidade de selecionar ações extraordinárias e subprecificadas pelo mercado: como vimos, esse é um desafio exigente. Pode-se procurar apenas fugir das grandes roubadas. Em outras palavras, se o golaço é difícil, podemos nos contentar em ao menos evitar os grandes frangos.

Isso porque há muita sujeira no índice: estatais mal geridas e sujeitas a todo tipo de intervenção política, empresas com controladores suspeitos ou mesmo notórios bandidos, companhias com níveis tenebrosos de dívida, com contabilidade suspeita ou em setores tradicionalmente problemáticos, como o de aviação. Quer dizer, pode ser difícil reconhecer uma futura campeã, mas as problemáticas em geral são evidentes.

Tomemos como exemplo apenas as estatais. De 2010 a 2016, da eleição de Dilma até o impeachment, o Ibovespa caiu 40%. Um estudo mostrou, porém, que o índice limpo de estatais na verdade subiu 13%. Um gap de 53 pontos percentuais! É verdade que o governo Dilma foi catastrófico em governança de estatais: Petrolão, Lava Jato, você conhece a história. Mas, se fosse apostar, você diria que no longo prazo a tendência das estatais brasileiras é de que passem a ser cuidadas ao modo dinamarquês ou que continuem sendo mal geridas por políticos?

O investidor Joel Greenblatt, professor da Universidade de Columbia, escreveu um livro famoso chamado *The Little Book That Beats The Market*. No livro, ele defende fugir das grandes derrotas: se você tivesse comprado umas trinta "boas empresas" (com preços razoáveis, boas margens de lucro e alto retorno de capital, como nos termos discutidos nos capítulos anteriores), teria superado sistematicamente o S&P 500 no passado.

Assim como no caso das companhias aéreas, não estamos dizendo que não se deve de jeito nenhum comprar estatais. Pode haver boas oportunidades, especialmente a preços muito baixos e, portanto, com boa margem de ganho. Pode ser também que existam estatais milagrosamente bem geridas. Mas vá com cautela, com muito cuidado. (Exceções são estatais na perspectiva de privatização, indicadas para compra justamente visando capturar os ganhos de eficiência que virão.)

UM EXEMPLO PRÁTICO

Façamos um exercício mental sobre a beleza da diversificação.

Os grandes bancos de varejo (sobraram cinco: Itaú, Bradesco, Banco do Brasil, Caixa e Santander) sempre ganharam muito dinheiro no Brasil. Essas empresas eram umas mães para quem tinha as suas ações. Sempre foram boas pagadoras de dividendos. Sempre foram pouco sensíveis a crises — o país quebra, elas se arranham. Sempre tiveram uma imensa facilidade para captar dinheiro, uma vez que quase todo mundo deixava (e ainda deixa) suas economias na poupança de umas dessas instituições. Os *spreads* (ou seja, a diferença entre o custo de captação e os juros cobrados nos empréstimos) sempre foram altíssimos. Por fim, bancos estão sempre ávidos para inventar uma taxa a mais para cobrar dos correntistas — você sabe, uma anuidade aqui, uma tarifinha ali... Até que veio a revolução digital.

Plataformas de investimento, como a XP, começaram a fazer bilhões saírem todo mês dos bancos em direção a aplicações mais rentáveis, projetando um aumento no custo de captação. Empresas como a Empiricus, ao fornecer recomendações de qualidade de investimento para pessoas físicas, minam a credibilidade e a necessidade dos gerentes de agências, que empurravam todo tipo de produto que só interessava ao banco, não ao cliente. Bancos digitais, como o Nubank, que atuam sem o peso dos gastos com agências e com generosos investidores que aceitam esperar anos pelos lucros, passaram a oferecer de contas-correntes a cartões de crédito internacionais sem tarifas. Até a concessão de crédito está sob risco: essa parte andou mais devagar, mas o que não falta é gente querendo criar plataformas digitais que conectam quem têm recursos disponíveis com potenciais tomadores de empréstimos, driblando o banco como intermediário. Isso sem falar na revolução nos meios de pagamentos, com PagSeguro e Stone.

Então as *fintechs* vão acabar com os bancos? Bom, é difícil saber. Os bancos ainda têm uma penetração imensa entre a população, além de serem marcas fortíssimas. E continuam lucrando. Um banco pode também optar por comprar uma *fintech* (como o Itaú fez parcialmente com a XP) ou pode investir muito dinheiro para criar concorrência (como o Santander fez com a Pi, por exemplo). Os bancos têm uma alta capacidade de resistência, e, convenhamos, vai chegar o momento de a empresa que oferece cartão internacional de graça ter que arranjar uma forma de ganhar dinheiro — o investidor é paciente, mas também não está nessa por filantropia.

Imagine que houvesse dois fundos, um só com ações de grandes bancos brasileiros e outro com participações em todas as empresas financeiras digitais mais relevantes do país: da XP à Easyinvest, do Nubank ao Banco Inter, da Empiricus à Creditas. Qual dos dois fundos você escolheria para investir?

Ninguém sabe quem vai ganhar esse jogo. Quem disser que tem certeza está iludido ou mentindo. E, pior, aqueles que dizem que sabem são os mais perigosos. Neste caso é possível até que ninguém ganhe. E se aparecer algo novo, fora do radar, que no final ganhe o jogo? Se acreditamos mesmo na disrupção, não deveríamos, necessariamente, ponderar a possibilidade de o disruptor de hoje ser o disruptado amanhã, por mera imposição da lógica, com o perdão pelos neologismos?

Mas nada o impede de ter Banco Inter e Itaú. XP e Santander. A beleza da diversificação é que você pode ganhar mesmo sem saber o que vai acontecer. O que procuramos, para usar um outro termo de Taleb, é um portfólio de investimentos *antifrágil*. Frágil é aquilo que se quebra facilmente com o choque. O oposto de frágil não é robusto, resistente. Não queremos apenas aquilo que resiste ao choque, mas que ganhe com ele. Nossos investimentos sempre buscarão, portanto, a antifragilidade. Se o mercado se portar de forma imprevisível, queremos ganhar dinheiro. Diversificar é antifrágil.

Um inimigo da diversificação pode chiar: ah, mas isso vai diminuir o meu retorno se eu acertar. Uma coisa é ter 10% da carteira aplicada na XP, outra coisa é ter 100%. Seria assim se soubéssemos tudo *a priori*, mas não sabemos. Investimentos não são uma corrida curta; são provas de longa distância. Não queremos ser aqueles com a maior rentabilidade do mês se o preço disso for botar tudo a perder. Queremos ter retorno por décadas, com o risco controlado. Lembre-se: você jamais pode correr o risco de ficar pelo caminho.

O pensamento *a posteriori* que diz "se eu tivesse botado mais dinheiro, teria ganhado mais" não é inteligente — você só sabe que deu certo depois que aconteceu. Mais uma vez vale a sabedoria de Warren Buffett: "Não consigo entender o sujeito que tem US$ 50 milhões, mas se incomoda com o vizinho cujo patrimônio monta a US$ 51 milhões." O investimento não é uma disputa de egos nem um processo penitente de que "eu poderia ter ganhado uns percentuais a mais". O importante é uma trajetória positiva e consistente. Estamos em uma maratona, não em uma corrida de 100 metros.

Com efeito, vários estudos comprovam que os verdadeiros campeões a longo prazo não são aqueles entre os 25% mais aptos do ano. (A rigor, o líder do ranking de fundos em 12 meses costuma ser apenas alguém que concentrou demais — pode inclusive ter cometido uma irresponsabilidade e viu, por sorte, o cenário convergir para aquilo que o favorecia, entre uma multiplicidade de possibilidades.) Os ganhadores de longo prazo costumam ser aqueles que, ano após ano, se mantém no terceiro quartil — ou seja, entre os 50% melhores posicionados, mas não entre os 25% campeões. Não adianta ficar em primeiro em um ano e cair para as últimas posições no ano seguinte. A regressão à média é uma força muito forte. Cuidado com a derrocada que sucede o aplauso. A consistência supera acertos pontuais.

Uma consequência disso é que o sucesso, particularmente se momentâneo, não é prova de que você estava certo. Logo mais falaremos de Howard Marks, mas ele tem um ponto filosófico que já vale adiantar: você não pode apontar a qualidade de uma decisão pelo resultado dela. É difícil aceitar isso — é contraintuitivo.

Digamos que você decida pela compra de uma ação supondo que a nova gestão de uma empresa exportadora de proteína vai dar um banho de governança, melhorando seus resultados. Isso não acontece, mas algum evento nos Estados Unidos faz o dólar subir, o que beneficia essa empresa, porque a receita em reais cresce. Ou uma crise de gripe aviária na China faz a demanda na Ásia disparar. Tanto faz. Você ganhou dinheiro mesmo estando errado. O mercado não se importa com a sua hipótese. Atirou no que viu, acertou no que não viu. E recebeu o mesmo prêmio.

Da mesma forma, você pode perder estando certo. A nova gestão de fato melhora a empresa, mas o real se valoriza de modo imprevisível e estraga tudo. Ou ocorre uma gripe aviária no Brasil. Há tantas variáveis incontroláveis que, no fim do dia, tudo é apenas um jogo de sorte e probabilidades. E a forma de potencializar a sorte é diversificando, com ativos de retorno convexo, com capacidade de persistir no jogo a longo prazo.

No mercado financeiro, entre estar certo e ganhar dinheiro, opte pela segunda opção. Esta não é nem deve ser uma disputa por superioridade intelectual.

MAS E SE EU ESCOLHER JUSTO AS EMPRESAS ERRADAS?

Se você não se acha muito sortudo, se toda hora chuta quinas de móveis e vive derrubando o pão com a manteiga virada para o chão, não se preocupe. Vamos falar um pouco de probabilidade.

Imagine que a gente convide você para uma aposta na qual quem perder paga R$ 10 mil para quem ganhar. Vamos sortear um número de 1 a 100. Se esse número estiver entre 1 e 60, você ganha. Se estiver entre 61 e 100, a gente ganha. Você tem 60% de chance de ganhar, e nós, 40%. Topa?

É provável que você diga "sim", afinal é um jogo que o favorece. Mas existe um porém: mesmo com a probabilidade a seu favor, nada o impede de ter azar, perder e ficar com a dívida. Talvez você seja conservador e não queira arriscar. Talvez R$ 10 mil lhe façam falta. Talvez você nem tenha R$ 10 mil. Talvez sua família o mate se você chegar em casa e disser que perdeu R$ 10 mil para dois caras que escreveram um livro dizendo que as probabilidades estavam a seu favor.[*]

---

[*] Probabilidade é um negócio que só vale *a priori*. Uma boa maneira de ser expulso de um velório é tentar consolar a família de alguém que morreu num acidente de avião dizendo que não há motivo para consternação, uma vez que a chance de acidente era de menos de 0,0001%.

> **No mercado financeiro, entre estar certo e ganhar dinheiro, opte pela segunda opção. Esta não é nem deve ser uma disputa por superioridade intelectual.**

Agora imagine que a gente faça uma pequena alteração no jogo. Ele agora tem uma diferença: vamos repetir o jogo cem vezes. Nesse caso, seria um pouco menos razoável você não topar. A primeira situação descreveria apenas aversão a risco. Já a segunda desafiaria a proposta matemática da lei dos grandes números e o teorema do limite central. Deixemos as formalidades e as questões técnicas de lado. Vamos recorrer à intuição.

Quanto maior o número de repetições, maior a certeza de que você vai ganhar dinheiro. Os grandes números puxam os resultados para o centro das probabilidades. A Alemanha pode ganhar do Brasil por 7 x 1 uma vez, por mais improvável que seja; é virtualmente impossível que a Alemanha ganhe do Brasil por 7 x 1 por cem jogos seguidos. As coisas raras são raras, com o perdão da obviedade.

No nosso jogo, após um grande número de partidas, é praticamente certo que você ganharia algo muito próximo de 60% delas. O que significa que, se jogássemos cem vezes, você tenderia a ganhar algo bastante próximo de 60 jogos. De modo que você pode esperar ganhar algo muito próximo de R$ 200 mil (ganharia R$ 600 mil e perderia R$ 400 mil).

Os investimentos, quando observados sob a perspectiva correta, se parecem com esta segunda aposta: o mercado abre todo dia, não é um campeonato de partida única. O que vamos procurar, portanto, são situações em que as probabilidades estejam a nosso favor. E em que possamos repetir os jogos várias vezes, permitindo-nos chegar ao longo prazo, quando a probabilidade subjetiva (da proposta teórica) converge para a realidade objetiva (número efetivo de observações concretas). Em outras palavras: queremos assimetria convidativa (mais a ganhar do que a perder) somada à persistência no longo prazo.

Como vimos no capítulo 1, somos incapazes de ter certeza sobre qualquer coisa. Mas podemos buscar investimentos em que o potencial de ganhar seja maior do que o de perder. Uma chance de 60% a seu favor é o suficiente para deixá-lo rico, contanto que ela seja repetida suficientemente.

E aí voltamos às ações: na média, elas mais sobem do que descem. Como vimos no capítulo 5, nos últimos dois séculos as ações americanas se valorizaram em termos reais mais de 6% ao ano. Há dias em que a Bolsa cai, há dias em que a Bolsa sobe, mas há mais dias em que a Bolsa sobe do que dias em que a Bolsa cai. Se você tiver exposto a uma quantidade suficiente de ações — e tomar um cuidado adicional de que falaremos no próximo capítulo —, a sorte estará a seu favor.

Isso explica também por que estratégias envolvendo posições vendidas (*short*, apostando na queda do mercado) são complicadas. Se o mercado na média mais sobe do que desce, isso significa que quem está *short* tem mais de 50% de chance de perder dinheiro. A posição vendida é côncava, não convexa — você pode ganhar no máximo 100% do valor da ação se ela for a zero; mas pode perder infinito se ela se multiplicar várias e várias vezes.*

---

* Resumidamente, funciona assim: você acha que as ações da Renner vão cair. Então toma em aluguel ações da empresa no mercado e as vende por R$ 40 a ação, suponhamos. Quando o prazo do aluguel acabar, você vai ter que devolver as ações que vendeu, então terá que recomprá-las no mercado. Se a cotação tiver caído, você ganha, porque terá vendido caro e comprado barato. Se a cotação subir, porém, você se deu mal. No exemplo citado, imagine um desastre completo que leve o preço da Renner a zero — a população mundial adere ao nudismo social. Você ganhará R$ 40 por ação (menos o custo do aluguel). Esse é o limite. Agora, não há limite para a perda: a ação pode subir a R$ 80, R$ 100, R$ 200 ("*Só usamos Renner*", declara família real britânica).

> Você pode ser bem-sucedido sendo um *short seller*, mas tenha noção que se trata de nadar contra a correnteza, de vencer as forças naturais do mercado. São poucos os *short sellers* clássicos bem-sucedidos — Jim Chanos e Muddy Waters estão entre os mais famosos. Não recomendamos adicionar essa complexidade ao seu trabalho.

A posição comprada é uma aposta no capitalismo, no desenvolvimento, no progresso. A posição vendida, por definição, tem de ser de curto ou, no máximo, médio prazo, com todas as dificuldades que isso implica. É melhor ser Zé Comprinha do que João Vendinha.

Probabilidades favoráveis devem ser aplicadas também à análise da sua carteira, e é disso que falaremos no capítulo 9.

UMA QUESTÃO DE SOBREVIVÊNCIA

No caso discutido anteriormente, o prêmio esperado era o mesmo para as duas partes: R$ 10 mil. Mas imagine uma situação diferente. Um jogo em que você tem 1% de chance de ganhar R$ 10 mil, mas 99% de chance de perder R$ 10. Você participaria?

Se sua aversão a risco não for extrema, faz sentido participar. Se ganhar, ganha muito. Se perder, perde pouco. Neste caso, você pode ganhar dinheiro mesmo quando a probabilidade de vencer é muito pequena: o importante é que o prêmio pela vitória seja muito maior do que o custo da derrota.*

---

* Não se iluda, isso não se aplica à Mega Sena ou a qualquer loteria. O retorno esperado para essas apostas é negativo. Mais da metade do dinheiro fica com o governo, pois o valor distribuído é muito menor do que a soma das apostas. É um caso em que o valor esperado do jogo é negativo. Não é uma aposta em que a assimetria é convidativa. O prêmio é de fato alto, mas em compensação a possibilidade de ganhar é muito pequena — muito menor do que 1%; na verdade, na Mega Sena, é de 0,000002%. O mesmo vale para cassinos. Eles não ofereceriam uma aposta que fosse desvantajosa para eles, até porque quebrariam. Não foi indo para Las Vegas que Warren Buffett ficou rico.

Nas palavras de Ray Dalio em seu livro *Princípios*, "uma decisão vencedora é aquela cujo valor esperado é positivo no sentido de que a recompensa vezes sua probabilidade de ocorrer é maior do que a penalidade vezes sua probabilidade de ocorrer, com a melhor decisão sendo aquela com o maior valor esperado."

Na aposta citada, o valor esperado é de R$ 99,10 a seu favor. Essa conta se faz multiplicando as probabilidades pelos retornos. Ou seja, 1% de R$ 10 mil somado a 99% de R$ -10; este último valor é negativo porque você perde dinheiro.

Lembre-se de que nesse tipo de aposta você só se sai bem se houver muitas partidas. É R$ 10 mil contra R$ 10, algo absurdamente favorável para você, mas o mais provável é que no primeiro jogo você perca uns trocados. Você precisa que a casa não feche depois da primeira rodada — ou que você possa apostar muitos jogos simultaneamente.

Que tipo de aposta você deveria evitar a todo custo? Bom, aquelas que tiram você do jogo e assim o impedem de usufruir da repetição. Você jamais deve entrar em uma aposta que possa destruí-lo. Tudo bem começar perdendo R$ 10, mas talvez não valha a pena começar perdendo R$ 1 milhão. Como resumiu Warren Buffett, para ser bem-sucedido, primeiro você precisa sobreviver.

Se alguém lhe oferecesse R$ 10 milhões, você entraria em um avião com 2% de chance de cair? Esperamos que não — porque, se der errado, meu amigo, acabou para você. Nunca faça uma aplicação, por mais rentável que ela possa ser se tudo der certo, que implique a ruína financeira se tudo der errado. Mesmo que a chance de fracasso seja de 1%. Até porque, lembre-se, a lei dos grandes números funciona para o bem mas também para o mal: se você tiver uma chance de 1% de se dar mal e continuar no jogo por tempo suficiente, você *vai* se dar mal.

Mesmo em apostas que lhe sejam muito favoráveis, nunca coloque todo o seu dinheiro. No começo deste capítulo, argumentamos que diversificar implica aumentar as suas probabilidades de surfar uma grande valorização. Eis aqui um segundo argumento: diversificar impede também que uma desgraça acabe com você, por mais que você estivesse otimista sobre um investimento específico. *"Shit happens"*, diria Forrest Gump.

Existe até uma fórmula para determinar matematicamente qual fatia do dinheiro disponível deve ser apostada para ter o maior retorno possível, conhecida como "critério de Kelly", em homenagem ao físico americano John Larry Kelly.

Imagine que você tem R$ 100 e alguém lhe proponha aquele jogo em que você ganha 60% das vezes. Quanto você deveria apostar, considerando que o adversário vai empenhar o mesmo valor e quem ganhar fica com tudo? O raciocínio intuitivo lhe diria para apostar 60% do dinheiro, ou R$ 60. Uma aposta proporcional às suas chances, partindo do princípio de que, quanto mais certa a vitória, mais agressivo você deveria ser. O princípio está certo, mas o valor que o raciocínio intuitivo entrega está errado. Você deveria ser mais cauteloso.

Se apostar R$ 60 e perder logo de cara, o que é bem razoável (40% de chance é bastante), você ficará com apenas R$ 40 no bolso — não vai conseguir nem sequer pedir revanche. Mesmo que seu adversário tope fazer uma segunda rodada com menos dinheiro na mesa, você terá ficado muito longe de recuperá-lo.

Pela fórmula,* você deveria apostar apenas 20% do dinheiro, ou R$ 20. Se perder na primeira (e na segunda, e na terceira... que cara azarado), ainda terá grana para seguir apostando por algum tempo até ser abençoado pelas probabilidades favoráveis a você.

Imagine um sujeito que está muito convencido de que o dólar vai valorizar. Ele atribui a isso uma probabilidade de 95%. Então ele pega dinheiro emprestado em reais e compra dólares. *Muito* dinheiro emprestado, para potencializar

---

* $x = v - [(1-v)/r]$, em que x é a porcentagem do dinheiro disponível que se deve apostar, v é a chance de vitória e r é a razão entre o ganho em caso de vitória e o custo em caso de derrota.

o lucro, ignorando o critério de Kelly. Se aqueles 5% acontecerem, e um dia eles vão acontecer, a casa vai cair e esse sujeito vai chorar em posição fetal embaixo da mesa. Quebrado, ele vai estar fora do mercado no dia seguinte. Não existe revanche quando você fica sem fichas. Será sua morte como investidor.

No mundo real, não foi algo muito diferente disso — de modo um pouco mais sofisticado e apostando no real contra o dólar — que os departamentos financeiros da Sadia e da Aracruz fizeram em 2008, conseguindo a proeza de quebrar as duas empresas.

O excesso de confiança — e falaremos do ego mais adiante — pode nos levar a concentrar demais nossos investimentos, uma vez que estamos seguros das nossas apostas. Não faça isso. Lembre que mesmo Buffett não gosta de ter mais de 10% da sua carteira em uma única ação.

Quanto mais jovens, mais achamos que sabemos tudo. Isso é um erro. A recorrência de menções neste livro a gente idosa (o próprio Buffett tem 90 anos) faz com que ele merecesse o título de "Investimentos de um ponto de vista geriátrico", mas isso tem um motivo: essa gente já deu com a cara na parede o suficiente para ter a prudência de duvidar das próprias certezas.

De modo que são duas as lições deste capítulo. Primeiro, exponha-se à sorte, e a melhor maneira de fazer isso é adicionando um pouco de risco à sua carteira, especialmente por meio de ações e com uma visão de longo prazo, com exposição longa e sistemática ao mercado. Mas não se exponha *tanto* à sorte: a segunda lição é evitar concentrações excessivas em um ou outro ativo.

Aliás, evite não apenas a exposição a ativos específicos (como investir 30% do seu dinheiro em ações do Itaú ou debêntures da Petrobras), mas também a concentração em classes de ativos (com ações e debêntures em geral). Lembre-se de que uma carteira com ações demais lhe deixa exposto quando o mercado todo desaba. Você pode ter ações de cinquenta empresas de diferentes setores e não estar preocupado se por acaso alguma delas vai acabar falindo, é verdade. Mas se 100% do seu patrimônio estiver em ações, você deveria estar preocupado: grandes crises machucam a Bolsa inteira, e elas podem ser bem imprevisíveis, como no caso do coronavírus. Quem compra um pouquinho de cada coisa faz as pazes com o desconhecido e dele se beneficia. Mas se segure aí que falaremos de alocação (ou seja, da análise da sua carteira de investimentos a partir das proporções entre as classes de ativos que você tem, como ações, renda fixa e imóveis) no capítulo 9.

Antes disso, porém, vamos falar de outra coisa que pode fazer você aumentar as suas chances de ganhar dinheiro com ações, tão importante quanto a convexidade e a diversificação.

CONVEXIDADE APLICADA A CICLOS

A que um pai que trabalha no mercado financeiro poderia atribuir a tranquilidade do seu bebê?

"Of course he looks peaceful—he's lived his entire life in a bull market."

Claro que ele está em paz. Vive o bull market desde que nasceu.

A não ser que o leitor seja um prodígio recém-nascido interessado em finanças, porém, todos nós já passamos por mercados de alta e de baixa.

Entenda aqui a Bolsa como uma representação da economia como um todo: todos nós já vimos o Brasil (ou qualquer país) tanto nas versões eufórica — "agora vai", Cristo Redentor decolando na capa de revista — quanto na depressiva — em crise, Cristo Redentor desgovernado, em rota de colisão. Esse é o dito ciclo econômico, que se repete ao longo das décadas. Mas por que existem ciclos econômicos?

Quem já acompanhou o noticiário sobre agronegócio sabe que os preços dos produtos são cíclicos. O boi é um dos maiores exemplos. Os preços sobem e descem em intervalos que variam entre seis e dez anos. Mas o que impede o preço do boi de ser linear ou estático? Não poderíamos viver em um mundo em que simplesmente não houvesse alterações significativas nesse valor ou que ele crescesse de forma constante?

Não seria muito factível. Se o preço do boi está rentável para os produtores, eles começam a fazer cada vez mais bezerros, até que ocorre excesso de oferta. Isso faz os preços caírem. Vender boi então vale cada vez menos a pena, e os produtores passam a reduzir o tamanho dos seus rebanhos, botando menos vacas para reproduzir. Mas eis que então a oferta encolhe, fazendo o preço aumentar novamente. O que faz os produtores aumentarem o tamanho do rebanho... O sistema é pendular.

O ciclo é longo porque leva tempo entre um produtor decidir produzir bezerros e esses animais estarem prontos para o abate. O tamanho do rebanho de hoje é consequência de uma decisão de anos atrás.

Mas por que não se mantém o rebanho do mesmo tamanho, abstendo-se da tentação de fazer algo que vai acabar arruinando os preços mais adiante?

Como a pecuária é um mercado muito pulverizado, a coordenação dos produtores é praticamente inexistente. Além disso, cada um quer maximizar o próprio lucro. Se você não aumentar a oferta, outro o fará. Então é melhor que você tome a dianteira. Como todos pensam assim, chegamos numa espécie de falácia da composição: um resultado agregado que acaba não sendo ótimo do ponto de vista individual.

Se o boi está dando dinheiro, o incentivo individual do produtor é aumentar a produção. Ele sabe que será ruim se todo mundo fizer isso ao mesmo tempo, mas ele não pode se dar ao luxo de ser o único a não fazer. Enquanto ainda houver margem a ser capturada, ele vai botar as vaquinhas para ficarem prenhas. (A situação em que isso não acontece costuma ser o cartel, quando os produtores se reúnem para combinar quanto cada um vai produzir.)

Não são só produtos ou commodities que têm ciclos. A economia como um todo também é cíclica. Uma das formas fáceis de ver isso é por meio do crédito.

Pense em uma família. No longo prazo, a melhora do padrão de consumo é consequência acima de tudo do aumento da renda das pessoas — elas vão estudar, se capacitar, arranjar bons empregos. No curto, porém, o padrão de consumo pode melhorar por outro motivo: empréstimos.

Não é diferente quando se trata de um país. No longo prazo, o aumento da produtividade (promovida pelo aumento do nível de instrução da população e por melhor infraestrutura, por exemplo) é o que interessa. No curto, porém, a disponibilidade de crédito pode puxar o consumo e fazer o PIB aumentar rapidamente.

O problema é que, assim como a pecuária, o crédito também tem ciclos. Nas palavras do grande investidor americano Ray Dalio, que sintetizou de forma brilhante o argumento no vídeo "How The Economic Machine Works" (Como a máquina da economia funciona), "o crédito nos permite consumir mais do que produzimos agora, mas nos força no futuro a consumir menos do que produzimos quando tivermos que pagar o empréstimo".

Enquanto a produtividade da economia cresce de maneira mais ou menos linear no longo prazo, no curto estamos sujeitos a uma sequência interminável de expansões e recessões causadas pelos ciclos de crédito, consumo e investimento. Veja isso em uma nova versão do gráfico que vimos no capítulo 5:

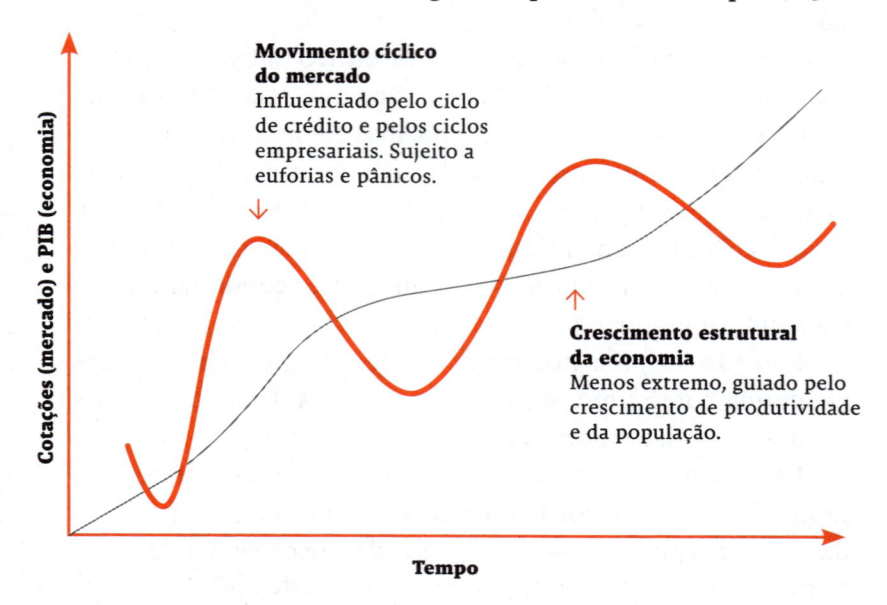

Movimento cíclico do mercado
Influenciado pelo ciclo de crédito e pelos ciclos empresariais. Sujeito a euforias e pânicos.

Crescimento estrutural da economia
Menos extremo, guiado pelo crescimento de produtividade e da população.

Cotações (mercado) e PIB (economia) / Tempo

Pense em uma família com renda conjunta de R$ 10 mil. Com o crédito, ela pode gastar hoje R$ 15 mil por mês. Mas um dia ela terá de pagar o empréstimo. Se a sua renda se mantiver a mesma, isso significa que ela terá de consumir apenas R$ 5 mil por mês em algum momento — isso sem contar os juros — para conseguir quitar a dívida.

No nível nacional, chamaríamos a primeira fase de milagre do crescimento. A expansão do crédito no país passa a sensação de prosperidade. O consumo explode, as lojas estão cheias e contratando, a indústria vende como nunca. A segunda fase é a nossa conhecida recessão, quando o consumo desmorona, o PIB encolhe e parece que não haverá amanhã.

Nos Estados Unidos, historicamente, esses ciclos duram entre dois e dez anos. De 2009 a 2020, ocorreu a mais longeva expansão já registrada. O Brasil também tem ciclos bem marcados.

Nos anos 1950, o ciclo de crescimento se deu especialmente durante o governo JK (os chamados "anos dourados"): Brasília foi construída, eletrodomésticos e eletroeletrônicos, como aspiradores de pó e toca-fitas, se popularizaram, e o Brasil ainda ganhou a Copa do Mundo pela primeira vez, em 1958. Todo mundo estava feliz, a bossa nova surgia, João Gilberto cantava "Chega de saudade" no rádio e parecia não haver outra preocupação além de "abraços e beijinhos e carinhos sem ter fim".

Enquanto isso, porém, o país se endividava, e a conta chegou no começo dos anos 1960, em anos tumultuados, de inflação e de dificuldades econômicas que, somadas a outras desgraças, resultaram no golpe de 1964.

Houve então um novo ciclo de crescimento (o chamado "milagre econômico", em muito derivado das políticas e reformas estruturantes do PAEG, o Plano de Ação Econômica do Governo, da dupla Roberto Campos e Otávio Gouvêa de Bulhões),* com brutal urbanização e crescimento da indústria. A produção nacional dobrou de tamanho em sete anos. Os eletrodomésticos da vez eram a geladeira e a TV.

Até que chegou a brutal recessão dos anos 1980 (a "década perdida"), em que o país teve que lidar com o endividamento público (o fantasma de "dívida externa" de que os mais velhos se recordam bem) e novamente com a inflação. O cenário externo não ajudou, e a subida dos juros internacionais para combater os dois choques do petróleo na década de 1970, na chamada "era Volcker" — em referência ao presidente do banco central americano à época, Paul Volcker —, catalisou a moratória brasileira nos anos 1980.

Os anos 1990, depois do colapso inicial com o Plano Collor, foram um período de reformas e estabilização econômica, com o Plano Real, privatizações e alguma tentativa de guinada na direção da responsabilidade fiscal. Eles foram seguidos por mais um importante ciclo de crescimento nos anos Lula, a partir de 2002, com brutal expansão do crédito. A conta chegou no governo Dilma, com a maior recessão da história do país até então; o PIB daria sinais mais concretos de recuperação apenas em 2019.

---

* Com redução do déficit público, estímulo à poupança, ao investimento estrangeiro e às exportações, entre outras medidas.

Como diz Dalio: "Uma economia hipotética sem crédito não teria ciclos, porque o único jeito de aumentar os gastos [das famílias ou do governo] seria aumentando a receita, trabalhando mais horas ou sendo mais produtivo. Mas como nós emprestamos dinheiro, há ciclos, porque um dia esses valores terão de ser pagos."

O endividamento pode ser público, privado ou ambos. Em várias das crises brasileiras, foi público. Na crise americana de 2008, foi privado, acima de tudo com famílias pegando empréstimos imobiliários, estimuladas por um setor financeiro desprovido de gerenciamento de riscos e convencido de sua capacidade de controlar a realidade por meros modelos econométricos pseudossofisticados.

Dalio não está propondo, claro, que se acabe com o crédito. Se bem direcionado, o crédito pode aumentar a produtividade: imagine alguém que faz um financiamento para comprar um trator, por exemplo. No caso de uma família, é muito diferente pegar dinheiro emprestado para comprar um novo aparelho de TV e para financiar a faculdade de medicina do filho mais velho. No segundo caso, você está aumentando a renda futura da família, o que vai (espera-se) permitir quitar a dívida.

O ponto é que boa parte dos empréstimos, durante uma expansão do crédito, é direcionada para bens que não aumentam a produtividade. As pessoas vão gastar o dinheiro emprestado comprando de carros a roupas, de geladeiras a casas. O governo pode ele próprio tomar dinheiro emprestado para financiar atividades pouco produtivas, como frigoríficos ou empreiteiras corruptos — apenas um exemplo hipotético, claro. Empresas também podem cometer erros com dinheiro emprestado. CEOs em geral adoram um jatinho financiado pela firma.

Por fim, há sempre os exageros, quando levamos o crédito além de nossas capacidades, seja em sua magnitude ou por mais tempo do que deveríamos — o maior exemplo disso na nossa história recente foi a invencionice batizada de Nova Matriz Econômica, da era Dilma, que basicamente tentou reinventar noções triviais da teoria econômica ao ignorar a existência inexorável e material dos ciclos.

Um dia será preciso pagar esses empréstimos, e tanto a pessoa física quanto a jurídica podem ser flagradas em posição vulnerável. Vão ter de se virar para pagar seus débitos, reduzindo de forma drástica seus custos e vendendo seus ativos — ou, no limite, dando um calote. É assim que começa uma crise econômica.*

Os tempos de euforia são chamados de *bull market*: os preços das ações e dos imóveis não param de subir, todo mundo ganha dinheiro, é só alegria. Os tempos de recessão são chamados de *bear market*: os preços dos ativos caem, os empresários não querem investir e os consumidores não querem ou não podem comprar, a confiança na economia está na lama, a gente se sente pobre.

Bull é o touro, animal chifrudo que ataca sua presa a jogando para cima. *Bear* é o urso, que mata pulando sobre a vítima. Ao longo da sua vida, todo mundo no mercado vai enfrentar *bulls* e *bears*.

---

*Em tese, os bancos centrais conseguem influenciar a quantidade de crédito disponível mexendo na taxa de juros. Se os juros estão baixos, mais crédito será demandado, uma vez que ficou barato pegar empréstimos. Se os juros estão altos, haverá menos incentivo para pegar empréstimos. Os fatos mostram, porém, que esteve em coma nas últimas décadas quem acha que os bancos centrais conseguem utilizar a política monetária para impedir que os ciclos econômicos aconteçam ou para controlá-los completamente. Além disso, a teoria mais do que consolidada de que longos ciclos de juros baixos levariam à inflação (por excesso de dinheiro na praça) parece agora ter esbarrado nos fatos: desde 2008 foram anos e anos de política monetária expansionista sem que os preços ao consumidor tenham reagido. Para saber mais sobre a efetividade da política monetária nestes tempos confusos, vale ler *O mapa e o território*, do ex-presidente do Fed Alan Greenspan. Em muitas situações, os bancos centrais catalisam viradas de ciclo econômico. Um período muito aquecido implica uma reação do BC com subida de juros — isso aumenta as despesas com juros das famílias e das empresas, que ficam em situação pior, muitas vezes pegas despreparadas. Então, se veem obrigadas a retrair de forma brusca gastos com consumo e investimento, havendo uma rápida desaceleração da economia.

Além da existência do crédito, a existência de *bull* e *bear markets* está associada à natureza humana. Somos propensos ao efeito manada. Nos momentos bons, nossa psicologia é vítima do *"fear of missing out"*, ou "medo de ficar de fora", uma apreensão dolorosa de que os outros podem estar se dando bem e nós não. Se está todo mundo ganhando dinheiro na Bolsa, eu também quero estar, também quero comprar. O vizinho comprou ações e trocou de carro. A não ser que você seja um monge tibetano perdido no mercado financeiro, o sucesso alheio não é exatamente uma fonte de satisfação. Nos momentos ruins, há a aversão à perda. Quando os preços das ações começam a cair, poucos se sentem atraídos por entrar na Bolsa — a rigor, a racionalidade deveria apontar justamente o contrário, fazendo-nos comprar quando a coisa ficou mais barata.

Isso tudo se soma à nossa incapacidade de relembrar direito o passado. O ser humano é terrivelmente reincidente. O sujeito se mete a construir uma casa, sofre como nunca com pedreiros, atrasos, pepinos de todo tipo e jura que nunca mais vai fazer aquilo — até que alguns anos depois está lá de novo embarcando na mesma.

As pessoas têm emoções. Como diria Richard Feynman, a física seria muito mais complicada se os elétrons tivessem sentimentos. É por isso que a economia tem suas bizarrices. Ao mesmo tempo em que, ambivalentemente, é rica e interessante.

A cada novo ciclo de alta do mercado, estão lá as pessoas achando que desta vez é para ficar, "desta vez é diferente", como no título do famoso livro de Carmen Reinhart e Kenneth Rogoff que documenta oito séculos de bolhas e crises. Não costuma ser. No outro extremo, a cada ciclo de queda, as mesmas pessoas querem ir embora do país, "não tem jeito, isso aqui nunca vai dar certo".

VENCENDO OS CICLOS

A consequência disso para os investidores é que é possível comprar a ação da melhor empresa do mundo, mas um erro de *timing* botará tudo a perder. No mercado financeiro, uma boa ideia numa hora ruim é apenas uma ideia ruim.

Em dezembro de 2019, muitas das maiores companhias brasileiras ainda não haviam recuperado o valor que tinham no começo de 2008, antes do crash global daquele ano. A Vale, por exemplo, ainda negociava cerca de 20% abaixo daqueles preços. Onze anos depois!

Falamos bastante no capítulo 5 sobre a importância de investir para o longo prazo, mas isso não significa que o investidor deva se esconder atrás disso. Uma coisa é não ter pressa de embarcar, outra é pegar o avião errado. O discurso "ah, eu comprei isso para longo prazo" não deve ser usado para ocultar erros. Dório Ferman, brilhante gestor brasileiro de ações, costuma brincar que um longo prazista é apenas um curto prazista que fracassou. Como toda piada, não pode ser levada totalmente a sério, mas tem um bom fundo de verdade.

Como evitar erros extremos de *timing*? Não há mágica ou regra infalível, mas, se nós entendermos um pouco a natureza dos ciclos, podemos aumentar as probabilidades a nosso favor — é tudo uma questão de gerenciar probabilidades, lembra? Queremos ser mais agressivos nos investimentos quando as chances estiverem a nosso favor e mais defensivos quando as probabilidades estiverem contra nós. Se repetirmos o procedimento por várias vezes, sairemos vencedores ao final do jogo.

Um dos investidores que melhor entendeu como se aproveitar desses ciclos de mercado para ganhar dinheiro é o já citado Howard Marks. Em 2018 o *Financial Times* o definiu como "o melhor caçador de pechinchas" do mercado financeiro americano.

Marks é fundador da Oaktree, empresa de investimentos com mais de US$ 120 bilhões em ativos sob gestão. O financista veterano acredita que saber esperar pela hora certa é parte importante do sucesso nos investimentos. Para Marks há a uma bizarrice do mercado financeiro: "As lojas ficam mais lotadas quando há uma grande promoção. Mas, em investimentos, as pessoas querem comprar quando está caro, não quando os preços estão caindo."

Warren Buffett faz uma analogia similar: "Eu adoro hambúrguer e vou comer hambúrguer pelo resto da minha vida. Então, quando o preço do hambúrguer cai, lá em casa nós nos reunimos e cantamos 'Hallelujah' juntos. Quando o preço do hambúrguer sobe, nós choramos. Para a maior parte das pessoas, é assim para tudo que elas compram — exceto para ações. Quando as ações ficam mais baratas e você poderia comprar mais por menos, as pessoas simplesmente deixam de gostar delas."

Nas palavras atribuídas a Ray Dalio: "A hora de comprar ações é quando há sangue nas ruas." Ou na frase de Nathan Rothschild, por vezes atribuída a Buffett, "compre ao som dos canhões, venda ao som dos trompetes".

Se você quer retornos extraordinários, não siga a multidão, compre quando todo mundo estiver vendendo, venda quando todo mundo estiver comprando. Tente entender em qual momento do ciclo a economia e os mercados estão, e use isso a seu favor.

Imagine o ciclo de mercado desta forma:

O ciclo das emoções do mercado de ações

O primeiro ponto é o otimismo: "Parece que agora vai dar certo"; "Olha, até que as lojas estão movimentadas." "Acho que o próximo ano vai ser melhor." Depois vem a empolgação. "O mercado não para de subir." Chegamos então à euforia: "Estamos ricos!" Esse é o pior momento para comprar. Está tudo muito caro. Os lucros estão artificialmente altos. Mas o mercado não sobe para sempre.

Então vem a ansiedade. Seguida da negação: "É só um pequeno período ruim, logo voltamos ao normal." Mas a realidade se impõe. Logo chegamos ao pânico. Ações boas são vendidas por mixarias. Os investidores estão deprimidos.

Esse é o momento de comprar. A esperança reaparecerá, trazendo rentabilidade para aqueles que estão comprados em ações e reiniciando o ciclo.

Falar é mais fácil do que fazer, claro. É muito difícil ir na contramão de todo mundo. "Eu acho que pouquíssimas pessoas conseguem fazer isso", diz Marks. Há estudos tradicionais sobre nossa propensão a seguir o grupo. O mais famoso foi feito pelo psicólogo Solomon Asch ainda nos anos 1950. Ele colocava um estudante com outras sete pessoas em uma sala. O que o estudante não sabia era que todos os outros eram atores. Diziam a ele que eram outros voluntários.

Os pesquisadores apareciam com cartolinas que tinham linhas desenhadas. Eles as mostravam para as oito pessoas na sala e pediam para que elas apontassem qual era a maior linha. Os sete atores escolhiam uma resposta absurda, uma linha que nitidamente era menor do que as outras. Na maior parte dos casos, o voluntário não apenas não discordava como manifestamente *concordava* com os outros. O medo de ser diferente nos afeta até quando o erro coletivo é gritante. Apenas 25% dos voluntários respondiam "imagina, vocês estão todos loucos, a maior linha não é essa". Há uma ironia clássica que corre na Faria Lima e no Leblon: tem gente que acha melhor errar com todo mundo do que acertar sozinho.

O experimento citado traz um objeto facilmente mensurável a olho nu: o tamanho de uma reta. E se o assunto for mais subjetivo, como a propensão de uma ação subir? Quantos realmente terão força para ir contra o consenso?

Em uma entrevista para o podcast *The Knowledge Project*, Marks aplica isso aos investimentos: "Pare cem pessoas na rua e diga: Há uma empresa de tecnologia que todo mundo está comprando, a ação triplicou nos últimos meses, nós deveríamos comprar." A maior parte das pessoas vai se empolgar. Quase ninguém vai dizer: 'Poxa, triplicar tão rápido é muito, deve haver um exagero aí; se todo mundo está comprando, está na hora de vender.' Achariam que essa pessoa é louca ou idiota."

Você está disposto a parecer louco ou idiota? Lembre-se de que, por definição, visionário é aquele que aceita parecer louco no curto prazo para estar certo só depois de muito tempo. No caso dos gestores de fundos, que administram dinheiro de terceiros, parecer errado é ainda mais complicado: até o redentor longo prazo chegar, seus cotistas já podem ter sacado muito do dinheiro que eles confiaram ao gestor.

"É muito difícil alterar a psicologia humana. Isso se aplica também aos investidores profissionais — eles também têm emoções. Nossas emoções não querem que fiquemos sozinhos em uma determinada posição", diz Marks. "Você pode ensinar a si mesmo a ser menos emocional? Provavelmente um pouco. Mas eu seria um pouco cético sobre até onde é possível ir. É mais fácil se você já tiver essa propensão inata. Algumas pessoas são desde sempre mais do contra. Em geral, são as que não se importam muito com o que os outros pensam delas."

Marks certamente não está defendendo que ou você nasceu para ser investidor, ou é melhor desistir. Ele defende a importância do aprendizado, inclusive com os próprios erros. Na próxima parte do livro, vamos falar bastante sobre o *mindset* de crescimento, que é a noção de que as nossas habilidades não estão dadas de saída, ou seja, é possível desenvolvê-las.

O ponto é esse: se você é o tipo de pessoa que *precisa* da aprovação alheia, que sofre (inclusive fisicamente) ao se ver isolado do grupo, se há uma força que leva você a querer pertencer, talvez você tenha um percurso mais longo a percorrer na sua formação como investidor do que, digamos, um *outsider* nato, um *contrarian*.

Quase todos os pensadores citados neste livro são um tanto *outsiders*. Seria natural imaginar que, para ser um investidor extraordinário — além do comum, fora da média —, você precisa pensar diferente da média. Retornos fora da curva não vão derivar de atitudes muito comportadas, alinhadas ao consenso.

Warren Buffett nunca quis se misturar com seus pares em Wall Street — preferiu ficar em Omaha e comer no McDonald's do que ir a restaurantes caros de Manhattan. Nassim Taleb é tão hostil a participar da patota dos professores universitários, economistas, filósofos e jornalistas que chega a ser gratuitamente ofensivo. Criou até uma sigla para eles: IYI, *intellectual yet idiot*, "intelectual e ainda assim idiota", o que não é exatamente a melhor forma de fazer amigos. George Soros atribui o seu sucesso ao fato de ter criado a própria interpretação dos mercados financeiros e se declara inclusive bastante ignorante quanto às teorias financeiras mais aceitas tradicionalmente. Para sair do mercado financeiro, um dos livros do físico Richard Feynman tem o título de *What Do You Care What Other People Think?* ("E você se importa com o que as outras pessoas pensam?)".

A Apple fez uma peça publicitária famosíssima em 1997 que se chamava "Pense Diferente". Os anúncios começavam com um texto bem escrito que dizia "isto é para os loucos, os desajustados, os rebeldes, os criadores de caso [...] aqueles

Visionário é aquele que aceita parecer louco no curto prazo para estar certo só depois de muito tempo.

que não gostam de regras, que não têm respeito pelo status quo". Enquanto isso, passavam imagens de gente pouco afeita a seguir o pensamento de grupo, de Alfred Hitchcock a Martin Luther King, de Muhammad Ali ao próprio Feynman, de quem Steve Jobs era fã.

O que a Apple se esqueceu de dizer é que pensar diferente é muito difícil. Além das tão complexas questões psicológicas que fazem com que todos nós queiramos ser aceitos pelo grupo, há um outro elemento de extrema dificuldade mesmo para quem não está nem aí para a opinião alheia. É ilusório dizer que a massa está sempre errada. Na verdade, como Marks aponta, na maior parte do tempo, ela está certa. Ao contrário do que Nelson Rodrigues afirmou, nem toda unanimidade é burra — na maior parte das vezes, a unanimidade apenas está enxergando o óbvio.

Marks estudou na Universidade de Chicago, afinal: como vimos, essa instituição é o berço da hipótese dos mercados eficientes — muito embora nos últimos tempos tenha assumido uma abordagem mais plural, abrigando inclusive Richard Thaler, que, como já apresentamos, é um dos maiores expoentes das finanças comportamentais.

"O mercado — que é o consenso de todos os investidores — faz um bom trabalho ao incorporar toda a informação disponível em um determinado momento. Na maior parte do tempo, a opinião de consenso está perto da verdade, e não há como superá-la", afirma Howard Marks. "Isso cria um problema, porque para ter um desempenho superior você precisa pensar diferente da multidão. Se você pensar como todo mundo, por definição sempre vai ter o retorno médio. Mas se na maior parte do tempo o consenso está certo... Não adianta pensar diferente de todo mundo e pensar errado."

Se você estiver em um prédio e todo mundo começar a correr gritando fogo, o máximo que você vai conseguir ficando parado é ser um *outsider* tostado.

Mark, entretanto, pede que se preste atenção ao detalhe. A multidão está certa na maior parte do tempo, mas a maior parte do tempo não é sempre. E há dois casos em que a multidão costuma errar: nos extremos dos ciclos.

"O mundo de verdade oscila entre o okzinho e o ligeiramente ruim, mas as pessoas percebem a realidade como sendo perfeição-paraíso-na-terra ou o fim do mundo", diz Howard Marks. Há algo bipolar no mercado: o ciclo emocional oscila mais intensamente do que os lucros corporativos e a realidade macroeconômica.

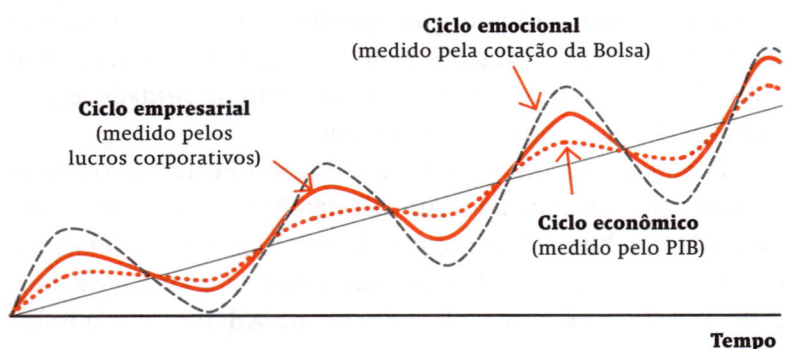

Ciclo emocional (medido pela cotação da Bolsa)
Ciclo empresarial (medido pelos lucros corporativos)
Ciclo econômico (medido pelo PIB)
Tempo

Como saber se estamos em um extremo dos ciclos?

Não há um modelo que diga isso com precisão. Mercados em alta podem continuar subindo por bastante tempo e mercados em baixa podem continuar caindo. Quando alguém aparecer com algum fato supostamente capaz de prever com rigor essa virada (a última superstição foi a tal "inversão da curva de juros"), ignore.

Entretanto, você pode se guiar a partir de alguns indicadores. Em mercados eufóricos, a razão entre preços e lucros dispara. Essa conta, que apresentamos no capítulo 7, mostra quantos anos seriam necessários para a empresa "devolver" o dinheiro investido na forma de lucros. Se uma empresa tem o chamado P/L de 10, isso significa que vai levar dez anos, se mantido o atual patamar de lucros.

Num *bull market*, investidores passam a aceitar uma razão P/L de 30, 40, 50 — ou seja, a comprar empresas que, pelos lucros atuais, levariam 50 anos para devolver aquele investimento. Fazem isso, claro, porque estão otimistas de que o lucro vai crescer exponencialmente — e também porque todo mundo está fazendo. Na bolha da internet, em 2000, o P/L das empresas de tecnologia nos Estados Unidos chegou a 200.

Às vezes, os investidores compram o que ainda está muito longe de dar lucro, ou seja, o que está deficitário, com P/L negativo. Tudo de que precisamos é de uma boa narrativa, uma narrativa coerente e crível para justificar o comportamento da manada naquele momento. Se isso começa a ser a regra, e se há dinheiro disponível para qualquer empreitada maluca que ainda é mais uma ideia do que um negócio de verdade, é porque algo de estranho está acontecendo.

Há ainda outra métrica de que Warren Buffett gosta muito. É o valor do mercado bursátil, também conhecido como capitalização bursátil. Bursátil é de fato uma palavra feia, mas o indicador é simples: ele representa a soma do valor de mercado de todas as empresas listadas em uma determinada Bolsa de Valores. Ou seja, de quanto dinheiro você precisaria para comprar a Bolsa inteira. Quando a relação entre esse número e o PIB começa a crescer, isso significa que o preço dos ativos está subindo mais rápido do que a produção nacional; ou seja, o aumento das cotações não reflete a expansão da economia, mas uma potencial bolha de preços.

Nos momentos de euforia, o investidor individual olha os preços das ações subindo cada vez mais e resolve entrar na Bolsa com tudo. Há uma tendência em extrapolar para o futuro o comportamento do presente. De repente, o taxista está falando de ações, a mídia começa a contar histórias de gente "normal" que enriqueceu, e isso leva ainda mais pessoas a comprar ações.

Aproveitando essa enxurrada de dinheiro, tem início uma intensa temporada de IPOs, ou seja, de companhias abrindo capital na Bolsa. Empresas fazem ofertas primárias (para se capitalizar e investir) e secundárias (para vender parte das participações dos atuais donos). Conseguem valores extraordinários nos dois casos.

Os IPOs podem ser potencialmente complicados. Se as pessoas que mais conhecem a empresa, que são os controladores, estão querendo vender parte dela, você deveria ficar um pouco mais cauteloso em estar no outro lado do balcão. Às vezes a empresa precisa de capital para crescer, tudo bem, mas, se todo mundo está fazendo IPO ao mesmo tempo, há aí um sinal claro de que os preços praticados no mercado podem não ser os mais favoráveis ao comprador naquele momento.

Para completar, a empresa costuma ir a mercado no melhor momento de seus resultados, mesmo que não sejam duradouros. Assim, transmite a ideia de ser melhor do que efetivamente costuma ser, conseguindo uma avaliação mais alta para suas ações. Passa um tempo e os resultados convergem para a normalidade — e suas ações, claro, acabam seguindo a mesma convergência para baixo. Em muitas situações, inclusive, abusa-se de espaço para criatividade contábil (um certo eufemismo), de modo a enfeitar a noiva e fazê-la parecer mais atraente do que a realidade fria e objetiva mostraria.

Isso está até mesmo demonstrado de forma quantitativa: um estudo realizado pela Empiricus em outubro de 2019 apontou que IPOs entregam uma rentabilidade de longo prazo bem menor do que do que a do Ibovespa. A pesquisa analisou 169 ofertas de 2004 até o primeiro semestre de 2019.

Se um investidor tivesse participado de todas as ofertas, teria um retorno médio anualizado de 7,37%, contra um Ibovespa de 10,25% no período. O trabalho replicou a metodologia do estudo clássico do economista americano Jay Ritter, diversas vezes atualizado, sobre IPOs nos Estados Unidos. Os números de Ritter também mostram que um investidor fanático por IPOs não consegue bater o S&P 500.

Além do furor dos IPOs, no *bull market* a valorização também chega aos imóveis. Pessoas compram imóveis, e em seis meses eles já estão valendo muito mais. Parece que não há limite de valor para apartamentos em bairros nobres. Assim como nos lucros empresariais, o valor das propriedades se descola do preço dos aluguéis.

No caso de nações periféricas, como o Brasil, até o câmbio é afetado. O *bull market* atrai investidores estrangeiros que não querem perder a festa. Para investir aqui, eles precisam trocar seus dólares por reais. Como o fluxo é grande, o real se valoriza. Quando você percebe, jantar em Nova York parece mais barato do que em São Paulo, como aconteceu no fim dos anos 2000, porque o câmbio nos favorecia. Isso é no mínimo curioso — afinal, continuamos sendo um país menos rico do que os Estados Unidos — e não dura para sempre.

CEOs são declarados gênios. Gestores de fundos, então, se sentem heróis, entregando rentabilidades de dois dígitos em meses. Subitamente, a inteligência média do mundo aumentou.

O que fazer nessa hora? Vender todas as ações? Não, porque você não sabe até quando o baile vai continuar. Mas pode gradualmente reduzir a sua exposição, diversificar, proteger-se um pouco mais — se estão todos eufóricos e otimistas, o preço dos seguros costuma estar mais atraente, porque a demanda por proteção está baixa. Pode ao menos parar de comprar. Talvez, com prudência, começar a comprar alguns ativos que se beneficiem de uma eventual queda do mercado ou preservem valor no tempo, como o ouro e moedas fortes em geral. Pode migrar pouco a pouco para uma carteira menos agressiva, mais defensiva, com mais renda fixa, por exemplo.

Com cautela, vamos aumentando as probabilidades para o nosso lado — e quanto mais tempo passa, maior a chance de sermos contemplados.

"Há um fenômeno muito poderoso que se chama regressão à média", diz Marks. O céu de brigadeiro não vai durar para sempre. Nunca durou. E então um belo dia a economia entra em crise, as empresas passam a reportar quedas nos lucros, os preços despencam, há medo no ar. Os indicadores P/L ficam muito baixos. Empresas mais vulneráveis aos ciclos econômicos (como construção civil e varejo, em oposição a alimentos ou bebidas) estão na lona, quase de graça. É hora de começar a comprar. Quando as probabilidades mudam, nós mudamos nossa posição. Como apontou George Soros em um discurso em 2019, há uma diferença de velocidade entre a fase de crescimento e a fase de desespero.

"Tipicamente, as bolhas têm uma forma assimétrica. O *boom* é longo e prolongado: lento para começar, ele se acelera gradualmente [...] A queda é curta e íngreme, porque é reforçada pela liquidação das posições que de repente se revelam malucas. A desilusão se torna pânico rapidamente [...] O comprimento e a força de cada estágio são imprevisíveis, mas a sua sequência é previsível."

Sofisticando um pouco o investimento baseado em ciclos, é possível acompanhar também os ciclos dentro dos setores — embora toda a economia esteja vulnerável ao ciclo econômico principal, as diferentes atividades têm em maior ou menor grau seus próprios subciclos. A construção civil é um exemplo clássico.

Quando George Soros vê um ciclo de crescimento à frente em um setor, ele adota a seguinte estratégia: compra a melhor ação e a pior ação daquele segmento. A líder de mercado com certeza vai se beneficiar da melhoria do seu nicho. Mas dificilmente apresentará uma multiplicação do capital. O Itaú não vai aumentar seu valor de mercado dez ou vinte vezes — o banco passaria a representar mais de 50% do Ibovespa... É o que se chama de "ação de rico" ou "ação de cardíaco": paga bons dividendos, mas não vai trazer grandes saltos ou emoções. Coisa para quem já está com a vida ganha. Já a pior ação do setor, que estava prestes a quebrar e não valia nada, vai passar a valer alguma coisa. Mas do nada para alguma coisa pode representar uma multiplicação de várias vezes no capital investido.

No fim, o que Soros está fazendo é potencializar seu ganho com os ciclos. Com a ação mais madura, captura a valorização "segura" atrelada à melhora daquele setor. Com a pior, se expõe radicalmente à convexidade: um negócio do qual ninguém espera nada e que terá vento a favor.

UMA APLICAÇÃO PRÁTICA

Em sua história, a Empiricus acumula alguns exemplos de como aproveitou movimentos de queda e de subida do mercado. Em 2014, criamos a peça "O Fim do Brasil", que apontava para um fim de ciclo. O modelo de crescimento que havia proporcionado ganhos extraordinários em renda variável desde o começo da década anterior tinha chegado à exaustão. Por isso recomendamos que nossos leitores saíssem da Bolsa e comprassem dólares.

Pode ter sido apenas sorte, claro — sempre pode. Mas havia uma fundamentação naquela prescrição. O cenário claramente se encaminhava para a tragédia. Eram erros óbvios.

Desde 2006, quando o à época ministro Antonio Palocci saiu do governo, em um movimento acompanhado pelos então secretários Marcos Lisboa, Murilo Portugal e Joaquim Levy, a política econômica brasileira havia mudado, apontando para contornos autodenominados neokeynesianos.

Keynes e seus sucessores não defenderam que o Estado fortalecesse a economia por meio de ferramentas como o estímulo ao consumo das famílias ou o gasto direto do governo de modo contínuo ou eterno. Pelo contrário, o papel do Estado seria anticíclico: aceleração dos estímulos quando a economia estivesse com alto desemprego e grande capacidade ociosa, redução na situação oposta.

Em 2014, após anos de expansão da economia, o país tinha pleno emprego e baixa capacidade ociosa. Ainda assim, o governo Dilma decidiu criar irresponsáveis estímulos à demanda agregada, ou seja, ao consumo das famílias, ao investimento das empresas e aos gastos do governo. Foi, portanto, um estímulo pró-cíclico, em vez de anticíclico, ao induzir a demanda quando a oferta já estava no limite. O governo queria uma expansão eterna, forçada, a qualquer custo, até por necessidade eleitoral.

Essa necessidade de expansão resultou no afrouxamento da política monetária (baixando os juros na marra, com um Banco Central subserviente ao Planalto) e da fiscal (ampliando rapidamente os gastos do governo). Isso fica mais explícito a partir de 2011, embora já tivesse começado antes. Era a fatídica Nova Matriz Econômica.

Como era fácil de prever, houve um problema de oferta. Não havia desempregados a serem contratados nem linhas de produção a serem ocupadas. Se você força um aumento na demanda de qualquer produto e mantém a oferta fixa, enfrentará, cedo ou tarde, duas consequências: o incremento de preços ou a expansão das importações. Bingo. O que vale para um produto específico também se aplica à macroeconomia. E foi exatamente o que aconteceu: inflação de dois dígitos e déficit em conta corrente de 5% do PIB. Havíamos atingido o limite da capacidade. O ciclo estava esgotado. Precisávamos reiniciar o sistema. Estávamos fadados a um ajuste vigoroso.

O governo insistiu no modelo mesmo quando a demanda agregada superava a oferta agregada. Era a morte daquele Brasil, cuja certidão de nascimento datava de 1994, com a estabilidade monetária criada pelo Plano Real. Foram apenas 20 anos, mas bem vividos: o tripé macroeconômico de Armínio Fraga, a melhora da governança nas estatais, as agências reguladoras como agentes autônomos, o compromisso com a evolução regulatória em âmbito microeconômico. Tudo por água abaixo.

A catálise para a recomendação enfática e insistente para se comprar dólares e vender Bolsa brasileira em junho e julho de 2014 veio dessa rica união pragmática e filosófica entre a noção dos ciclos econômicos e a proposta de convexidade, assimetria e antifragilidade.

No que se refere aos ciclos, autores como Howard Marks, George Soros e Ray Dalio olhariam para o Brasil de 2014 e diriam: fim da expansão, hora de se preparar para um ajuste. Já Nassim Taleb diria que se o ciclo foi longe demais e bateu no limite, agora há pouco espaço para subidas adicionais. O ciclo fez com que as ações brasileiras deixassem de ser convexas naquele momento: elas passaram a ter pouco potencial de alta e muito potencial de queda. O que se apresentava como convexo em 2014? O dólar, que podia dar um salto, mas dificilmente cairia muito no cenário que se desenhava.

Foi esse o raciocínio que fizemos. Ficamos bem pessimistas com o Brasil. Se foi aleatoriedade ou competência, jamais saberemos. Mas funcionou.

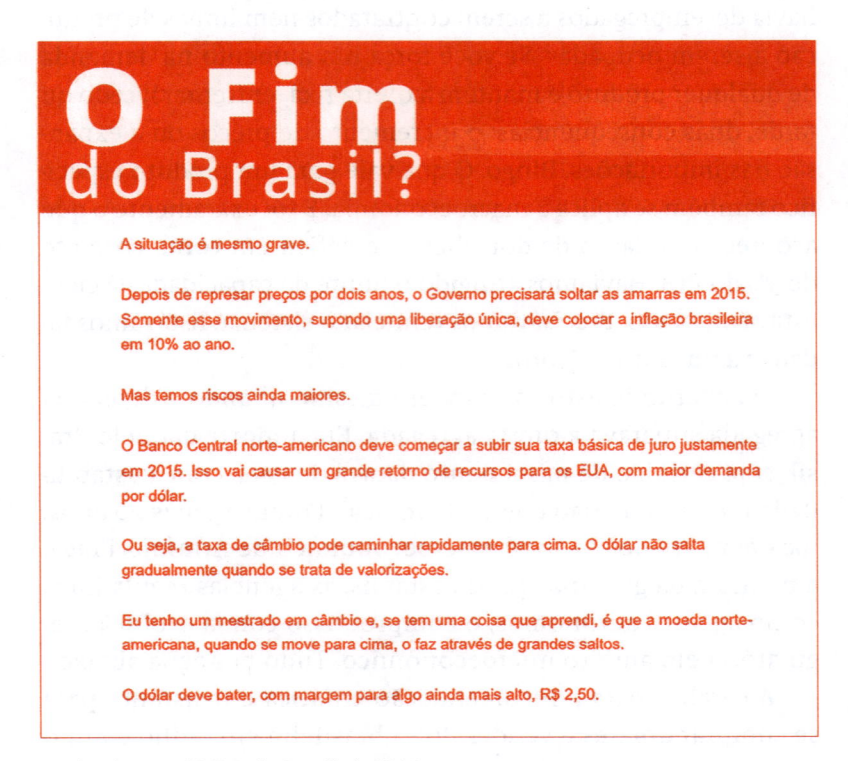

> # O Fim do Brasil?
>
> A situação é mesmo grave.
>
> Depois de represar preços por dois anos, o Governo precisará soltar as amarras em 2015. Somente esse movimento, supondo uma liberação única, deve colocar a inflação brasileira em 10% ao ano.
>
> Mas temos riscos ainda maiores.
>
> O Banco Central norte-americano deve começar a subir sua taxa básica de juro justamente em 2015. Isso vai causar um grande retorno de recursos para os EUA, com maior demanda por dólar.
>
> Ou seja, a taxa de câmbio pode caminhar rapidamente para cima. O dólar não salta gradualmente quando se trata de valorizações.
>
> Eu tenho um mestrado em câmbio e, se tem uma coisa que aprendi, é que a moeda norte-americana, quando se move para cima, o faz através de grandes saltos.
>
> O dólar deve bater, com margem para algo ainda mais alto, R$ 2,50.

Trecho da peça "O Fim do Brasil", de 2014.

E é então que vem a parte mais legal. Se estivemos entre os primeiros a apontar que o cenário era muito ruim em 2014, no ano seguinte o país inteiro já tinha entrado em clima de pessimismo. E então adotamos novamente uma posição do contra.

O Ibovespa havia atingido a marca de 40 mil pontos. Empresas extraordinárias estavam sendo negociadas como se fossem lixo. Os lucros das empresas do MSCI BR (uma das referências para analisar as grandes companhias locais) acumulavam queda de 70%, equivalente ao ocorrido nos Estados Unidos na época da crise de 1929. As taxas de lucros das empresas estavam em cerca de 30% da média histórica. Era a maior recessão da história republicana brasileira, com uma queda da renda per capita equivalente a períodos de guerra.

As coisas poderiam ficar piores, claro. Sempre podem. Mas o espaço para cair já era muito menor do que para subir. Se em 2014 apontamos que nenhum ciclo positivo duraria para sempre, em 2015 relembramos a quem nos segue que ciclos negativos também não são eternos.

Novamente, unimos a ideia dos ciclos econômicos com a assimetria convidativa. Desta vez, para sugerir aos leitores que era a hora de voltar às ações. Mas isso não era consenso na época. No fim de 2015, ninguém via saída para a crise. Muitos argumentavam que o Brasil caminhava para uma situação de caos econômico ao estilo da Argentina ou mesmo da Venezuela. Nós, entretanto, afirmávamos que o Brasil, por razões históricas, antropológicas ou até mesmo econômicas, não tem vocação para a explosão, grandes rupturas, para o desastre total, tampouco para a glória eterna. Somos macunaímicos — complacentes, medíocres no sentido da regressão à média, para o bem e para o mal. O que não significa que não devamos manter os olhos abertos; ainda estamos na América Latina. Por outro lado, tampouco há aqui esperanças de nós de repente acharmos um caminho para virarmos a Suíça.

Da perspectiva estritamente econômica também estamos longe das esquisitices, explosões e revoluções malucas dos nossos vizinhos. De forma geral, os governos no Brasil sempre honraram com os compromissos financeiros e não deram calote, algo mais comum nos outros países do continente e muito destruidor para qualquer país a médio e longo prazo. Nossa dívida é na nossa moeda, ao contrário da de nossos vizinhos. Quem tem dívida em moeda própria sempre pode gozar da prerrogativa de imprimir moeda para pagá-la. Além disso, importa também quem é o credor do governo. Em outros países, boa parte da dívida está nas mãos de estrangeiros. No Brasil, o credor é majoritariamente local. É muito mais difícil dar calote no sujeito que você vai encontrar na rua e, em termos mais pragmáticos, que pode não votar em você na próxima eleição.

O Brasil é um cercadinho. Quando as coisas ficam muito ruins, evitamos a explosão. Quando começamos a tomar jeito, a coisa sobe à cabeça e estragamos tudo. Temos, ainda, desde 1988, uma Constituição rica em direitos, portanto gastos, e econômica em deveres. O governo brasileiro é atado por despesas obrigatórias: dispêndios carimbados de largada, sem qualquer flexibilidade, engessados e em trajetória ascendente.* Na média, damos nossos voos de galinha: nada muito empolgante, mas também nada tão catastrófico que não se possa reverter.

Em 2015, achávamos que o país regrediria a essa média. Depois da destruição generalizada causada pela Nova Matriz Econômica, havia enorme folga de oferta, com ampla ociosidade a ser ocupada. Para baixo, não havia mais tanto espaço para deterioração adicional. Era a iminência do fim do ciclo negativo, para o começo de um momento mais favorável. Convexidade e ciclos econômicos juntos mais uma vez.

> **O Brasil é um cercadinho. Quando as coisas ficam muito ruins, evitamos a explosão. Quando começamos a tomar jeito, a coisa sobe à cabeça e estragamos tudo.**

---

* Há também um problema com nossos economistas. O fato de emendarmos uma crise macro atrás da outra impediu o desenvolvimento de economistas com abordagem micro, porque estávamos todos ocupados com questões mais emergenciais. Ocorre que o macro pode ser condição necessária para o crescimento, mas não é suficiente para algo mais duradouro, de longo prazo. Além disso, também tivemos, por circunstâncias históricas, uma maior proliferação de economistas focados no lado da demanda agregada, sem grande observação pelo *supply side*. Então, sempre que batemos no limite da oferta, encontramos dificuldade para crescer.

Era a hora de virar a mão.

> ## A hora chegou
>
> ## A oportunidade de uma vida
>
> Após 24 meses PROTEGENDO o patrimônio dos meus leitores, mudo o foco: da proteção para a MULTIPLICAÇÃO.
>
> A seguir, apresento-lhe alguns dos motivos que me levaram a esta virada de mão.
>
> **O MOMENTO É IDEAL**
>
> Uma regra simples dita os meus investimentos: seja medroso quando os outros são gananciosos e seja ganancioso quando os outros estão com medo. E, certamente, o medo está generalizado agora.
>
> Os investidores têm o direito de serem cautelosos com entidades altamente endividadas ou com negócios em posições competitivas fracas. Mas os temores em relação à prosperidade a longo prazo de muitas empresas do País não fazem sentido. Essas empresas vão realmente sofrer grandes soluços, como sempre fizeram. Mas a maioria das grandes empresas estabelecerá novos recordes de lucros de 5, 10 e 20 anos a partir de agora.

Trecho da peça "Virada de Mão", de setembro de 2015.

O que previmos aconteceu. Veio o famoso áudio do "Bessias", o governo acabou caindo, mudamos drasticamente a orientação de política econômica, e o resto é história. Quem nos seguiu nesses dois movimentos e esteve conosco desde então multiplicou seu patrimônio por seis.

CICLOS E POLÍTICA

As emoções trazidas ao investidor pelas ideias econômicas desastradas do governo Dilma, pelo Joesley Day no governo Temer, pela Lava Jato transversalmente e pela instabilidade do governo Bolsonaro, cujo sucesso ou fracasso ainda não está claro enquanto este livro é redigido, nos levam a uma questão importante sobre ciclos.

Investidores gostam de estabilidade. Países em desenvolvimento, especialmente os da América Latina, tendem a ser mais instáveis, dados a governos populistas, negociatas e avacalhações diversas. (Não há, no momento, nenhum ex-presidente canadense com passagem pela cadeia por corrupção nem com filho metido em esquema de "rachadinha".) Isso sem falar nas invencionices econômicas, como a mencionada Nova Matriz Econômica de Dilma. Isso faz com que, entre nós, a política tenha grande efeito sobre os ciclos e, portanto, sobre o mercado. Em nações com instituições de Estado (não de governo) mais fortes, a política é mais previsível e afeta menos a economia, os lucros empresariais ou a psicologia do mercado.

Então, gostando ou não de política, e independentemente de suas preferências individuais — preocupe-se, neste caso, com a preferência do consenso de mercado —, precisamos também considerar a oscilação pendular do ciclo político, que historicamente alterna direita mais liberal e esquerda intervencionista.

Entre nós, a mera perspectiva de um governo hostil à liberdade econômica ou gastador assumir o poder já basta para devastar os mercados. Você terá de investir com um olho nas empresas e outro na última pesquisa Datafolha ou Ibope.

Repare, porém, que o mercado não é personalista. Em termos objetivos, o primeiro mandato de Lula não é muito diferente do governo FHC, assim como a gestão de Jair Bolsonaro — para os fins pragmáticos deste livro — pode ser entendida como uma extensão do governo Temer. Trata-se rigorosamente do mesmo ciclo de mercado.

Em 2015, argumentamos que o momento da esquerda intervencionista no poder estava chegando ao fim. Não sabíamos o que aconteceria, ninguém sabia. Mas estávamos certos de que o pêndulo mudaria em direção ao espectro da direita liberal, com consequências inequívocas sobre o ciclo de mercado.

Essa é a diferença entre tentar antever o futuro (o que vai ocorrer de fato nunca ninguém sabe) e focar na assimetria e na possibilidade de ganhar dinheiro. De novo, você não precisa estar certo, você tem que ganhar dinheiro.

Como diria Marks, essas duas situações aqui descritas, de 2014 e 2015, foram momentos extremos do mercado, em que foi possível enxergar que tudo estava preparado para que houvesse uma grande virada no ciclo econômico, ainda não captada pelos outros investidores. Mas e se o investidor não tiver clareza sobre em que fase do ciclo estamos? Na maior parte do tempo, afinal, as situações não são tão extremas. O meio de um ciclo pode ser bastante longo.

Se não tiver certeza, simplesmente espere. "A não ser que a situação seja chamativa, ficar mudando de posição não faz sentido. Investidores precisam ser pacientes. Se você ficar negociando toda hora, vai ser um desastre. Muitas vezes você vai colocar seu dinheiro em um ativo e deixá-lo lá por dez anos", diz Marks.

Para aproveitar os ciclos da Bolsa, porém, você não pode ter uma carteira muito concentrada em ações. Se tiver 100% do seu dinheiro alocado em renda variável, como vai comprar mais papéis quando o mercado ficar barato e a oportunidade se apresentar?

O investidor prudente não vai com tudo. Ele mantém parte muito significativa do seu dinheiro em ativos de baixo risco à espera de uma oportunidade de aumentar incrementalmente sua exposição à Bolsa. Na sua carteira há muito mais que ações.

O que nos leva ao próximo capítulo.

9
EM BUSCA DA CARTEIRA PERFEITA

Até aqui falamos da multiplicação de ativos, da importância de diversificar seus investimentos e do perigo que é se concentrar em poucas ações. Concentrar é presumir que sabemos muito e por isso podemos apostar muito em poucas empresas — e isso é se expor à ruína caso a empresa quebre ou ocorra algum evento que afunde com todo o mercado.

Vamos neste capítulo avançar para um segundo nível de diversificação. Você não quer estar apenas protegido contra o risco de uma empresa específica quebrar, mas também contra alguma circunstância em que o mercado inteiro afunde.

Na pandemia da Covid-19, fundos de ações brasileiros (por definição, concentrados apenas nessa classe de ativos) tiveram perdas de até 70% do seu valor. O Ibovespa chegou a negociar em março quase 50% abaixo do pico, mas vários gestores tinham papéis que perderam mais do que a média.*

Ninguém esperava uma pandemia global. Alguns sabichões vão dizer que era algo inevitável; mas uma previsão sem data, por mais séria que seja, não é muito útil. Você não nos pagaria, por exemplo, para lhe dizer que vai morrer um dia.

---

* É o chamado beta alto: ações que tendem a subir mais do que o Ibovespa na alta, mas também cair mais na baixa.

Ver 70% do seu dinheiro evaporar tão rapidamente é um trauma para a vida toda, por mais zen, convicto ou frio que você seja. Não há tranquilidade que aguente, mesmo que as cotações voltem a subir. Até porque, lembre-se, em termos matemáticos a volta é maior do que a queda: uma perda de 70% implica a necessidade de uma valorização de 233% só para voltarmos ao patamar anterior, zerando o jogo. De modo que ter uma exposição *full* a ações, com alocação de 100% do seu patrimônio nesse segmento, é sujeitar-se a um risco excessivo, quase masoquista.

Ações são um ativo com potencial extraordinário, e é por isso que somos tão entusiasmados pelo tema, mas elas também sofrem grandes quedas, às vezes todas ao mesmo tempo. O famoso longo prazo pode demorar mais do que você imagina para chegar. Como diz Warren Buffett, você só deveria aplicar em ações aquele dinheiro que não lhe fará falta ou causará desespero caso você perca metade. E como as tolerâncias ao risco são diferentes, ninguém pode lhe dizer qual a porcentagem perfeita do seu patrimônio a ser aplicada em ações. Essa é uma decisão pessoal.

Na nossa opinião, uma carteira com 40% de ações é bastante agressiva e arriscada; acima de 50% exigiria extrema convicção de que os preços de compra estão grotescamente baixos, inacreditáveis, num *low* centenário. De 60% em diante beira a irresponsabilidade.

Há quem tenha, porém, defendido que era possível determinar matematicamente uma quantidade ótima de alocação de um portfólio de investimentos não só em ações, mas também em outros ativos. Um dos mais famosos a defender essa visão é Harry Markowitz. Prêmio Nobel de Economia, ele criou a Fronteira Eficiente de Markowitz. A ideia central é a que você já conhece: diversificação reduz risco, não coloque todos os ovos na mesma cesta. Mas não se ganha um Nobel apenas repetindo isso, de modo que ele tornou o argumento mais complexo.

O ponto de Markowitz é que há ativos correlacionados negativamente. Historicamente, por exemplo, o ouro e a Bolsa têm comportamentos opostos. Na euforia, os investidores compram ações e esquecem o ouro. No desespero, correm para o porto seguro do metal, que se valoriza, e as ações despencam. Logo, ter ações e ouro no seu portfólio reduz o seu risco: em uma quebra da Bolsa, com perda de 50% do valor investido, a valorização do ouro compensaria ao menos em parte o prejuízo.

Outro exemplo: a Bolsa brasileira tem correlação negativa com o dólar. Quando o Brasil vai bem e as ações aumentam de preço, o real se valoriza. Quando vai mal e a Bolsa despenca, o dólar sobe.* Como vimos no primeiro semestre de 2020, o dólar dispara quando a Bolsa cai.

Seria desse modo possível calcular o portfólio perfeito a partir dos dados históricos de risco e rentabilidade de diversas classes de ativos, incluindo aí renda fixa e fundos imobiliários, por exemplo. O portfólio ótimo seria aquele com o maior retorno esperado para um determinado nível de risco; ou, analogamente, com o menor risco possível para um dado retorno esperado. Em outras palavras: suponha que você deseja um retorno de 10% ao ano com o menor risco possível. Um algoritmo lhe entregaria uma carteira perfeita em que ativos com correlações negativas serviriam de contrapeso uns aos outros: se houvesse uma queda abrupta das ações, você teria a quantidade precisa necessária de ouro e dólar para salvá-lo, por exemplo. Mas não é tão simples assim. O problema é que essa conta presume que o futuro vá replicar o passado, uma vez que todas as contas partem de dados históricos. Esse é um problema já

---

* Pense que um dos motivos que fazem a Bolsa se valorizar é o investimento estrangeiro, o que implica que esses investidores precisam trazer seus dólares e trocar por real, criando assim demanda por ele e valorizando-o. Quando o pessimismo se instala e os gringos vão embora, na mão contrária, eles vendem reais para trocar por dólares, desvalorizando nossa moeda ante a americana. Claro que não é só isso que define o câmbio: nos anos 2000, o forte movimento de exportações de commodities, por exemplo, fez o real se valorizar, mas veja que isso também está atrelado ao aumento do PIB, ao otimismo e à valorização da Bolsa.

amplamente discutido neste livro. Na frase de um ex-executivo da GE, "nenhuma sofisticação pode driblar o fato de que todo o seu conhecimento se refere ao passado, enquanto todas as suas decisões são sobre o futuro".

Os dados de rentabilidades e covariâncias dos ativos que alimentam o modelo de Markowitz podem simplesmente não se repetir. Veja o caso do ouro e das ações americanas. De 2014 até 2020, o preço de ambos se manteve em trajetória de alta, mesmo com a teoria dizendo que eles caminham em direções diferentes. Em 2019, a Bolsa brasileira subiu de 90 mil para 117 mil pontos, enquanto o dólar... também subiu, de R$ 3,72 para R$ 4,05.

É bem verdade que o próprio Markowitz admitiu no seu artigo sobre o tema que calcular o portfólio perfeito é uma redução da realidade. Ele trabalhou com a premissa de que as rentabilidades, as volatilidades e as correlações são conhecidas, mas ele mesmo diz que não são. Seu trabalho era um exercício matemático. Markowitz não era, nem achava que era, um Moisés chegando a Wall Street com a lei de Deus. Embora o mercado o tenha recebido assim.

Além disso, a premissa de Markowitz é que um ativo com alta volatilidade, cuja cotação oscila bastante, é um ativo arriscado. Se os retornos forem iguais, opte sempre pelo fundo de menor volatilidade. Será mesmo certo? A ideia só faria sentido se fosse possível garantir que o passado vai se repetir e que ativos que até agora não deram problema nunca darão, o que obviamente é falso.

Veja o caso da usina nuclear de Fukushima, no Japão. Ela foi projetada para aguentar o maior maremoto que já havia sido registrado. Veio outro ainda maior.

Na área de investimentos, um exemplo disso é o mercado de crédito privado. Do ponto de vista dos indicadores de volatilidade, ele parece muito estável: empresta-se dinheiro para empresas, e elas pagam religiosamente, com uma inadimplência controlada. Trata-se de renda fixa, afinal. Enquanto a música está tocando, todo mundo está feliz. Até que vem uma crise qualquer, os devedores não conseguem cumprir com suas obrigações, e a gente descobre que não está escrito em nenhum lugar que o céu azul no começo da estrada garante que não haverá tempestades mais adiante.*

A volatilidade baixa mostra a habilidade do gestor para lidar com os riscos recorrentes, rotineiros, conhecidos. Mas o que nos mata são os riscos desconhecidos e extremos, como na analogia do peru de Natal citada no capítulo 4: uma vida de baixíssima volatilidade ao longo de meses de engorda é interrompida abruptamente pela imprevisível faca do dono da fazenda.

Outros métodos de quantificação do risco de uma carteira (um famoso é o *value at risk*) sofrem do mesmo problema. Nas palavras de Taleb, "os métodos que usamos atualmente para medir essas probabilidades de cauda são falhos". Para entender o que é uma probabilidade de cauda, imagine um gráfico em que você distribua diferentes eventos conforme a frequência com que ocorrem.

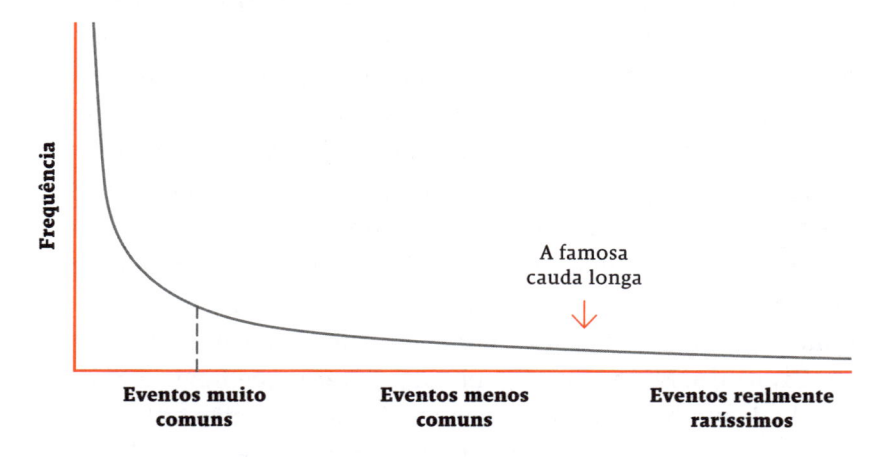

[Gráfico: curva de frequência decrescente mostrando "A famosa cauda longa", com eixo vertical "Frequência" e eixo horizontal com categorias "Eventos muito comuns", "Eventos menos comuns", "Eventos realmente raríssimos"]

---

* Fundos de crédito privado podem ter emissões longas, mas os prazos de resgate muitas vezes são curtos: uma corrida para sacar os investimentos pode fazer os fundos, necessitados de liquidez, terem de passar adiante seus títulos por valores baixos, trazendo perdas. Algo como isso aconteceu no mercado brasileiro de debêntures incentivadas no fim de 2019. O fato de a renda variável variar não a faz menos rentável no longo prazo do que alternativas ditas mais seguras, como títulos públicos pós-fixados. Muito pelo contrário, como já discutido.

De modo que poderíamos fazer um gráfico com todas as desgraças da vida cotidiana de um cidadão médio:

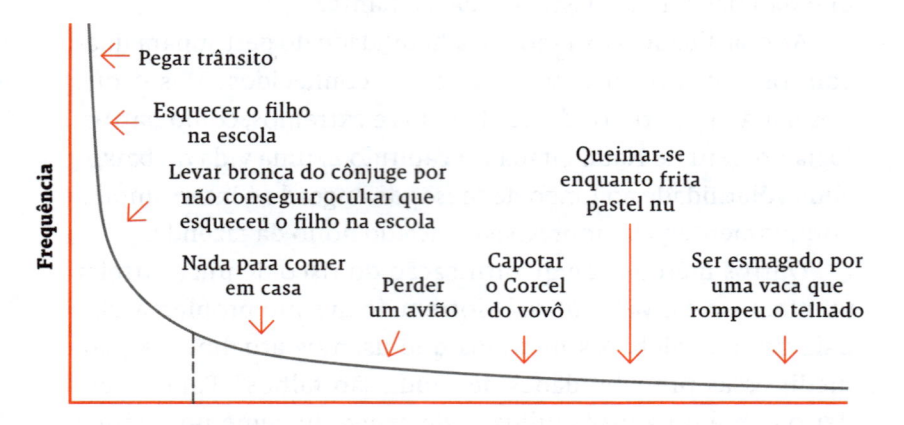

```
Frequência
  ← Pegar trânsito
  ← Esquecer o filho
     na escola
  ↙ Levar bronca do cônjuge por
     não conseguir ocultar que
     esqueceu o filho na escola
     Nada para comer        Capotar            Ser esmagado por
     em casa      Perder    o Corcel   Queimar-se  uma vaca que
        ↓        um avião  do vovô   enquanto frita  rompeu o telhado
                    ↓         ↓      pastel nu        ↓
                                        ↓
```

Veja que, para os itens mais comuns, é muito fácil estabelecer probabilidades. Sabemos mais ou menos quanto trânsito vamos encarar até o trabalho, já que isso é diário. Conseguimos nos planejar para tentar lidar com ele: caminhos alternativos, por exemplo, ou ao menos alguma distração, como um podcast ou um programa de rádio favorito. Se por algum motivo estamos saindo de casa depois do horário usual, podemos avisar que estamos atrasados para quem nos espera. O trânsito é um risco conhecido e, portanto, administrável.

Ser morto por uma vaca que cai do céu, por outro lado, é um evento raríssimo, embora possível: assim como no ótimo filme argentino *Um Conto Chinês*, ocorreu com um homem em Caratinga, Minas Gerais, em 2013. (A vaca, que havia escorregado de um barranco até o telhado de amianto, não se feriu.)

Por ser fatal, o caso da vaca é muito pior que o do trânsito. Mas ele traz um problema adicional: não há como atribuir probabilidades de que aconteça. Quem poderia dizer que há uma vaca prestes a arrebentar o telhado? A vaca é um legítimo cisne negro, com o perdão da confusão animal.

Com os mercados ocorre o mesmo. Há muitos eventos raros e destrutivos que não há Markowitz que dê conta. Ninguém achou uma forma de colocá-los nos modelos ainda, uma vez que os dados históricos são por definição inúteis para aquilo que é muito atípico. Mas o atípico acontece: vacas desabam, terroristas atuam, pandemias globais surgem do nada — e o pior: são eles que normalmente definem o curso das coisas, carregam alto impacto. Os eventos improváveis podem ser muitos e são determinantes.

De modo geral, como mostramos no capítulo anterior, é muito importante conhecer a história dos mercados, porque ela nos ensina que euforias e depressões se repetem. Podemos aprender a partir do seu estudo a lidar melhor com esses momentos. O conhecimento da história, porém, tem suas limitações. Howard Marks disse exatamente isso sobre o coronavírus, ainda no auge da pandemia: em situações muito excepcionais, raríssimas, a história é inútil em nos ensinar o que fazer. Riscos de cauda são o demônio.

Agindo como se não existissem tais cisnes negros, você pode e provavelmente vai ganhar dinheiro por bastante tempo. Vai ficar se achando o máximo. Até que, em determinado momento, do nada, vai perder tudo.

> A indústria financeira está completamente subvertida. Fundos são remunerados por performance na alta, enriquecendo gestores, mas esses valores não são devolvidos na baixa. Bancos com incentivos mal alinhados levam seus executivos a extraírem grandes bônus no curto prazo, mas acabam deixando o preço do colapso final para os acionistas, e às vezes para a sociedade inteira, por meio de resgates do governo, como aconteceu em 2008 nos Estados Unidos.
> Compreende-se que seja assim: quem está operando com o dinheiro dos outros sempre será mais desleixado, especialmente se puder abandonar o barco antes de ele virar. Não é algo, entretanto, que você possa fazer com seu próprio dinheiro.

Como você vai, então, calcular o risco de modo a considerar os cisnes negros? Se volatilidade não serve como indicador, o que poderia servir?

Acreditamos que seja impossível medir risco com precisão. Em situações em que se sabe tudo que pode acontecer, é possível medir os riscos. Um computador pode calcular todos os movimentos possíveis de um jogo de xadrez. Mas é impossível saber tudo que pode acontecer no mercado, no mundo ou mesmo com um determinado investimento — e muito menos atribuir probabilidades confiáveis a cada uma dessas coisas. Jogos são ambientes esterilizados, com um tipo de incerteza e probabilidade conhecidas. O mundo real é muito mais complexo.

Suponha que você compre ações da Vale. Qual é a probabilidade de o preço do minério de ferro subir mais de 50% nos próximos anos? (Se alguém soubesse com certeza, já estaria rico operando contratos futuros de ferro.) Qual é a chance de uma barragem da empresa se romper? (Deveria ser zero, supostamente...) O que pode acontecer com a economia da China, que consome mais de 70% do ferro do mundo? Qual vai ser a relação do próximo presidente do Brasil com o setor de mineração? Poderíamos ficar listando no restante do livro perguntas impossíveis de responder com precisão — e, pior, há cenários que nem passam pela nossa cabeça, e em geral são esses os mais desastrosos.

Gostamos muito da *não definição* de volatilidade criada pelos gestores do fundo **Artemis**, nos Estados Unidos:

"A volatilidade é um conceito amplamente mal compreendido. Volatilidade não é medo, não é o índice VIX.* Não é uma estatística, um desvio-padrão ou qualquer outro número derivado de uma fórmula abstrata. Não há diferença entre a volatilidade dos mercados e a da vida. Independentemente de como é medida, a volatilidade reflete a diferença entre o mundo como o imaginamos e o mundo que realmente existe. Só prosperaremos se procurarmos incansavelmente nada além da verdade. Caso contrário, a verdade nos encontrará pela volatilidade."

---

* O VIX é um índice de volatilidade calculado a partir das opções do S&P 500.

A atitude racional é se preparar para uma grande variedade de cenários de risco possíveis. Já que não o conhecemos, tentaremos estar armados para qualquer coisa que vier. A decisão deve ser tomada com base em uma grande variedade de cenários, tentando estar preparado para todos eles. Mas obviamente apenas um deles se materializa, de modo que na maior parte dos casos você vai estar posicionado para eventos que não ocorreram — em outras palavras, você vai errar, deliberadamente, porque errar é preciso.

VIVA A REDUNDÂNCIA

A gente então joga o Markowitz no lixo? Não, claro que não: vamos levar em conta as suas lições mais gerais. A primeira é sobre diversificação. Ela é o último almoço grátis disponível, nas palavras do próprio Markowitz. Ou o Santo Graal dos investimentos, na terminologia de Ray Dalio. A segunda envolve buscar ativos negativamente correlacionados.

Retornos maiores atrelados a ativos mais arriscados (o chamado prêmio de risco) estão por toda parte. Na média, títulos não protegidos contra a inflação pagam juros maiores do que os atrelados a ela, por exemplo. Da mesma forma, Bolsas de países em desenvolvimento oferecem *na média* uma rentabilidade maior, porque há mais chance de algum imprevisto.

A diversificação ajuda a capturar esses retornos sem que um desastre pelo caminho leve embora todo o nosso patrimônio. É o que fazem, por exemplo, os fundos chamados *smart beta,* que basicamente montam uma série de estratégias para se apropriar de diversos prêmios de risco. Mas, atenção: buscar ativos de risco com baixa correlação não é panaceia. As correlações podem simplesmente mudar — virando-se contra nós — justamente quando precisarmos delas.

De modo que aqui começamos a divergir de Markowitz: se você quiser uma carteira de baixo risco, o único caminho é ter boa parte do seu portfólio em ativos seguros, como títulos do governo. Não há atalho, não há milagre.

Dois dos nossos pensadores favoritos em finanças elaboraram carteiras teóricas que servem para nossas necessidades aqui. Taleb inventou a sua *barbell strategy*. *Barbell* é aquela barra de academia. Em uma ponta, você vai colocar muito dinheiro em pouco risco. Na outra, pouco dinheiro em muito risco. O peso em cada um dos lados vai depender do quanto você aguenta ver um investimento perdendo valor. Um investidor muito cauteloso vai ter 5% em ações, opções, criptomoedas ou qualquer outro ativo pouco seguro. Um ousado, como dissemos antes, pode ter uma fatia maior.

> Consideramos que você nunca deve expor seu patrimônio e sua família à ruína. O dinheiro que você acumulou na vida é o que separa um bom sono hoje e uma velhice tranquila amanhã de todo tipo de sofrimento: a submissão a empregos ruins, a humilhação de ter de pedir ajuda aos outros, o estresse trazido pela incerteza sobre o que vai acontecer. Se você é o responsável por uma família, como boa parte dos assinantes da Empiricus, lembre-se que tem compromissos com todos ao seu redor. Não brinque com isso. Não deixe que a ganância de ter um dinheiro de que você não precisa faça com que você acabe perdendo aquele com o qual sua família conta.

Outro investidor que pensou em uma alocação que equilibre oportunidade e segurança foi Ray Dalio. Ele criou o All Weather Portfolio, algo como Portfólio para qualquer tempo. Ou seja, uma carteira para qualquer cenário que encontrarmos, faça chuva ou faça sol. Claro que a teoria é mais fácil que a prática, e o próprio Ray Dalio passa por adversidades, de modo que uma expressão mais precisa talvez fosse Almost All Weather Portfolio, Portfólio para quase qualquer tempo. Mas essa é outra história.

Uma carteira ideal, usando a analogia de Dalio, seria uma na qual, se uma tempestade medonha nos esperar, teremos boa parte do nosso dinheiro alocado em ativos seguros e proteções. Se o caminho for de brisa ensolarada, nossos ativos de risco vão garantir a festa.

Dalio e Taleb estão partindo do pressuposto mais básico que norteia todo o pensamento descrito neste livro: em vez de tentar adivinhar o futuro, esteja preparado para qualquer surpresa. Adaptando suas carteiras à realidade brasileira, esta é uma alocação possível de ativos:

Baixo risco	
Títulos públicos	50%
Ouro e dólar	10%
Maior risco	
Ações	30%
Fundos imobiliários	10%

Claro que essas proporções não estão escritas em pedra e podem ser adaptadas ao momento. É possível elevar a participação de ouro e dólar quando o cenário é de grande incerteza, por exemplo, ou mesmo dar uma empurradinha para cima nas ações se elas estiverem muito baratas e houver uma grande oportunidade. O importante é você estar sempre com a carteira em busca de equilíbrio: um pouco de ambição, um pouco de medo. Além disso, tudo precisa estar alinhado ao seu perfil, sua tolerância ao risco, sua necessidade de liquidez e seu horizonte temporal.

Vamos falar um pouco de cada uma dessas posições, começando pelos títulos públicos.

Emprestar dinheiro para o governo é, ao menos em tese, uma das coisas mais seguras que você pode fazer, sobretudo se o governo em questão não tiver dívida em moeda estrangeira. Não porque governos sejam muito confiáveis, mas porque, se tudo der errado, eles simplesmente podem imprimir moeda, ao contrário de uma empresa da qual você seja credor. "Governo pode fazer gol de mão", como disse Luis Stuhlberger em 2019, em evento da XP Investimentos, em São Paulo.

> **Uma carteira ideal seria uma na qual, se uma tempestade medonha nos esperar, teremos boa parte do nosso dinheiro alocado em ativos seguros e proteções. Se o caminho for de brisa ensolarada, nossos ativos de risco vão garantir a festa.**

É fato que isso pode gerar inflação, mas tenha em mente que os títulos têm liquidez: você pode resgatá-los se perceber que há uma grande destruição de valor se aproximando. Além disso, é possível comprar títulos atrelados à inflação se essa for uma preocupação.*

Por muito tempo, o Brasil era muito generoso (porque precisava!) com aqueles que lhe emprestavam dinheiro: no fim dos anos 1990, o Tesouro chegou a pagar 45% ao ano. Isso criou no Brasil uma horda de *rentistas,* como ficaram conhecidos aqueles que enriqueceram ou viviam às custas dos juros do governo.

Infelizmente (para eles) ou felizmente (para o país), esse tempo acabou e, enquanto este livro é escrito, a taxa básica de juros é de 2%. O investimento em títulos públicos de vencimento curto passou então a servir mais como uma garantia de que o dinheiro não vai evaporar do que como uma oportunidade de virar magnata às custas do Tesouro. Não adianta ficar

---

*Para evitar atravancar a leitura do investidor já iniciado, não vamos entrar aqui em detalhes sobre as diferentes modalidades de títulos do Tesouro: pós-fixados, atrelados à inflação e pré-fixados. Mais detalhes sobre vantagens e desvantagens são facilmente encontradas na internet. Sobre a inflação, é importante notar que a incidência de IR sobre a valorização nominal pode prejudicar o investidor em situações de surtos inflacionários.

triste: é assim no mundo inteiro. Se você quiser ganhar mais dinheiro, precisará correr mais risco. Bem-vindo à realidade.

Mas talvez você ainda tenha alguma esperança e resolva procurar outras oportunidades em renda fixa. Os CDBs de bancos menores, por exemplo, chegam a pagar juros maiores que o governo, ou seja 120%, 130% do CDI, no momento em que escrevemos este livro. Ou talvez você se interesse por debêntures (ou seja, títulos de dívida privada) e fundos de crédito privado.

> Até o limite da garantia do Fundo Garantidor de Crédito (enquanto este livro é escrito, R$ 250 mil por CPF por banco), tudo bem você querer caçar um pouquinho mais de retorno emprestando para um banco menor. Acima disso, melhor evitar. Sempre procure pouco risco e muito retorno, jamais muito risco para ganhar uns trocadinhos a mais.

A maior parte dos produtos de renda fixa desses bancos, porém, não têm liquidez: você vai precisar esperar o vencimento. Os que oferecem liquidez diária dificilmente terão retornos muito acima de 110% da remuneração dos títulos públicos, se tanto, ou seja, 110% do CDI.

Considerando uma Selic de 2%, estamos falando de 0,2 pontos percentuais de rentabilidade adicional ao ano. Se você investir R$ 100 mil, vai ganhar R$ 200 reais a mais por ano, sem contar o Imposto de Renda. Tudo bem, dinheiro é dinheiro, mas não vão ser esses duzentinhos que vão transformar você em um bilionário.

Tenha muito cuidado com debêntures e fundos de crédito privado. É muito difícil para um investidor individual fazer uma análise aprofundada sobre a capacidade de pagamento de empresas privadas no longo prazo. Pode ser difícil resistir às rentabilidades promissoras oferecidas em algumas emissões privadas, mas tenha em mente que uma empresa disposta a pagar juros muito acima do mercado é uma empresa que está tendo dificuldades para se financiar. Ela está com dificuldades para levantar dinheiro por aí e está agora pedindo o seu.

Um caso simbólico é o da Rodovias do Tietê. A empresa emitiu debêntures que pagavam IPCA + 8% em 2013 e que foram amplamente distribuídas para pessoas físicas por meio de plataformas de investimento. Na época, um título público atrelado à inflação pagava uns IPCA + 5%. As debêntures eram ainda isentas de Imposto de Renda, algo que sempre mexe com o coração da gente — às vezes o prazer de não dar dinheiro para o governo é maior do que o de ganhar para nós mesmos.

Todo mundo estava feliz. A empresa emitiu dívida pagando juros bem menores do que se tivesse arranjado empréstimos com bancos ou outras fontes de financiamento. As instituições financeiras que foram contratadas pela empresa para estruturar e distribuir a oferta ficaram com obscenos 6% do seu valor total já na largada. Os agentes autônomos das plataformas de investimento ganharam suas comissões passando aqueles títulos aos seus clientes. E os investidores, bom, tinham afinal o tão desejado ativo de baixíssima volatilidade.

Em 2019, a empresa, incapaz de pagar suas obrigações, pediu recuperação judicial. Cerca de 18 mil investidores individuais que compraram as debêntures passaram a enfrentar a perspectiva de perder quase todo o dinheiro. Uma importante plataforma de investimentos chegou a marcar os títulos a zero, ou seja, como sem valor algum. Até o momento em que este livro era escrito, o caso ainda estava em aberto.

Não vale a pena se submeter a tudo isso para ganhar 3 pontos percentuais de rentabilidade extra (ou um pouco mais, com a isenção de IR) ao ano. Se quiser mesmo assim, é melhor destinar apenas uma fatia pequena de seu portfólio. O prêmio de risco de crédito no Brasil não costuma compensar. Deixe o grosso do risco para a renda variável. A fatia segura da sua carteira precisa ser... segura.

Ainda no campo do baixo risco, vamos ao **dólar** e ao **ouro**, este queridinho de Dalio.

O ouro é um ativo antiquíssimo. Moedas de ouro existem desde o século VI a.C. Os católicos vão lembrar que, segundo a Bíblia, o ouro foi um dos presentes que os três reis magos levaram para Jesus — certamente um bem mais valioso que o incenso ou a mirra. O ouro sempre foi valioso porque, entre outras coisas, é escasso. Há uma quantidade limitada de ouro no mundo, e extraí-lo envolve custos.

Até 1971, os Estados Unidos garantiam a conversão da sua moeda pelo metal: 35 dólares valiam uma *onça troy* (31,1 g) de ouro. Isso foi abandonado, na prática dando liberdade para o banco central americano imprimir quanto dinheiro quisesse. A maior quantidade de dólares (ou de qualquer outra moeda) em circulação implica a sua desvalorização ao longo do tempo. Se a disponibilidade de moeda aumenta, mas a de ouro é relativamente fixa, ele fica mais valioso com o tempo. No exemplo mais simples possível, se há no mundo apenas uma unidade monetária e uma barra de ouro, troca-se uma pela outra na razão unitária. Agora, se dobrarmos a quantidade de moeda e mantivermos a de ouro, usaremos duas moedas para comprar o mesmo ouro. Ter o metal é, assim, uma forma de se proteger contra a inflação. Na cotação de maio de 2020, uma *onça troy* custava mais de US$ 1.700.*

Essa solidez não literal do ouro faz com que, quando o mundo desaba e os investidores ficam inseguros, todos corram para ele. Se há uma perda repentina de confiança na moeda, nas ações, até mesmo nos títulos do governo, o ouro é um ativo à prova de grandes destruições de valor.

> Na próxima crise, você vai agradecer pelo conselho: compre um pouco de ouro. Há muitas formas de fazê-lo hoje em dia, e nenhuma das mais recomendáveis envolve interagir com homens segurando placas na praça da Sé. Para o investidor individual, fundos de ouro são o caminho mais fácil e estão disponíveis em várias plataformas de investimento.

---

* O dólar perdeu muito valor nominal nessas cinco décadas. No começo dos anos 1970, um delicioso fettuccine alfredo custava US$ 0,65 em um restaurante de Nova York, segundo os arquivos da New York Public Library. Hoje, um prato idêntico vai custar ao menos uns US$ 15, provavelmente bem mais. Mas não é que você pudesse ter pedido para fazerem uma marmita e guardado como investimento.

Para os brasileiros, o argumento da segurança também vale para o dólar. Quando o mundo desaba, os grandes investidores fogem dos ativos de risco ou exóticos. E sabe quem é exótico? Pois é, a gente: do ponto de vista do grande capital internacional, o Brasil é arriscadíssimo. (Não precisa ser nenhum prêmio Nobel da economia para ver que a bagunça institucional torna este país mais hostil ao investimento.) Nas crises, portanto, o dinheiro corre do mundo em desenvolvimento em direção aos mercados maduros, sobretudo os Estados Unidos.

Quando isso acontece, o dólar dispara, como 2020 nos mostrou muito claramente. A moeda americana, assim, tem uma correlação bastante negativa com as ações brasileiras e serve (ou ao menos serviu até hoje) como um airbag para os *crashes* da nossa Bolsa.

O real brasileiro é tipicamente uma moeda de "beta alto". Isso significa que tem muita sensibilidade às condições sistêmicas e macroeconômicas. Quando o mundo vai bem, nossa moeda paga muito bem. E quando vai mal, paga muito mal. Há um problema com essa característica. Quando as coisas vão mal, é justamente quando você mais está precisando de dinheiro. E, então, o real vai lhe render grandes prejuízos. Por isso, moedas (e ativos em geral) de "beta alto" costumam ser preteridos por investidores mais sagazes. O dólar também está disponível em fundos de várias plataformas.

Além disso, muito do nosso custo de vida é dolarizado. Das férias com a família no exterior ao iPhone, passando pelo sonho de ver a filha estudando numa faculdade americana. Se parte do seu custo de vida é em dólar e a moeda americana dispara, você perdeu poder de consumo e, portanto, ficou mais pobre. Se 10% dos seus gastos estão atrelados ao dólar, então você precisa ter pelo menos 10% dos seus investimentos nessa moeda, como proteção. Esse é um conceito que norteia a composição do chamado "portfólio de mínimo risco", em que tentamos casar ativos com passivos em moeda estrangeira. Sob essa ideia, o leitor mais atento talvez já tenha percebido o grande apelo dos títulos indexados à inflação, pois eles preservam o poder de compra ao longo do tempo.

Preciso mesmo ter ouro e dólar? Não posso me contentar com apenas um deles?

Se otimização não existe, conforme discutimos ao apontar os problemas em Markowitz, você deve procurar ter proteções em redundância. É preciso ter um pouco de paranoia; só os paranoicos sobrevivem, usando as palavras de Andrew S. Groove, ex-presidente da Intel. Pense no empresário que paga duas conexões de internet para a sua empresa. Na maior parte do tempo, ele está tendo um custo extra desnecessário, sendo ineficiente. Mas ele sabe que, se um dos acessos falhar, a empresa continuará operando. É mais barato pagar pela redundância do que perder dinheiro tendo de paralisar a operação.

A boa notícia é que, ao comprar fundos de ouro, você pode escolher se deseja também a exposição à variação do dólar. O ouro é uma commodity global, portanto cotado em dólares. Alguns fundos de ouro fazem *hedge* cambial, ou seja, limpam a variação da moeda americana da sua rentabilidade. Sugerimos que você compre fundos sem esse *hedge*, de modo a ganhar duplamente caso ouro e dólar disparem em uma situação de crise global.

Vamos agora à fatia de maior risco da sua carteira.

Comecemos pelos **fundos imobiliários**. Investidores individuais gostam muito de imóveis. Somos um país traumatizado pela hiperinflação, em que a moeda volta e meia virava pó. Além disso, até o fim do século passado, a Bolsa era um Velho Oeste no imaginário nacional, com nomes como Naji Nahas. Não havia muitas alternativas. Além disso, gerações que investiram em imóveis dos anos 1950 a 1980 capturaram o grande boom das cidades brasileiras, que multiplicaram de tamanho com a urbanização do país.

Como investimento, os imóveis, porém, têm alguns problemas. (Não estamos aqui para negar suas vantagens, que são amplamente conhecidas; queremos apontar uma opção potencialmente mais interessante no mesmo nicho.) O principal talvez seja a falta de liquidez. Às vezes um investidor simplesmente não consegue vender o imóvel. Além disso, os custos de transação são elevados, incluindo corretagem e impostos. Risco de vacância, com direito a IPTU e condomínio, reformas recorrentes, inquilinos excêntricos são algumas outras adversidades típicas.

Fundos imobiliários ajudam a resolver essas questões. Negociados em Bolsa, como se fossem uma ação, têm liquidez imediata. Não existe corretagem nem imposto de compra e venda se não houver ganho de capital. Por fim, seus rendimentos — que costumam ser mais ou menos estáveis — são isentos de Imposto de Renda para pessoa física, o que agrada os investidores individuais.

Os imóveis nas maiores cidades brasileiras ainda são bastante baratos em comparação com outras grandes cidades do mundo, como Nova York ou Londres. Claro que são realidades muito diferentes, mas no longo prazo existe espaço para apreciação. A disponibilidade de terrenos é limitada, e as próprias leis de zoneamento, às vezes excessivamente rigorosas, criam escassez. Não achamos que essa deveria ser a sua grande aposta, mas vale reservar uma parte do seu dinheiro para esses ativos.

Não se esqueça, porém, que os fundos imobiliários são, sim, renda variável: podem perfeitamente perder valor, às vezes vertiginosamente. Isso de vez em quando ocorre por circunstâncias do mercado ou por problemas em um fundo específico, como a saída de um grande inquilino, que faça a vacância disparar. É verdade que a sua volatilidade costuma ser menor do que a das ações, mas fundos imobiliários estão longe de ser renda fixa.

Por fim, as **ações**.

Já falamos sobre as ações em vários capítulos anteriores. Falamos sobre ações boas e depois sobre ações baratas. Tratamos também da importância de diversificar suas escolhas dentro dessa classe de ativos: Itaú, Bradesco e Santander são ótimos, mas não faz sentido você ter só bancos na sua carteira — sem entrar no mérito se continuarão ótimos no futuro com a entrada das *fintechs* e o maior desenvolvimento do mercado de capitais brasileiro, uma ameaça ao tradicional oligopólio.

Mais do que isso: diversifique também o risco dentro da sua carteira de ações. Ao montar seu portfólio de empresas, faz todo sentido ter ações de empresas cuja qualidade, nos termos do capítulo 6, é praticamente consensual no mercado: Itaú, Renner, B3, Ambev, Ultrapar, Localiza, Hypera, Magazine Luiza, Fleury, Alupar, Raia Drogasil, Eneva, para citar algumas. Mas tenha também, em quantidade bem menor, alguns patinhos feios que sejam promissores: nada o impede de botar 1% do seu dinheiro em um caso de *turnaround* no qual você acredite. É difícil saber se vai dar certo? Muito, já falamos sobre isso. Mas a assimetria é convidativa: se der certo, os ganhos são elevados; se der errado, perde pouco e não se machuca. Dê vários tiros em diversos patinhos feios — basta que um deles vire um cisne para compensar os outros tiros errados. Um ganho de 500% permite várias outras derrotas de 100%.

A mensagem mais importante deste capítulo é: ações são o componente ofensivo da sua carteira. Se você for ficar rico com investimentos, é bem provável que essa trajetória passe pelas ações em alguma instância. Os cisnes negros favoráveis não vão surgir nos títulos do governo nem no ouro, possivelmente nem nos fundos imobiliários. As ações é que são amigas da aleatoriedade.

Suponha que você tenha 30% do seu patrimônio em ações. As piores destruições no mercado, os piores ciclos de baixa, em geral fazem as ações perderem quase metade do seu valor. Nesse caso, você perderia menos de 15% do seu patrimônio: ninguém vai sair dando pulos de alegria depois de receber uma notícia dessas, é verdade, mas é uma perda recuperável e provavelmente não vai afetar de forma tão drástica seu estilo de vida. Apesar disso, você segue exposto a um aumento muito significativo do seu patrimônio. Um ciclo robusto de alta na Bolsa pode perfeitamente dobrá-lo em poucos anos.

Nada o impede, também, de comprar ações no exterior. Investidores no mundo inteiro têm o chamado *home bias*, ou seja, o viés de comprar ações de empresas dos seus países. Uma forma de diversificar, porém, é ter também companhias estrangeiras na sua carteira. É possível fazer isso tanto por BDRs, ou seja, papéis negociados no Brasil atrelados a ações americanas, quanto por meio de fundos passivos (que replicam o S&P 500, por exemplo) ou por meio do envio de dinheiro para corretoras estrangeiras.

Por mais que Deus seja brasileiro, seria um pouco pretensioso imaginar que todas as boas ações e alternativas de investimento em geral tenham sido colocadas no nosso país — além de ser uma atitude pouco generosa frente às demais nações, o que não combinaria com o divino. Faz sentido, portanto, uma exposição internacional.

Tenha em mente apenas que, neste caso, você está se expondo à oscilação cambial, de modo que precisa incluir suas ações no exterior nas suas contas sobre quanto da sua carteira deseja ter em dólar. Da mesma forma que não ter dólar nenhum é um erro, estar excessivamente comprado na moeda americana também é: o real pode se valorizar, como ocorreu na década de 2000, causando-lhe perdas significativas.

O foco da pessoa física deve ser, acima de tudo, não perder dinheiro — em termos nominais e especialmente reais. Queremos lucrar, é óbvio, mas não faremos nada que nos faça botar tudo a perder. A virtude está no caminho do meio. Nada em excesso. Muitas proteções.

Uma proteção possível da qual ainda não falamos são as opções, especialmente as de venda.

A QUESTÃO DAS OPÇÕES DE VENDA

É inegável que Nassim Taleb exerceu grande influência sobre o pensamento resumido neste livro. Chegou, porém, a hora de abrir mão dele. Acreditamos que há um ponto que talvez tenha escapado a Taleb.

Estamos buscando ativos com correlações negativas com a Bolsa para compor nossa carteira, reduzindo riscos. Falamos de ouro e de dólar, que tradicionalmente crescem no pânico. Mark Spitznagel, sócio de Taleb, chamou a atenção para outra estratégia além desses ativos. É o *tail hedging*: a compra de seguros--catástrofe para protegê-lo de eventos negativos de cauda. O mais importante desses seguros são as opções de venda. O que poderia ser mais correlacionado negativamente com a Bolsa do que elas?

Opções de venda, ou *puts*, funcionam assim: imagine que uma ação da empresa ABCD4 esteja cotada hoje a R$ 100. Você pode comprar no mercado uma opção de vender 500 ações da ABCD4 daqui três meses a, por exemplo, R$ 95. Digamos que você pague R$ 1 por ação em troca desse direito.* É uma opção: você pode vender ou não. Você só vai exercer o direito, claro, se a cotação das ações tiver caído abaixo de R$ 95. (Não faz sentido você optar por exercer sua opção e vender as ações a R$ 95 se o mercado estiver pagando R$ 98 por elas.)

Existem dois tipos de *puts*: a europeia, que só pode ser exercida exatamente na data de vencimento, e a americana, que pode ser exercida a qualquer momento *até* a data de vencimento. Há os dois modelos no Brasil. No nosso caso hipotético, suponhamos que estejamos falando da americana.

Imaginemos que houve uma tragédia na ABCD4 e as suas ações caíram à cotação de R$ 80. De modo que faz todo sentido você exercer sua opção e vender as ações a R$ 95. Se não tiver as 500 ações em mãos, você vai simplesmente comprá-las a preço de mercado, ou seja, a R$ 80 cada, ao custo total de R$ 40.000, e imediatamente exercer seu direito de vendê-las, embolsando R$ 47.500. Descontando o custo do contrato, que é de R$ 500, você lucrou R$ 7.000. (Na prática, você nem precisa comprar as ações no mercado. As *puts* vão se valorizar proporcionalmente, e você pode apenas vendê-las.)

---

* Como na maior parte das vezes essas opções não são exercidas, há gente na outra ponta que vive de oferecê-las. Eles ganham um pouquinho (R$ 1 por ação, no nosso exemplo) na maioria das vezes. Em uma minoria dos casos são chamados a comprar ações por valores muito acima do mercado, quando a *put* é executada, perdendo aquele dinheiro. Para eles, o segredo é fazer com que o ganho acumulado de grão em grão seja maior do que as perdas da avalanche. É coisa para bancos e, mesmo assim, às vezes dá errado. Então não faça isso em casa.

Repare que opções de venda têm correlação negativa com o preço das ações na Bolsa — são feitas para ter. Se tudo desaba, você ganha. Se o mercado sobe ou fica acima do preço de execução combinado, você perde o valor que pagou por aquele contrato (no nosso exemplo acima, R$ 1 por ação). A perda, porém, é limitada ao custo do contrato, enquanto o ganho é potencialmente muito maior: se a ação do nosso exemplo chegasse a improváveis R$ 10, numa destruição completa de valor, você lucraria R$ 42.000 a partir de uma aposta inicial de R$ 500.

Há uma assimetria muito favorável às *puts*. Elas são um seguro extraordinário contra a catástrofe. Melhor do que qualquer outro. Em tese.

> No dia 17 de maio de 2017, terminamos o pregão com *puts* de Petrobras, Itaú e Bradesco. O objetivo de ter tais *puts* era justamente contar com uma proteção em caso de algum choque imprevisto, de algum cisne negro, que devastasse o mercado.
>
> Tal choque ocorreu: Joesley Batista gravou o presidente Michel Temer em conversas suspeitas, parecia que o país ia acabar, a Bolsa despencou, e as *puts* passaram a valer uma fortuna. As da Petrobras disparam 642%, as do Itaú subiram 327%. O Bradesco ganhou 121%. Lindo, não? Missão cumprida. Carteira protegida. Sucesso total.
>
> Na verdade, não. No final do dia, a posição em *puts* se provou um grande erro. Compramos as opções de venda para nos proteger de um eventual cisne negro negativo. Ele veio e... perdemos dinheiro com as *puts*.
>
> O problema era este: quando exercer a *put*? Ok, a Bolsa caiu, a *put* subiu. Mas e se a Bolsa cair mais e a *put* estiver apenas começando a se valorizar?
>
> Depois do Joesley Day, era razoável achar que o país ia naufragar completamente. Temer vai cair? Por algum tempo pareceu que sim. Mas mesmo que ficasse. O governo acabou? Ele viraria um pato manco, incapaz de passar as reformas? Como ficaria a Previdência? A esquerda voltaria na próxima eleição?

No meio da tempestade, optamos por manter as *puts*, sem exercê-las. Se o tombo à frente fosse ainda maior, não era o caso de abrir mão das proteções. Pelo princípio da precaução, ficamos com elas. Como abrir mão de nossos seguros naquele momento?

Aconteceu, então, que os mercados simplesmente voltaram a subir, retomando a trajetória positiva. Quando as *puts* chegaram à data de vencimento, já não valiam nada: não foram sequer executadas, porque não fazia mais sentido. Daquelas *puts*, só herdamos o custo.

Talvez fosse possível dizer que as *puts*, ainda que não executadas, serviram para oferecer alguma tranquilidade no momento de desespero, evitando que tomássemos alguma medida que depois se revelaria infeliz, como reduzir a exposição às ações. Pode ser, mas vamos lá: não existe retórica que apague o fato de que gastamos dinheiro à toa. O *trade* foi perdedor. Você compra *puts* sabendo que vai perder dinheiro na maior parte das vezes, na expectativa de que um dia apareça um cisne negro e faça tudo valer a pena. Eis o fato: o cisne negro apareceu, a gente tinha as *puts* salvadoras da pátria na mão, e a gente perdeu dinheiro mesmo assim.

Existe uma dificuldade inevitável no campo das opções: elas exigem que você de alguma forma projete o *timing* do mercado e/ou movimentações de curto prazo — por definição, elas têm um prazo de vencimento, e, no Brasil sobretudo, só temos liquidez em opções de curto prazo. Você precisa adivinhar se as coisas não vão ficar piores do que já estão, sob pena de gastar sua proteção precocemente e seguir adiante nu. Não adianta inflar o airbag ao passar pelo buraco da estrada, evitar um arranhão no rosto e ficar sem o acessório mais adiante quando o carro capotar.

Como dito, qualquer decisão de investimento que exija saber o *timing* do mercado é bastante complicada e, em sua maioria, suscetível à aleatoriedade — caímos no ambiente do jogo, não do investimento. Ações são uma maravilha em boa medida porque não têm contagem de prazo. Você pode comprar e esperar. Não precisa que ela esteja em tal valor até o dia 4 de setembro. Já as opções não são assim. Elas envolvem colocar um relógio na sua cara, o que torna o jogo muito mais difícil.

Pode ser que tenhamos sido incompetentes por não ter reconhecido a hora certa de exercer as *puts*. Mas a pergunta é: será que alguém teria reconhecido?

Taleb é muito bom na teoria, mas brigar na rua é mais difícil do que nos livros. Uma piada diz que as ideias de Taleb são tão geniais que seria covardia se dessem dinheiro. Suspeita-se inclusive de que, como gestor e investidor, Taleb foi um grande escritor. Ele nega e fica muito irritado com a acusação, mas o fato é que ele nunca revelou seus números.

Há ainda duas dificuldades adicionais para implementar as ideias de Taleb e de seu fiel escudeiro Mark Spitznagel sobre o uso de *puts* como forma de proteção ou de ganhar dinheiro.

Puts servem para ganhar dinheiro quando surge um cisne negro: um evento raro, imprevisível e que causa grande destruição. Isso não acontece todo dia.

Taleb alega que ficou rico com opções: perdendo um pouquinho de dinheiro na maior parte do tempo, por causa do custo das suas opções, que venciam sem serem executadas, e ganhando uma fortuna nas pouquíssimas ocasiões em que o mercado virou. O problema é que isso pode demorar dez, vinte, sabe-se lá quantos anos. Quem é o monge que aguenta ficar perdendo um pouquinho todo dia sem saber quando isso vai ter fim? Foi o que o psicólogo e prêmio Nobel da Economia Daniel Kahneman, sobre quem falamos bastante no capítulo 4, argumentou em um debate com o próprio Taleb em 2013.

"O que você está prescrevendo é expor o indivíduo a uma longa série de pequenas perdas. Nós temos um mecanismo que nos faz sensíveis a ficar perdendo. Isso envolve dor. Não é o que as pessoas querem. Seus argumentos implicam um custo. Nós somos projetados de forma oposta ao que você quer."

Em outras palavras, alguém que perde um pouco todo dia para ganhar muito daqui a dez anos será profundamente infeliz, ainda que rico ao final da jornada. Em geral preferimos a felicidade parcelada e a dor concentrada, não o contrário. Taleb recorre à analogia do peru de Natal: a ave tem meses felizes para no fim ser surpreendida com o facão. Segundo Kahneman, todos *querem* ser como o peru: "Do ponto de vista do animal, ele teve uma boa vida e tranquila. A vida sem preocupações do peru é algo a que nós humanos aspiramos."

"Você não entendeu", reage Taleb, mas sem conseguir contrapor o argumento de Kahneman: não adianta ser o magnata deprimido. Talvez o contínuo mau humor de Taleb e alguma arrogância em determinados momentos sejam explicados por sua escolha de todo dia perder um pouquinho de dinheiro.

A segunda dificuldade de montar uma estratégia com *puts* é que os preços das opções são muito altos, especialmente (mas não só) no Brasil.

No exemplo da empresa ABCD4, imaginamos que cada *put* custasse perto de 1% do valor de venda pactuado da ação. Os valores praticados de fato, porém, podem ser bem maiores do que isso, especialmente quando o mercado está muito agitado e imprevisível.

No dia 18 de março de 2020, por exemplo, o Ibovespa desabava. O BOVA11 é um ETF (Exchange Trade Fund), um fundo de índice, que replica a carteira do Ibovespa e que você pode comprar em qualquer plataforma de investimento como se fosse uma ação. Cada unidade do BOVA11 era negociada na abertura a R$ 66,80. Suponhamos que você estivesse preocupado que a Bolsa fosse cair ainda mais e quisesse uma opção de venda como proteção. Você resolvia comprar, então, uma *put* que lhe daria o direito de vender BOVA11 a R$ 59 até o dia 18 de maio. Poxa, R$ 59 é um valor razoável: o já combalido Ibovespa teria de cair mais 10% para você exercer o seu seguro. Não era pedir demais. Como se diz no mercado, você está realmente "fora do dinheiro". Você queria apenas se proteger do caos completo.

Sabe quando lhe custaria essa *put*? R$ 6,83. Mais de 10% do valor do ativo. Para você *começar* a ganhar dinheiro, após pagar os custos, o BOVA11 teria de ir a R$ 52. É uma facada.

Sem falar que, fora do BOVA11 e de algumas ações como Petrobras e Vale, não há muita oferta de opções no mercado brasileiro. Mesmo quando há alguma liquidez, não há prazos longos: você precisaria ficar renovando a *put*, dando um rim em troca de um contrato a cada poucos meses, sempre sujeito às condições momentâneas do mercado acabarem lhe fazendo entregar um rim e um fígado.

De modo que tentar adotar a estratégia de ter sempre *puts*, ao menos no país em que vivemos, implicará consumir boa parte do seu patrimônio com os custos de comprá-las, sem garantia nenhuma de que tal *crash* redentor (para quem está vendido) vai chegar a tempo de fazer tudo valer a pena. Um ciclo de *bull market* pode durar tranquilamente mais de dez anos. Você correria o risco de sofrer aos pouquinhos conforme o dinheiro vai sendo perdido mês a mês até ter a chance de, ao final, sofrer aos montões por ele ter enfim acabado.

A matéria "Black Swan" funds enjoy rare chance to spread their wings", de abril de 2020 do jornal *Financial Times*, apontou que fundos de *tail hedging* (ou seja, que adotam as estratégias descritas nos parágrafos anteriores) estavam no vermelho *mesmo* depois do cisne negro do coronavírus. Veja no gráfico a seguir como o dinheiro que eles ganham com as crises (em 2008 e 2020) não compensa as perdas contínuas nos anos intermediários. O gráfico ilustra o desempenho do CBOE Eurekahedge, um índice de fundos de *tail hedge*, considerando 100 como seu patrimônio de largada em 2007.

Dizia o jornal:

"Muitos fundos do setor seguem profundamente no vermelho mesmo após os grandes ganhos deste ano. 'Essa estratégia significa custos na maior parte do tempo', diz Cedic Vuignier, head de investimentos alternativos da SYZ, que há anos não investe nesse tipo de fundo [...] Apesar das crises que trouxeram oportunidades de lucro, eles ainda estão perdendo 24% [no acumulado desde 2007]."

O gráfico ainda é generoso, porque começa logo antes de uma crise e termina logo depois de outra, capturando os gran-

Desempenho dos fundos baseados na estratégia "cisne negro"
Índice CBOE Eurekahedge

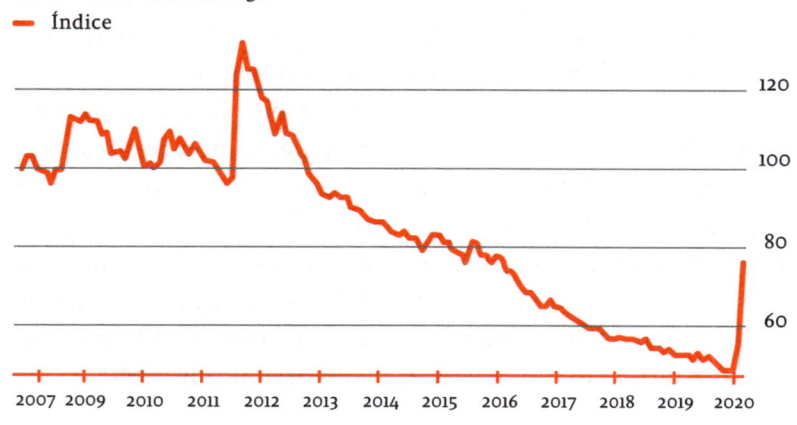

— Índice

© Financial Times Ltd. Fonte: Eurekahedge, Chicago Board Options Exchange, 2020, abril. Financial Times Ltd./FT.com, 29 de abril. Usado com licença do Financial Times. Todos os direitos reservados.

des momentos lucrativos de uma estratégia com opções de venda. *Ainda assim,* no acumulado, elas perdem dinheiro.

Isso não significa que você deva simplesmente fugir de *puts.* De forma alguma. Às vezes há oportunidades um pouco mais baratas aqui e ali. Às vezes você se encontro exposto demais em ações e está determinado a pagar o preço para não ficar tanto na reta. Sugerimos que, se houver oportunidades, você compre. São bons seguros. Assim como um seguro de carro, é prudente tê-los. Mas saiba que, além da teoria, no mundo real, não há solução mágica. Não se pode contar com essa estratégia sempre e talvez nem na maior parte das vezes. É como se, dependendo do ano, a seguradora quisesse cobrar metade do valor do seu carro para protegê-lo. Por mais que você preferisse contar com a apólice, tudo tem limite.

De modo mais geral, tenha muito cuidado com opções. Não somos contra elas, mas, fique atento, porque é possível perder muito dinheiro nessa brincadeira. Além disso, perceba que em todos os investimentos citados até aqui o investidor era o chamado titular da opção, ou seja, quem tem o direito de exercê-la. Repare que, se o direito de comprar ou vender estiver na mão da sua contraparte, uma virada repentina do mercado pode explodir na sua cara.

Criticar Taleb se assemelha a um parricídio, mas implica uma conclusão importante: os deuses estão todos mortos. Não há gênio, gestores superpoderosos, método infalível, fórmula final. Ninguém tem o mapa da fortuna e, como veremos, muito menos o da felicidade. O que podemos é tentar jogar esse jogo da imprevisibilidade, do mistério dos mercados, tentando evitar ao máximo que sejamos tragados por ele. Oráculos não existem. Os idiotas embriagados pelo espelho são só... idiotas.

De todas as desconfianças, porém, resta uma. Agora vamos matar a última divindade intocável: nosso próprio ego.

PARTE

3
A RAZÃO DE TUDO ISSO

10

QUANTA VERDADE VOCÊ TOLERA?

Em 1976, o austríaco Niki Lauda buscava o bicampeonato de Fórmula 1. Em julho, conforme a etapa de Nürburgring, na Alemanha, se aproximava, liderou uma tentativa de boicote à corrida. Argumentava que a pista não era segura. A maioria dos pilotos votou contra.

Na segunda volta, Lauda sofreu um acidente. Teve várias queimaduras, perdeu parte da orelha, entrou em coma e, no hospital, chegou a receber a extrema-unção. Desperdiçaram o padre, porém, porque ele não morreu. Voltou a competir e ganhou o campeonato de 1977. Então resolveu mudar de escuderia: da Ferrari para a Brabham-Alfa Romeo, que era menos conhecida, mas lhe ofereceu um salário anual de US$ 1 milhão.

Deu tudo errado. O carro da Brabham só quebrava. Em 1979, Lauda fez só quatro pontos na temporada inteira — em 1977, havia feito 72. Lauda desistiu da Fórmula 1 para criar uma companhia aérea. Ele voltaria a competir apenas em 1982, pela McLaren, conseguindo ser campeão novamente em 1984. Lauda dirigia espetacularmente. O fato de ter sido campeão mundial mesmo após anos parado é excepcional em qualquer esporte, em qualquer época. Ao menos cinco dos melhores anos da sua vida profissional lhe foram roubados por pistas inseguras, carros ruins e equipes medianas. O tricampeonato foi pouco. Ele poderia ter sido o maior campeão de Fórmula 1 de todos os tempos.

Sabe o que isso quer dizer? Nada.

Uma frase de Lauda resume a maneira como ele lidou com as adversidades: "Você é o motivo de quase tudo que lhe acontece." A equipe pode ser ruim, mas ninguém o obrigou a ir para ela. O carro quebrou numa corrida decisiva? Era possível ter feito mais pontos anteriormente. A pista quase o matou por culpa dos outros pilotos que quiseram competir? Você não era obrigado a ter participado.

O mundo é imprevisível e, às vezes, cruel. Como já afirmamos, a aleatoriedade desempenha um papel fundamental na nossa vida. Você pode simplesmente ter uma doença inesperada e morrer. Ninguém tem controle sobre tudo. O máximo que podemos fazer é a nossa parte, se necessário em dobro, em vez de ficar se lamentando ou responsabilizando outras pessoas.

Sem dúvida a vida de quem nasce rico é mais fácil do que a de quem nasce pobre, por exemplo. Mas o que resta ao pobre fazer? Chorar? Torcer para o rico ficar pobre também para que a desgraça seja compartilhada? A única solução possível é assumir as rédeas do seu destino e ir atrás do prejuízo. "A falta de controle não me preocupa", disse Lauda. "Você tem que aprender a superar as dificuldades." Veja este trecho do texto "O pai de todos os males", do médico Drauzio Varella:

"Quando aconselho um paciente a fazer exercícios [...] preciso estar disposto a ouvir um rosário de lamentações. Especialmente no caso das mulheres, que de fato são sobrecarregadas.

"'Acordo às seis, preparo o café das crianças. Quando meu marido sai para levá-las à escola, tenho que me arrumar, porque não posso chegar no trabalho de qualquer jeito. Fico o dia inteiro no escritório. No fim do expediente, ainda passo na minha mãe, que está com a memória atrapalhada. Chego em casa, sirvo o jantar, vejo a lição dos meninos, dou um pouco de atenção pro meu marido, e já são dez horas, preciso dormir. Como vou achar tempo para fazer exercício?'

"No início da profissão, eu ficava condoído com lamúrias como essa. Hoje? Meu coração se transforma em pedra de gelo. Respondo com frieza: é problema seu [...] Como você vai fazer? Não tenho ideia. Posso sugerir mudar de emprego, colocar a mãe no asilo, separar do marido, internar as crianças na Febem."

Esperamos que a sugestão de internar as crianças na Febem seja piada, claro, mas vale ressaltar algo importante: quantas pessoas que conhecemos vivem reclamando do cônjuge, do trabalho, da vida? Ora, então separe, peça demissão. Temos que achar um jeito. "Mas eu preciso do trabalho porque não tenho nenhum dinheiro guardado." Hora de começar a guardar. O historiador britânico Robert Skidelsky cita uma encíclica de 1891 do papa Leão XIII, defendendo que todo indivíduo é o responsável final pelo seu destino. "Todo pai de família", Leão argumenta, "deve possuir meios de prover a si mesmo e a sua família agora e sempre. Não possuir esses meios é ser forçado a uma dependência degradante dos administradores do capital, sejam eles privados ou o Estado."

Não depender dos outros e não culpar os outros são duas faces da mesma moeda. Se você quer ser dono do seu destino, precisa se responsabilizar por ele tanto nas horas boas quanto nas más.

É difícil fazer isso. Como mostrado no capítulo 4, sofremos de um viés da autoconveniência: o mérito é sempre nosso, mas curiosamente a culpa nunca é. Precisamos aprender a amar a verdade mesmo quando ela for dura. A grandeza de um homem é medida pela quantidade de verdade que ele pode tolerar, como bem resumiu Nietzsche.

"Você é o motivo de quase tudo que lhe acontece."

Niki Lauda

Aceite que o mundo é imponderável e incontrolável e que, apesar disso, não há alternativa para lidar com ele além de assumir total responsabilidade pelo seu destino, o que inclui ser franco sobre os seus erros.

ASSUMIR OS ERROS E ACEITÁ-LOS

Uma vez que você assumiu a sua responsabilidade pelos erros de investimento, chegou a hora de lidar com eles. Há um motivo fundamental para aprender a lidar com isso: investir é errar.

"Investir é extremamente frustrante. É aquela história sempre: comprei pouco, comprei muito, devia ter comprado, devia ter vendido, não devia ter feito nada... Você está sempre sofrendo, porque você está sempre longe da perfeição", disse o investidor brasileiro André Jakurski em 2019 no Brasa Talks.

Nunca estamos satisfeitos. Se montamos uma posição vitoriosa com 3% do nosso patrimônio, ficamos infelizes porque não colocamos mais dinheiro. Se compramos o papel a R$ 5 e vendemos a R$ 50, ficamos desesperados ao vê-lo subir a R$ 70.

Nunca decida a qualidade de uma decisão pelo resultado. Ok, você decidiu vender a R$ 50 e continuou subindo. Mas os motivos que o levaram a achar que a alta tinha se esgotado

Não depender dos outros e não culpar os outros são duas faces da mesma moeda. Se você quer ser dono do seu destino, precisa se responsabilizar por ele tanto nas horas boas quanto nas más.

eram razoáveis? Considerando as informações à sua disposição àquela altura, havia algo importante que você desprezou ou foi tudo devidamente ponderado?

Se houve algum erro no processo decisório, aprenda com ele. Se não houve, bola para a frente. O arrependimento é um grande inimigo do investidor. "Vive passando um elefante na minha frente, e eu não enxergo", diz Jakurski. "Mas você não precisa nem nunca vai conseguir aproveitar todas as oportunidades."

No caso do investidor individual, um apego excessivo ao passado cria uma dificuldade enorme em construir o futuro sem o peso dos erros de ontem. Na prática, isso significa uma tendência, por exemplo, a carregar posições perdedoras por mais tempo do que seria razoável. Novamente: reconheça o erro, não culpe ninguém, resolva o problema, siga o jogo.

Nem todos os erros são iguais, porém. Alguns são muito mais perigosos do que os outros. Existem erros tipo 1 e erros tipo 2. O erro tipo 1 é o falso positivo: tomar como verdadeiro algo que é falso. O tipo 2 é o falso negativo: tomar como falso algo que é verdadeiro.

Um erro tipo 1 é tomar como boa uma ação que é ruim. Você compra, e ela despenca, fazendo você perder o dinheiro. Um erro tipo 2 é tomar como ruim uma ação que é boa. Você não compra, mas ela dispara.

O erro tipo 2 é muito mais desejável do que o erro tipo 1. Comprar uma ação e a ver caindo 99% é bem mais grave do que deixar de comprar uma ação que subiu 99%. No primeiro caso, você perde tudo. No segundo, você apenas deixa de ganhar — ou, nas palavras de Jakurski, deixa o elefante passar.

Mas deixar elefantes passar é do jogo. Ninguém aproveita todas as oportunidades que o mercado oferece. Nenhum centroavante precisa botar todas as bolas no gol.

No mundo dos investimentos, cuidado com o risco de ficar paranoico com a possibilidade de alguém, em algum lugar, estar ganhando mais dinheiro do que você — porque alguém sempre vai estar. Se seu cunhado compra uma determinada ação e é abençoado com uma multiplicação do seu dinheiro e você não faz o mesmo, a vontade é de morrer por ter ficado de fora. É preciso entender que todo mundo deixa de participar de algumas festas. Tudo bem. No fim, não importa.

"O.K., if you can't see your way to giving me a pay raise, how about giving Parkerson a pay cut?"

Ok. Se você não consegue ver uma maneira de me dar um aumento, que tal diminuir o salário do Parkerson?

E o que importa? Ter princípios e se manter fiel a eles. Bater o CDI ou qualquer métrica tem que ser consequência de uma carteira bem montada. Como na frase pouco compreendida de Carlos Alberto Parreira, "o gol é só um detalhe". Até porque não há como garantir o gol. O que se pode fazer é montar um bom time. Investimento exige mais disciplina do que fígado.

AMAR O IMPONDERÁVEL

Aceitar o que ficou para trás, sem rancores, nos ajuda a aprender a aceitar também o que o futuro nos reserva e está além do nosso alcance. Os estoicos e Friedrich Nietzsche chamaram isso de *amor fati*: amor ao fado, ao destino, e devemos aceitá-lo mesmo em seus aspectos mais cruéis, dolorosos ou sádicos.

Nos investimentos isso significa aceitar que o mercado tem seu *timing* e suas surpresas. E que não tem preferências ou gostos. Sua ação não vai gostar mais de você só porque você gosta dela. Não há reciprocidade. Podemos ter a sorte de montar o patrimônio que nos garantirá o conforto da velhice durante anos de vento a favor, com crescimento dos lucros e mercado em alta. Ou podemos ter que construir nossa riqueza em uma era de incerteza e depressão. Não adianta culpar o mercado.

É preciso estar preparado — não só mentalmente como também por meio de um portfólio diversificado — para qualquer cenário, especialmente para os negativos. Há uma grande distribuição de probabilidades à nossa frente, relatando todos os cenários possíveis, com grande dispersão de resultados potenciais em suas caudas gordas. Mesmo na melhor das hipóteses, nós não enxergamos qual cenário vai se materializar, mas quais são os vários cenários possíveis que *podem* se materializar.

Aceitar o que ficou para trás, sem rancores, nos ajuda a aprender a aceitar também o que o futuro nos reserva e está além do nosso alcance.

Quem melhor falou sobre a importância de amar a adversidade, mesmo que ela nos reserve tempestades, foi Amyr Klink.

Em 1984, ele foi o primeiro homem a cruzar o Atlântico Sul guiado apenas por suas remadas, pelas correntes marítimas e pelos ventos, em um trajeto de cem dias e mais de 6.000 quilômetros entre a Namíbia e Salvador, feito registrado em seu livro *Cem dias entre céu e mar*. Quando pisou em terra firme, estava aos prantos, cambaleando, desacostumado a andar. Uma de suas primeiras frases não foi nada épica: "Como a areia é dura."

Amyr Klink tinha 28 anos e havia feito a jornada sozinho, em um barco de 6 metros de comprimento por 1,55 metro de largura. Remava oito horas por dia, comia apenas alimentos desidratados e, a cada dez dias, precisava entrar na água para lavar o casco do navio, depois de se certificar de que não havia tubarões na área. Emagreceu 15 quilos.

A grande dificuldade de fazer essa travessia, porém, estava na ocorrência de tempestades com ventos de mais de 100 quilômetros por hora e ondas de mais de dez metros de altura. Vinte e dois navegadores que haviam tentado fazer a mesma travessia pelo Atlântico Norte haviam morrido da mesma forma: os barcos viraram.

Ao planejar a viagem, Klink procurou um professor da Escola Politécnica da USP, José Carlos Furia, e lhe deu uma missão: desenhar um barco impossível de capotar. Furia pensou em várias possibilidades, mas nenhuma definitiva. Até que teve uma luz e chamou Klink para uma conversa. "Se quer chegar do outro lado do Atlântico, você tem que abraçar o problema." E explicou: "Eu quero desenhar para você um barco feito para capotar. Você sairá da Namíbia e virá capotando que nem um alucinado até o Brasil."

E então desenhou um barco com um sistema de lastros líquidos. O barco ia virar, sim, muitas vezes. Mas, a cada vez que isso acontecesse, os lastros serviram como uma espécie de contrapeso para virá-lo novamente para a posição correta.

As ondas estão para o mar assim como a volatilidade está para os investimentos. Se você não tem perdas temporárias,

As ondas estão para o mar assim como a volatilidade está para os investimentos. Se você não tem perdas temporárias, isso indica que não está se expondo o suficiente à sorte.

isso indica que não está se expondo o suficiente à sorte. É melhor ganhar de 5 x 2 do que segurar um 0 x 0. A falta de algumas derrotas demonstra também falta de apetite por maiores vitórias.

Em qualquer coisa na vida, a taxa ótima de fracassos não é zero. Se você nunca foi rejeitado em uma entrevista de emprego ou nunca levou um fora, é muito provável que você seja mais medroso do que brilhante. De modo que não deve de forma alguma se martirizar por perdas temporárias na sua carteira: a alternativa a isso é qual? Investir 100% do seu dinheiro em títulos do governo atrelados à inflação que não pagam quase nada?

Uma carteira sem volatilidade indica um investidor imaculado — e investidores imaculados, que nunca erraram, são somente aqueles que não atravessaram crises e percalços. Ou seja, são menos preparados para enfrentar uma próxima adversidade. Prefira as costas marcadas e as mãos calejadas às peles de bumbum de neném. Esperar a sorte agarrado totalmente à renda fixa é como esperar o amor trancado em casa vendo Netflix.

A volatilidade, portanto, não é inimiga. Você vai perder dinheiro em algum momento. Não tem jeito. O que este livro busca ensinar é como se estruturar para ganhar mais do que perder. A disposição psicológica para lidar com os altos e baixos inevitáveis do mercado, especialmente com os baixos, é por sua conta.

O VIZINHO IDIOTA PORÉM RICO

Imagine agora um investidor oposto àquele que descrevemos acima, que joga em busca do 0 x 0 comprando apenas ativos seguros de baixíssima rentabilidade. Pense em alguém arrojado quase ao ponto do suicídio. Sua carteira é uma bomba-relógio prestes a explodir.

Pode ser que ainda assim esse cara se dê bem. Pior: ele vai se gabar, e você não vai conseguir provar que ele foi imprudente. Isso porque não há uma maneira de medir riscos com precisão. O mercado usa a volatilidade, mas, como apontamos, são coisas muito diferentes.

O fato de alguém ter ganhado mais dinheiro que você não significa que o sujeito é um investidor mais competente. O outro lado dessa conclusão é que você ter enriquecido mais rápido não significa que você saiba mais. Simplesmente não é possível determinar quanto do sucesso de um certo investidor se deve ao fato de ele simplesmente ter se arriscado demais, mas ter dado a sorte de nada de ruim acontecer.

> Um rico pode perfeitamente ser um idiota com sorte.
> Um jornalista ganhou muito dinheiro meio repentinamente com um best-seller. Sem qualquer experiência em ter mais dinheiro na conta no fim do mês, o sujeito se viu na dificílima situação de ter de arranjar um destino para os gordos direitos autorais com que havia sido abençoado. Ouviu falar de um negócio novo: bitcoin. Como desconfiava muito do governo, a ideia de uma moeda sem Banco Central lhe pareceu interessante. Sem pensar muito, mandou converter em criptomoedas parte muito significativa do dinheiro que ganhou.
> Foi um ato completamente estúpido, claro. Ele não sabia o que estava fazendo, tomou uma decisão financeira baseada em uma preferência ideológica, e qualquer pessoa razoável com quem ele tivesse conversado tentaria dissuadi-lo. O que aconteceu? O bitcoin, que o jornalista comprou por centenas de dólares a unidade, passou nos anos seguintes

> a valer mais de US$ 10 mil. Apesar de jovem, ele vive hoje como um aposentado: só trabalha por diversão. (E, felizmente para ele, já vendeu a maior parte dos bitcoins.)
>
> Ah, então o tempo provou que ele estava certo, que era um gênio. Não, claro que não. Não sabemos qual era a probabilidade de dar tudo errado. *A posteriori*, claro, a probabilidade de ocorrência é de 100% — a pequena ressalva é o *a posteriori*.

Chegar em casa são e salvo após dirigir bêbado, feito louco, por 100 quilômetros na rodovia, virando shot de tequila dentro do veículo, não prova que você estava certo por ter feito isso, que seja exemplo para os outros nem que deveria repetir a façanha. O fato de um gestor de um fundo de investimentos ter atravessado um ano sem arranhões não significa que ele tenha sido prudente. Não é possível saber de antemão a quais riscos a nossa carteira estará sujeita. Mas há algo ainda mais surpreendente: *também* não é possível saber depois dos fatos.

Devemos julgar o processo decisório, não o resultado de um investimento. Se as informações relevantes disponíveis foram consideradas, se nada foi negligenciado, se as premissas e o raciocínio eram razoáveis, então fizemos tudo direito e deveríamos fazer novamente.

Se o resultado foi ruim, pior para o resultado. A frase pode parecer um pouco cruel, mas, a rigor, é tudo que podemos fazer. Não está ao alcance do bom analista saber como as coisas terminam. O que lhe cabe é controlar o processo.

Como aponta Howard Marks no livro *The Most Important Thing*, meramente observar o *output* não serve em áreas que atuam com probabilidades, como investimentos ou previsão do tempo. "Pense num meteorologista. Ele diz que há uma possibilidade de 70% de chover amanhã e acaba por chover. Estava certo ou errado? Ou então não chove. Estava certo ou errado? É impossível avaliar a precisão das estimativas de probabilidades diferentes de 0 e 100, exceto se houver um número muito elevado de observações."*

Precisamos, portanto, aplicar o nosso dinheiro tendo em mente que os riscos de cada ativo não são quantificáveis e que, por isso, o bom desempenho da carteira não quer dizer necessariamente que a gente fez a coisa certa ou errada.

VOCÊ NÃO É ESTÁTICO

Sabemos que as lições deste capítulo podem ser um pouco desesperadoras. Começamos dizendo que você deve assumir total responsabilidade, mas depois falamos que você vai inevitavelmente errar, que em algum momento será atropelado pela volatilidade e que terá de prosperar em um mercado cujos riscos não são calculáveis. A pergunta inevitável: como é que eu vou ser forte e dono do meu destino num mundo difícil e impiedoso desses?

Bem, ninguém falou que ia ser fácil, mas vai aqui uma palavra de otimismo. A psicóloga Carol Dweck, da Universidade Stanford, escreveu um ótimo livro chamado *Mindset: A nova psicologia do sucesso*, em que defende que existem dois tipos de mentalidade: o *mindset* fixo e o *mindset* de crescimento.

---

* Nos EUA, essa discussão surgiu por ocasião dos modelos eleitorais. Em 2016, o *New York Times* dava 85% de chance de vitória para Hillary Clinton. O estatístico-celebridade Nate Silver, 71%. Trump ganhou. O jornal se justificou: "Nunca dissemos que a chance de Trump era de 0%." O resultado "está bem dentro do que nós dissemos que era plausível". No fim do dia, os modelos eram bons ou eram um lixo? Não tem como saber pelas probabilidades. A única maneira de responder a isso era analisando como eles cuspiam seus resultados. Houve alguma premissa absurda? Alguma informação relevante ignorada? Algum erro de cálculo? Em outras palavras, os processos subjacentes aos modelos eram bons? Mas veja que a análise se dá no nível dos processos ("fizemos a coisa certa?"), não dos resultados. Estes só seriam úteis se pudéssemos repetir a mesma eleição, nas mesmas circunstâncias, várias vezes até ficar provado que Hillary ganharia na maioria, o que obviamente não existe.

Devemos julgar o processo decisório, não o resultado de um investimento.

As pessoas de mindset fixo acham que suas habilidades são um dado da natureza, algo que já nasceu com elas. Ou seja, algumas são naturalmente inteligentes e talentosas, e se beneficiam disso; às outras, resta aceitar. Já as pessoas de *mindset* de crescimento acham que é possível adquirir novas habilidades com esforço, estudo, vontade. "Eu ainda não sou bom em matemática", alguém assim poderia dizer, "mas vou ser."

Dweck faz uma grande defesa do *mindset* de crescimento: não importa tanto quem você é agora, mas no que está se transformando. Podemos aprender mesmo quando já idosos, podemos superar nossos medos e bloqueios, podemos em alguma medida mudar até a nossa personalidade. O sucesso é resultado de esforço, não de um dom sobrenatural conferido como uma bênção no nascimento.

Os dois mindsets fazem diferença especialmente nas horas de fracasso, e estas ocorrerão com frequência no mercado financeiro. Se você tem um mindset fixo, tende a atribuí-los à sua falta de capacidade: "Isso não é para mim, sou muito ruim nisso." Se o mindset for de crescimento, porém, é mais fácil amar o fracasso: estamos aprendendo com ele, afinal, e na próxima vamos fazer diferente.

A pessoa de mindset fixo não se pode dar ao luxo de errar, diz Dweck, porque isso provaria que ela não é talentosa: "Elas passam a vida tentando parecer espertas, nunca mostram vulnerabilidade, porque precisam se convencer de que são naturalmente inteligentes." Mas, se você acha que as coisas podem ser aprendidas e que quem somos é apenas um rascunho de quem seremos, que mal tem errar ou não saber as coisas?

Talvez você esteja cético: é óbvio que havia algo de diferente desde cedo no cérebro de um Einstein ou na capacidade esportiva de um Messi. É evidente que existe gente que nasceu melhor ou pior em todo tipo de habilidade. Mas o ponto não é que todo mundo seja igual. O ponto é que, dado o seu ponto de partida, você pode melhorar, você não é refém da posição de largada.

Mesmo no esporte, onde supostamente impera o talento e a seleção de crianças ainda muito novas na base do "presta ou não presta" para alguma modalidade, existem histórias espetaculares de vitória pelo esforço.

Michael Jordan, que foi cortado do time de basquete do ensino médio antes de virar Michael Jordan, disse: "Eu não tenho problema com o fracasso, todo mundo falha. O que eu não posso aceitar é não tentar", disse ele. "Eu errei mais de 9 mil arremessos na minha carreira. Perdi quase 300 jogos. Em 26 vezes cruciais, confiaram em mim para fazer a cesta da vitória, e eu errei. Eu falhei, falhei, falhei. Ainda assim, eu tive sucesso."

Jordan nunca achou que sua capacidade de jogar basquete fosse um dado. Treinava como se estivesse convencido de que talento não existe. Como resumiu John Bach, ex-assistente-técnico do Chicago Bulls: "Jordan era um gênio que queria sempre melhorar sua genialidade."

Um dos casos mais impressionantes do esporte talvez seja de Tom Brady, do futebol americano, considerado o melhor *quarterback* de todos os tempos — e além disso, seu maior mérito disparado, é marido de Gisele Bündchen.

No futebol americano (e em outros esportes nos Estados Unidos), os atletas são escolhidos pelos times após saírem da universidade. No seu ano, Brady foi apenas o 199º a ser escolhido, entre 254 jogadores. Sua nova equipe seria o New England Patriots: com o perdão da comparação, uma espécie de Figueirense do futebol americano — um time tradicional, mas que nunca tinha vencido um Super Bowl e que estava um pouco longe de alcançar esse sonho.

Não dá para botar a culpa nos times que o desprezaram: na equipe da Universidade do Michigan, onde estudou, Brady teve dificuldade para ser escalado entre os titulares. Apesar de uma imensa força de vontade, não era muito forte nem muito ágil.

"Como uma indústria bilionária, que investe rios de dinheiro em sistemas de detecção de talento, não conseguiu identificar Brady?", pergunta Bernardinho. "Os sistemas não conseguem detectar intangíveis humanos. Eles medem a potência com que o jogador consegue lançar a bola, mas não medem o mais importante: Brady era o cara mais dedicado, que mais estudava, que mais se preparava." Os jornalistas esportivos que acompanharam a carreira de Brady quando ele foi para o New England Patriots ficaram impressionados. Não conheciam nenhum jogador que trabalhasse tão duro. Era o primeiro a chegar e o último a sair dos treinos. Tinha uma dieta e uma programa de musculação que algumas reportagens descreveram como "neuróticos". Colocava metas altas e treinava, treinava, treinava.

"Acho que ser escolhido entre os últimos tem essa vantagem", disse Brady. "Você se vê obrigado a encontrar um caminho, você tem consciência de que precisa evoluir, trabalhar nas suas habilidades, que não há outro jeito senão a disciplina e o trabalho duro. Se você é escolhido logo de cara e todo mundo fica o tempo todo dizendo para você como você é maravilhoso, pode não ser assim."

Brady conseguiu mudar tudo após chegar ao Patriots: do seu corpo à precisão do seu arremesso. Nunca deixou de ser titular e conduziu o time à vitória de seis Super Bowls, tornando-se o maior campeão da história do esporte.

O futebol brasileiro sempre foi marcado pelo elogio do improviso e do talento em detrimento da preparação e do esforço: ídolos de 1994 e 2002 como Romário, Ronaldinho Gaúcho e Ronaldo sempre preferiram uma cervejinha do que um treino tático.

Os nossos quase 20 anos sem ganhar uma Copa, com um 7 x 1 no meio do caminho, porém, podem indicar que talvez o futebol mundial tenha se aproximado dos outros esportes e evoluído para ser menos artístico e mais físico: os jogadores correm cada vez mais, os chutes são mais fortes, a marcação é cada vez mais fechada. A experiência de assistir no YouTube a um jogo das Copas de 1970 ou 1982 é um tanto angustiante. As partidas eram lentas e os espaços eram vastos: parece que o campo tinha o triplo do tamanho. Mas o mundo mudou e, para citar o famoso narrador, não tem mais bobo no futebol. Talvez precisemos de um Tom Brady.

Nos investimentos, o caso de Warren Buffett não poderia ser mais simbólico. A gente ouve falar de Buffett e sente como se o velhinho fosse sinônimo de grande investidor desde o Império Romano. Não é assim. Por muitos anos, Buffett foi um investidor irrelevante do Nebraska do qual quase ninguém havia ouvido falar. Tinha 36 anos quando foi mencionado pela primeira vez na revista *Fortune*: como coadjuvante em uma matéria sobre outro investidor, mencionado numa única linha, com seu sobrenome escrito errado. Seu patrimônio àquela altura: US$ 8 milhões. Veja que a coisa não aconteceu de um dia para o outro na vida de Warren:

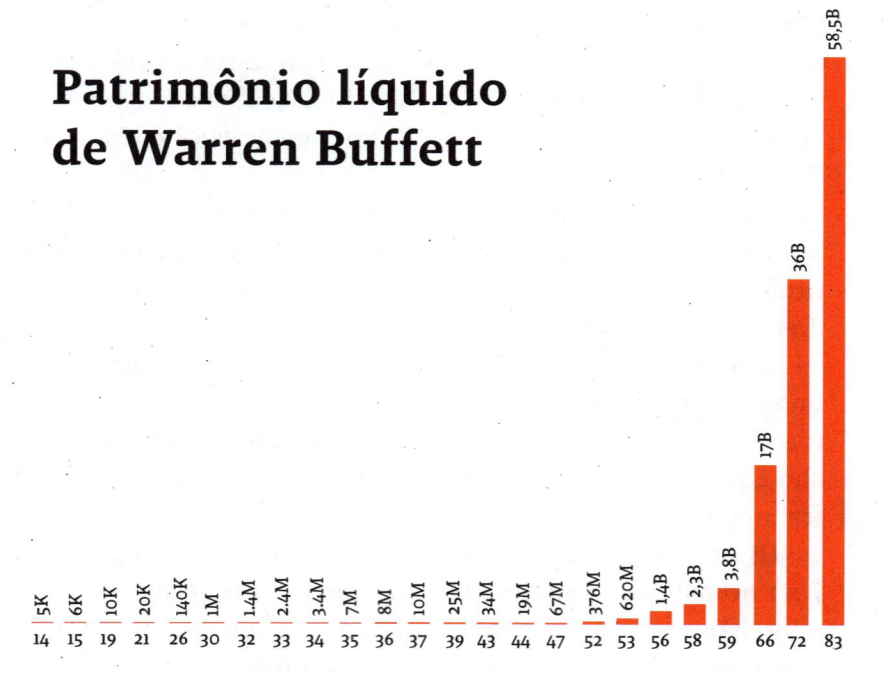

Patrimônio líquido de Warren Buffett

Idade	14	15	19	21	26	30	32	33	34	35	36	37	39	43	44	47	52	53	56	58	59	66	72	83
Patrimônio	5K	6K	10K	20K	140K	1M	1,4M	2,4M	3,4M	7M	8M	10M	25M	34M	19M	67M	376M	620M	1,4B	2,3B	3,8B	17B	36B	58,5B

Idade de Warren Buffett

Além disso, seu estilo de investimentos mudou muito ao longo das décadas. Como mencionamos anteriormente, no começo Buffett se pautava mais pelo preço. Mediante alguns critérios, garimpava barganhas, mesmo que a despeito da qualidade do negócio em algumas circunstâncias. Com o tempo, em boa medida por influência do seu sócio Charlie Munger, passou a ver que é melhor pagar um preço justo por uma empresa excepcional do que um preço muito baixo por uma empresa ruim.

"Comprar ações só porque elas estão muito baratas é como se interessar por uma bituca de cigarro no chão só porque ela oferece uma última tragada", diria Buffett em autocrítica.

Autocrítica porque foi fracassando que Buffett aprendeu a lição: em 1962, ele comprou as ações de uma empresa têxtil chamada Berkshire Hathaway por US$ 7,50. Nos registros contábeis, a empresa tinha um patrimônio por ação de US$ 20,20 — um suposto ótimo negócio, portanto. Deu tudo errado: o custo de produzir roupas nas fábricas era alto demais, o que tornava o negócio uma máquina de perder dinheiro. Em 1985, Buffett cansaria dos prejuízos e encerraria a produção. Não havia choque de gestão capaz de resolver aquilo. Da Berkshire Hathaway só restaria o nome, que hoje batiza a holding de investimentos de Buffett.

Não é sem razão que o mais famoso documentário sobre o investidor se chame *Becoming Warren Buffett*. ("Tornando-se Warren Buffett", e não "Sendo Warren Buffett" — ele construiu a si mesmo ao longo de décadas.)

Se você é mutável, não há razão para achar que sua visão de mundo em um determinado momento é necessariamente superior à dos outros — porque, afinal, você é um ser em constante evolução. Querer impor as suas opiniões é um traço do mindset fixo: as coisas são como são, eu não vou mudar, eu não posso estar errado.

Aliás, evite até ter muitas opiniões. Falamos no capítulo 3 sobre a moda da "ditadura do argumento", que ao nosso ver beneficia mais a retórica do que os fatos. Substitua-a pela "ditadura do teste": tente, veja o que funciona, aprenda com os erros. Você vai crescer pela insistência. Aqui se aplica o postulado de Dori: continue a nadar, continue a nadar.

Entenda também que só você pode fazer seus próprios testes: é claro que sempre há algo a aprender com os outros, mas no fim do dia temos de criar nosso próprio caminho, porque a história de sucesso alheia não é necessariamente replicável. Cada um precisa ter os próprios óculos.

Imaginemos o próprio Warren Buffett. Ele é replicável no Brasil? Se fôssemos pensar com rigor, não exatamente.

Embora Buffett recomende repetidamente que as pessoas não comprem ações com dinheiro emprestado, aí há um elemento de "faça o que eu digo, não faça o que eu faço". Um estudo do National Bureau of Economic Research estimou que historicamente Buffett aumentou seu capital em 60% por meio de empréstimos. É bastante. Os pesquisadores acreditam que ele só não se arruinou durante as diversas turbulências do mercado ao longo de mais de seis décadas porque seu foco em comprar grandes empresas estáveis e relativamente seguras compensou o risco de operar alavancado.

Mas ele pode fazer isso porque opera no mercado americano, onde o crédito é muito barato e amplo, especialmente para uma empresa com um *rating* de alto nível como a sua. Recentemente, a Berkshire chegou a emitir títulos de dívida com juros zero. Pois é, você empresta dez dólares para o Buffett e um dia ele lhe devolve... dez dólares. Isso seria viável no Brasil ou mesmo para uma pessoa física comum nos Estados Unidos? Não, e não é à toa que o próprio Buffett recomenda não fazer isso em casa.

DINHEIRO E FELICIDADE

Por fim, nessa discussão sobre como o investidor pode domar a própria mente e o próprio comportamento, tenha consciência de que dinheiro não traz necessariamente felicidade nem é a coisa mais importante.

O maior estudo sobre o assunto já feito é de Daniel Kahneman, prêmio Nobel de Economia já citado várias vezes neste livro, e de seu colega de Stanford Angus Deaton, realizado em 2010.

Eles analisaram respostas de mais de 450 mil americanos sobre sua percepção da própria vida. De 0 a 10, quanto estão satisfeitos com ela. (Que nota você daria? A média dos entrevistados é 6,76.) Além disso, dizem quanto sentiram "no dia de ontem" emoções como prazer, felicidade, raiva, tristeza, estresse, preocupação. Cruzaram essas respostas com todo tipo de informação demográfica, inclusive renda.

Há várias formas de calcular, que trazem resultados diferentes, mas Kahneman e Deaton apontam que, a partir de US$ 90 mil por ano, em valores de 2020, mais renda não significa mais felicidade. Considerando métricas de paridade de poder de compra, e lembrando que essas conversões não são extremamente precisas, isso seria algo como R$ 200 mil no Brasil, ou pouco mais de R$ 16 mil por mês.*

Gente de menor renda reporta mais infelicidade e sentimentos ruins. A partir de certo ponto, porém, o efeito se perde: uma vez que você garantiu certo conforto e segurança, comprar um segundo carro ou ter uma casa maior não vai fazê-lo gostar mais de viver.

É possível fazer essa análise pelo aspecto inverso: talvez seja o estresse de não saber como pagar as contas ou a angústia de viver sempre apertado que causem infelicidade. Empobrecer é particularmente doloroso: a pior escuridão é onde antes havia luz. A falta de dinheiro destrói os laços familiares, as pessoas brigam e guardam mágoas, os momentos de celebração rareiam quase a zero. Como vimos anteriormente quando falamos de vieses cognitivos, a dor de perder é muito mais intensa do que o prazer de ganhar.

---

* Veja, não se trata de meramente aplicar uma conversão cambial, situação em que o valor brasileiro seria no começo de 2020 muito maior do que R$ 200 mil, mas considerar também o custo dos bens nos diferentes países: viver no Brasil é mais barato do que nos Estados Unidos.

Sobre ganhar, tenha em mente ainda que os ganhos marginais são decrescentes. Se você só tem dinheiro para andar de ônibus, conseguir comprar um carro 1.0 usado é uma transformação radical no seu bem-estar. Evoluir para um carro melhor, mais novo, que não dê tanto problema e tenha ar-condicionado, também é bem satisfatório, mas já não é tão revolucionário. De um carro novo nacional razoável para um carro importado, a diferença é ainda menos perceptível, talvez exceto por algum status e algum conforto marginal: as luzes ligam sozinhas, o ruído é um pouco menor, mais lugares para colocar copos... Desse ponto ao luxo pelo luxo, comprando um modelo de várias centenas de milhares de reais, não há quase nada de concreto que vá mudar a qualidade do seu deslocamento urbano.

É verdade que o dinheiro proporciona experiências, mas aí também os ganhos marginais são limitados. Poder viajar para conhecer outros países é um grande salto para quem nunca viajou; mudar da classe econômica para a executiva tem menos impacto; da executiva para a primeira classe... Bom, duvidamos que alguém na primeira classe esteja tão eufórico para viajar quanto alguém que nunca entrou em um avião.

Isso não quer dizer que as pessoas não devam comprar carros caros, casas grandes ou passagens de primeira classe. É claro que é melhor tê-los do que não tê-los. O ponto é que os dados mostram que existe um fenômeno chamado adaptação hedonista: a gente se acostuma com as coisas, especialmente com as materiais, e depois de certo ponto elas não nos fazem necessariamente mais felizes.

Antonio Prata escreveu uma divertida crônica sobre o sonho realizado de, após a vida inteira, finalmente trocar o chuveiro elétrico pelo aquecimento central:

"Por 29 dias e 29 noites, fui feliz como um bebê no líquido amniótico. Se, no meio da tarde ou da noite, o tédio ou a tristeza me visitavam, lembrava do último banho, imaginava o próximo e sorria, satisfeito. Até que, na trigésima manhã, esta manhã de terça, da qual jamais me esquecerei, peguei-me sob a ducha quente pensando numa conta atrasada e resmungando sobre a fila do banco. O banho virara apenas mais um acontecimento banal, feito escovar os dentes ou cortar as unhas, e entendi, alheio à pressão e à temperatura, que nenhuma felicidade sobrevive à repetição."

Entre os elementos mais relacionados com a infelicidade, segundo Kahneman e Deaton, está em primeiro lugar, disparado, a solidão. Gente solitária reporta mais tristeza mesmo em comparação com quem tem problemas crônicos de saúde ou enxaqueca recorrente. Entre o remédio para a dor de cabeça e um amigo, escolha o segundo. Ser fumante e ser obeso também têm relação com maior infelicidade.

Entre aquilo que mais traz felicidade, ser religioso se destaca: não pela bênção divina, claro, mas justamente porque a igreja é um ambiente de grande socialização, apontam os pesquisadores. Não ser jovem também tem correlação positiva com ser mais feliz. É possível que o envelhecimento tenha um elemento de autoconhecimento e aceitação — fazer as pazes com o mundo ao seu redor — que ajude. Por fim, ter filhos traz um pouco de felicidade, mas não muita, e menos do que ter um plano de saúde.

Felicidade completa, porém, não existe. Nem infelicidade completa, como apontou o escritor italiano Primo Levi em *É isto um homem?* sobre o momento em que ele e outros judeus foram retirados de um campo de concentração no seu país para serem levados para a morte em Auschwitz:

"Cada um se despediu da vida da maneira que lhe era mais convincente. Uns rezaram, outros se embebedaram; mergulharam alguns em derradeira paixão. As mães, porém, ficaram acordadas para preparar com esmero as provisões para a viagem, deram banho nas crianças, arrumaram as malas, e, ao alvorecer, o arame farpado estava cheio de roupinhas penduradas para secar. Elas não esqueceram as fraldas, os brinquedos, os travesseiros — as pequenas coisas necessárias às crianças e que as mães conhecem tão bem. Será que vocês não fariam o mesmo? Se estivessem para ser mortos, amanhã, junto com seus filhos, será que hoje não lhes dariam de comer? [...] Cedo ou tarde, na vida, cada um de nós se dá conta de que a felicidade completa é irrealizável; poucos, porém, atentam para a reflexão oposta: que também é irrealizável a infelicidade completa."

ESCUTE O CHAMADO

Para encerrar este capítulo de maneira um pouco menos aflitiva, gostaríamos de falar de um aspecto da felicidade que é essencial não só para o investidor, mas para o que quer que se deseje fazer na vida.

Persiga sua vocação. Só você pode saber qual é — e talvez até precise flanar por aí sem rumo na sua busca, mas quando encontrá-la saberá no mesmo momento. Fazer o que se ama é um raro privilégio. Tempo é uma das raras coisas que dinheiro não pode comprar, e você não quer gastá-lo com atividades que sinta que não trazem prazer nem propósito à sua existência.

Ninguém sensato trocaria a possibilidade de ser um jovem livre e cheio de vida de 20 anos, ainda que sem dinheiro, para ser um senhor riquíssimo de 70. A jornada é muito mais valiosa do que o destino final, até porque não há destino final.

A vida é muito curta para fazer algo que se odeia só porque paga bem. Não há por que dispor de uma relação de escravidão com o dinheiro. Contar os dias até a aposentadoria é jogar fora a melhor época da sua vida.

> **Persiga sua vocação.**
> **Só você pode saber qual é.**

Nas palavras de Warren Buffett: "Acho que você tem que trabalhar para uma instituição ou para uma causa que você admire e valorize. Acho loucura ficar em um emprego só porque vai pegar bem no currículo ou porque eles pagam um pouco mais, prometendo para si mesmo que isso é temporário, que um dia você vai buscar fazer o que realmente gosta e ser feliz. É que nem economizar sexo para quando você for velho. Não faz muito sentido."

11
UMA MENSAGEM FINAL

FELIPE, SOBRE SEU PAI:

Se eu tivesse direito a voltar no tempo uma única vez, escolheria ter uma última conversa digna com meu pai. Ele infartou enquanto fazia exames de rotina. Eu corri para o hospital, até cheguei a encontrá-lo antes da operação, mas foi tudo muito rápido e, pior, eu não soube o que dizer.

Antes tivesse havido um completo silêncio. Há silêncios cheios de significado e afeto. Na falta de saber o que dizer, falei uma idiotice. Meu pai sentiu que aquilo era uma despedida e, já sendo levado em uma cadeira de rodas, virou-se para mim e disse "cê cuida da sua mãe". Eu respondi "você está dizendo coisas sem sentido, eu não vou falar com você disso", e essa foi a última coisa que ele ouviu do filho antes de morrer.

Por anos me doeu a ideia de que lhe causei uma morte intranquila, magoada, uma passagem estragada por um filho impertinente. Perseguia-me a imagem de um senhor sentido, absorto em pensamentos sobre a inevitável ingratidão da prole — e não é assim que são os filhos em qualquer lugar ou época? —, avançando por um corredor de luzes brancas certo de que aquilo era o fim.

Ele já não andava tranquilo.

Ramiro começou a vida como feirante e vendedor de macarrão de porta em porta. Dedicado e inteligente, fez carreira no banco Safra. Era feliz. Tinha profunda admiração pelo seu Joseph e intensa amizade com os colegas de banco. Da minha infância, lembro quando aparecia com alguns lá em casa. A maioria fumava muito, como se os cigarros fossem ser proibidos no dia seguinte, e a chegada de papai com seus amigos era anunciada antes de o elevador se abrir: primeiro o cheiro de nicotina, em seguida as gargalhadas, e só então os engravatados.

Tornou-se *trader* de ações, operando de casa por conta própria, e por algum tempo as coisas deram certo. Tínhamos uma vida confortável: apartamento grande no Alto de Pinheiros, a dois minutos do parque.

Traders ganham e perdem, muitas vezes mais perdem do que ganham, e meu pai teve as suas falências pelo caminho, mas nenhuma definitiva.

Até que, em 1995, veio o golpe maior. Ramiro operava alavancado, ou seja, com dinheiro emprestado, e estava muito otimista com o Plano Real. Com o real dando certo, ativos de risco como ações brasileiras iam se valorizar, e ele estava comprando tudo que podia.

Enquanto via as cotações derreterem, gritava em desespero: "Está caindo porque os filhos da puta do Pactual estão vendendo, porque não entendem porra nenhuma do Plano Real." O Plano Real daria certo, e ele estava correto nisso, mas os filhos da puta do Pactual estavam enxergando outra coisa: o brilhante André Jakurski já antevia a crise no México, que contaminaria os países em desenvolvimento, e vendia tudo que podia.

Meu pai quebrou, perdeu tudo. Tivemos de vender o apartamento e ir morar em outro muito menor. Aquilo nunca me incomodou, mas Ramiro entrou em um quadro de depressão profunda. Não era só o dinheiro que havia ido embora: ele havia perdido a autoestima, o sorriso, envergonhava-se do erro e sentia imensa culpa pelos danos causados à família. Afastou-se dos amigos, passou a beber mais que o normal. Nunca se per-

> doou. O que talvez fosse pior: achava, erradamente, que nós não o havíamos perdoado também.
> Se pudesse voltar àquela antessala da cirurgia, eu diria a Ramiro: eu te amo, pai, e que o mercado, as ações, os prejuízos, os apartamentos vão às favas. Eu deveria ter dito a ele que aquilo não importava, que ele era imensamente maior que um *trade* errado. Mas viver é perder oportunidades.

Assim como Ramiro, todo mundo erra. Os gênios e os imbecis. Os novatos e os experientes. Em economia e finanças, os heróis estão todos nus. Basta procurar. Paul Samuelson, o Nobel, escreveu na edição de 1989 do seu livro-texto de economia que a União Soviética mostrava que o planejamento central podia fazer o país prosperar e que seu PIB ainda iria ultrapassar o americano. Irving Fisher, um dos maiores economistas americanos de todos os tempos, disse em 1929, às portas da maior crise financeira da história, que as ações tinham atingido um nível de preços permanentemente alto.

Mesmo os maiores investidores cometem erros de *timing*, simplesmente porque não há como saber. A AmBev de Jorge Paulo Lemann comprou a Budweiser pouco antes do *crash* de 2008 e quase se complicou para conseguir quitar a operação. Benjamin Steinbruch comprou ações da CSN da família Rabinovich antes de forte queda. Quando se trata de ouro, Warren Buffett parece ter sido vítima de um feitiço cruel: toda vez que ele fala mal do metal, a cotação dispara logo em seguida. A maldição parece ter se estendido para as empresas aéreas no ano de 2020 — ele se desfez de suas posições por conta da crise ligada à pandemia de Covid-19 e viu os papéis subirem 50% poucos dias depois.

Um corolário da aleatoriedade do mundo é que erros ocorrerão. Não deixe de errar. Isso seria apenas sinal de que você desistiu de tentar. Busque apenas acertar mais do que errar e, quando errar, fazê-lo sem cair em ruína.

Nas horas boas, evite a todo custo o diabinho da arrogância. Ele não só vai afastá-lo das pessoas que você ama como vai fazer com que você possa fracassar. "As pessoas inteligentes estão cheias de dúvidas, e as burras estão cheias de certezas", disse Bertrand Russell. Essa frase é o resumo deste livro. Faça da vida uma jornada de autoquestionamento.

O professor de Yale David Brooks ensina sobre o valor do sofrimento no autoconhecimento. Ele conta que, após uma das aulas, um aluno de roupa alinhada, bronzeado e com cara de quem estava de bem com a vida foi até ele e disse: "Bom, professor, ouvi sua aula e... como eu posso encontrar algum sofrimento?" Brooks pensou, pensou e... "Não se preocupe, ele vai encontrar você."

Nas horas ruins, sejamos pacientes não apenas com nossos erros e dores, mas também com os erros e dores dos outros ao nosso redor. Nunca sabemos de verdade a luta que a pessoa ao lado está travando ou qual é o sofrimento que a persegue, por mais que ela tente fugir. Se você ganhou mais dinheiro do que os outros, não há motivo para achar que deveria ostentá-lo ou arvorar superioridade.

Poucas pessoas são tão insuportáveis quanto aquelas que só sabem falar em dinheiro. Assim como inteligência, dinheiro segue uma regra simples: se você precisa ficar dizendo que tem, é porque talvez não tenha tanto. Cultuar o dinheiro é patético: não se transforme no tiozão que no Natal só quer saber de contar quanto pagou pelo seu carro importado; seja a pessoa que acima de tudo quer saber como os outros estão. Fale menos, pergunte mais.

Se o nosso eu de hoje é comparado ao nosso eu de ontem, qualquer pequena vitória ou aprendizado é um passo à frente a ser comemorado, feito uma criança que aprende a andar um pouquinho mais longe ou a falar uma palavra nova. Se a nossa referência são os outros, porém, sempre haverá alguém mais rico, bem-sucedido ou feliz a angustiá-lo. (Eis o perigo das redes sociais.)

Assim como inteligência, dinheiro segue uma regra simples: se você precisa ficar dizendo que tem, é porque talvez não tenha tanto.

"Por décadas, pesquisas têm mostrado que metas de vida excessivamente materialistas estão relacionadas a maior ansiedade, depressão, maior uso de drogas e problemas de saúde", diz o cientista social Arthur Brooks, da Universidade Harvard.

Não é de hoje que se diz isso. Está inclusive na Bíblia, na primeira carta de São Paulo a Timóteo. Nós não somos particularmente religiosos, mas a mensagem é poderosa: "O amor ao dinheiro é a raiz de todos os males", repleto de "armadilhas e muitas vontades loucas e nocivas que atolam muitas pessoas na ruína e na completa desgraça." O problema, veja, não é ter dinheiro, mas colocá-lo à frente de todo o resto: "Ordena aos que são ricos no presente mundo que não sejam orgulhosos nem depositem a esperança na incerteza das riquezas [...] Orienta-os a praticarem o bem, e que sejam ricos em boas obras, sensíveis, solidários e generosos. Dessa maneira, acumularão um valioso tesouro para si mesmos."

No final, estamos todos nesta vida apenas tentando driblar nossos graves defeitos, buscando amar e sermos amados apesar deles, acima de tudo pelos nossos: a família, em todas as suas versões e diversidades possíveis, seja a família em que nascemos ou a que escolhemos construir. Nesta jornada, o dinheiro é um meio, não um fim: na amplitude de uma mansão vazia, só será maior a solidão daquele que não soube compartilhar amor.

AGRADECIMENTOS

Nosso muito obrigado para a Gabi; à dupla João e Maria também. Obrigado, Luiz, Maria, Gabi e Mateus.

Agradecemos também a Caio Mesquita, Rodolfo Amstalden e a todo o time da Empiricus. E à equipe da editora Intrínseca: Jorge Oakim, Cristhiane Ruiz, Renata Rodriguez e Rebeca Bolite.

Uma versão do primeiro capítulo deste livro circulou entre assinantes para considerações. Pelos seus comentários, agradecemos a Alexandre de Godoy, Anderson Nascimento, Antônio Almeida, Beatriz Rego, Carlos Vargas, Célio Cordeiro, Celso Chino, Claudia Pereira, Davi Mendes, Denis Miyai, Deône Barros, Edson Taka, Eduardo Pessanha, Eduardo Vianna, Eugênio de Alvarenga Moreira, Fábio Mendes França, Felipe Saldanha Duarte, Fernando Campos Araújo, Firmino Costa, Giancarlo Maffezzolli, Giovanni Frazilli, Glauber Tadeu, Guilherme Alves, Guilherme Scheeren, Heberton Oliveira, Henrique Rigitano, Jorge Alfredo Missaggia, Jorge Luiz Nicchio Filho, José Wilmar Krautler, Leandro Granemann, Lincoln Lago Oliveira, Lucas Brizzola, Márcio Tavares, Marco Ho, Marcos Archina Weigt, Marcos Marcondes, Marivaldo Dantas de Araújo, Marli Caruso, Marlon Brandi Corrêa, Mauri Gonçalves, Newton Luiz Fonseca, Paulo Cardozo, Pedro Farah, Pedro Rousseff, Pedro Signorelli, Ranalfo Maia, Régis Schorr, Renan Kabariti, Renan Vinicius Almeida, Ricardo Malaquias, Roberto Cardozo, Roberto Kenji, Roberto Vilela, Thalles Guttemberg, Thiago Lisboa, Tiago Prata, Tomas Stroke, Ueldo Miguel Plentz Rodrigues, Umberto D'Avelli, Vinicius Cavalieri, Walter Alexandre Ayres Bruno, Willian Mendonça da Silva e Wilke Teixeira dos Santos.

OS LIVROS DESTE LIVRO

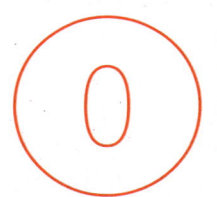

O autor que mais influenciou tudo que foi escrito neste livro é Nassim Nicholas Taleb. Seus cinco livros mais conhecidos são:

Iludidos pelo acaso: A influência da sorte nos mercados e na vida, editora Objetiva, 2019.
A lógica do cisne negro: O impacto do altamente improvável, editora Best Seller, 2015.
The Bed of Procrustes: Philosophical and Practical Aphorisms, Random House, 2016.
Antifrágil: Coisas que se beneficiam com o caos, editora Objetiva, 2019.
Arriscando a própria pele: Assimetrias ocultas no cotidiano, editora Objetiva, 2018.

Além disso, há diversas recomendações de livros, capítulo a capítulo. Todas as sugestões são acessíveis ao leitor não especializado. Evitamos os livros-texto ou aqueles excessivamente acadêmicos.

CAPÍTULO 1

Sobre a dificuldade dos especialistas para fazer previsões:
Superprevisões: A arte e a ciência de antecipar o futuro, de Philip E. Tetlock e Dan Gardner, Objetiva, 2016.

Ceticismo de um ponto de vista mais científico e contemporâneo:
O mundo assombrado pelos demônios: A ciência vista como uma vela no escuro, de Carl Sagan, Companhia de Bolso, 2006.

Sobre aleatoriedade:
O andar do bêbado: Como o acaso determina nossas vidas, de Leonard Mlodinow, Zahar, 2009.

Para entender melhor Richard Feynman:
O arco-íris de Feynman: O encontro de um jovem cientista com um dos maiores gênios de nosso tempo, de Leonard Mlodinow, GMT, 2005.
Só pode ser brincadeira, sr. Feynman!, de Richard Feynman, Intrínseca, 2019.

Sobre Alan Greenspan e seus erros:
O mapa e o território: Risco, natureza humana e o futuro das previsões, de Alan Greenspan, Portfolio Penguin, 2013.
A Era da Turbulência: Aventuras em um novo mundo, de Alan Greenspan, Elsevier, 2008.

Sobre a história do LTCM:
Quando os gênios falham: A ascensão e queda da Long-Term Capital Management (LTCM), Roger Lowenstein, Gente, 2009.

Sobre Montaigne, nosso preferido:
Como viver: Ou uma biografia de Montaigne em uma pergunta e vinte tentativas de resposta, Sarah Bakewell, Objetiva, 2012.

Sobre Karl Popper:
A sociedade aberta e seus inimigos, de Karl Popper, Edições 70, 2012.

Sobre a teoria do falseacionismo, de Popper:
A lógica da pesquisa científica, de Karl Popper, Cultrix, 2013.

Sobre seu discípulo George Soros:
"As Palestras de George Soros na Central European University", que é uma transcrição — Soros não escreve muito bem.
George Soros: Definitivo, de Robert Slater, Elsevier, 2009.

Para conhecer a obra de Sextus Empiricus:
Alguns dos textos do filósofo foram traduzidos pela Editora Unesp.

Obras de Friedrich Nietzsche que serviram de referência:
Ecce Homo, Companhia de Bolso, 2008.
Para além do bem e do mal, BestBolso, 2016.

CAPÍTULO 2

Para entender o livre mercado e o sistema de preços:
Livre para escolher, de Milton Friedman, Record, 2015.

Para os trechos sobre história do Brasil, você pode ler a obra de um dos autores deste livro, Ricardo Mioto. Para uma obra mais séria e focada em história econômica, Jorge Caldeira.
Breve história bem-humorada do Brasil, Ricardo Mioto, Record, 2019.
História da riqueza no Brasil, de Jorge Caldeira, Estação Brasil, 2017.

Mais especificamente sobre o Plano Cruzado e a luta do país para vencer a inflação:
A Saga Brasileira: A longa luta de um povo por sua moeda, de Miriam Leitão, Record, 2013.

Clássico sobre a hipótese dos mercados eficientes:
A Random Walk Down Wall Street, de Burton Gordon Malkiel, W. W. Norton Company, 2020.

Para uma crítica da teoria dos mercados eficientes:
Misbehaving: A construção da economia comportamental, de Richard H. Thaler, Intrínseca, 2019.
Nudge: Como tomar melhores decisões sobre saúde, dinheiro e felicidade, Richard H. Thaler, Objetiva, 2019.

CAPÍTULO 3

Sobre narrativas no mercado financeiro:
Narrative Economics: How Stories Go Viral and Drive Major Economic Events, de Robert Shiller, Princeton University Press, 2020.

Sobre a teoria de "sistema imunológico psicológico" de Daniel Gilbert:
O que nos faz felizes, Daniel Gilbert, Elsevier, 2006.

Sobre as ideias e Deirdre McCloskey e Pérsio Arida:
Rhetoric of Economics, Deirdre N. McCloskey, University of Wisconsin Press, 1998.
"A história do pensamento econômico como teoria e retórica", Pérsio Arida.

Sobre memória:
A arte de esquecer: Cérebro, memória e esquecimento, de Ivan Izquierdo, Vieira & Lent, 2004.
Para uma abordagem mais literária do assunto, Jorge Luis Borges é uma sugestão.

Para conhecer mais de Eduardo Giannetti:
Auto-engano, de Eduardo Giannetti, Companhia das Letras, 2005.

Trópicos utópicos: Uma perspectiva brasileira da crise civilizatória, de Eduardo Giannetti, Companhia das Letras, 2016.

Sobre a Amazon e a menção à preocupação de Jeff Bezos com a falácia da narrativa:
A loja de tudo: Jeff Bezos e a era da Amazon, de Brad Stone, Intrínseca, 2014.

CAPÍTULO 4

Referência central para esse capítulo:
Rápido e devagar: Duas formas de pensar, de Daniel Kahneman, Objetiva, 2012.

Para conhecer a história por trás do desenvolvimento da economia comportamental:
O projeto desfazer: A amizade que mudou nossa forma de pensar, de Michael Lewis, Intrínseca, 2017.

Sobre vieses:
Falando com estranhos, de Malcolm Gladwell, Sextante, 2019.

Sobre Steve Jobs:
Steve Jobs, de Walter Isaacson, Objetiva, 2015.

CAPÍTULO 5

Referência fundamental para este capítulo:
Investindo em ações no longo prazo: O guia indispensável do investidor do mercado financeiro, de Jeremy Siegel, Bookman, 2015.

Sobre viver no curto ou no longo prazo:
O valor do amanhã, de Eduardo Giannetti, Companhia das Letras, 2005.

CAPÍTULO 6

Sobre Philip Fisher:
Ações comuns, lucros extraordinários, de Philip A. Fisher, Saraiva, 2011.

Para conhecer a história de Lemann e companhia e da Ambev:
Sonho grande: Como Jorge Paulo Lemann, Marcel Telles e Beto Sicupira revolucionaram o capitalismo brasileiro e conquistaram o mundo, de Cristiane Correa, Sextante, 2013.

Sobre Sam Walton e Walmart:
Sam Walton: Made in America, Sam Walton e John Huey, Elsevier, 2006.

A citação de Charlie Munger sobre o poder do marketing:
The Tao of Charlie Munger, de David Clark, Scribner, 2017.

Sobre o Google:
Como o Google Funciona, de Eric Schmidt e Jonathan Rosenberg, Intrínseca, 2015.

Sobre Elon Musk:
Elon Musk: Como o CEO bilionário da SpaceX e da Tesla está moldando nosso futuro, de Ashlee Vance, Intrínseca, 2015.

Sobre as teorias de Phil Rosenzweig:
The Halo Effect, Phil Rosenzweig, Simon & Schuster, 2008.

O livro de Alan Greenspan citado no capítulo é:
Capitalismo na América: Uma história, de Alan Greenspan e Adrian Wooldridge, Record, 2020.

Sobre marketing, o autor mais conhecido provavelmente é Philip Kotler, que escreveu diversos livros.

Sobre cultura empresarial:
Paixão por vencer, de Jack Welch, Campus, 2005.

Para mais histórias de sucesso e fracasso empresarial no Brasil:
Bilhões e lágrimas: A economia brasileira e seus atores, de Consuelo Dieguez, Portfolio Penguin, 2014.

Para casos estrangeiros:
Aventuras empresariais, de John Brooks, Best Business, 2016.

CAPÍTULO 7

Sobre Warren Buffett:
A bola de neve: Warren Buffett e o negócio da vida, de Alice Schroeder, Sextante, 2008.
O jeito Warren Buffett de investir, de Robert Hangstrom, Saraiva, 2008.
"Imitation is the Sincerest Form of Flattery: Warren Buffett and Berkshire Hathaway", de Gerald Martin e John Puthenpurackal.

Para conhecer Benjamin Graham:
O investidor inteligente, de Benjamin Graham, HarperCollins, 2017.

Para uma leitura mais recente sobre investimento em fundamentos:
Value Investing: From Graham to Buffett and Beyond, de Bruce Greenwald, Judd Kahn, Paul D. Sonkin e Michael van Biema, John Wiley & Sons, 2001.

Sobre intuição:
Blink: A decisão num piscar de olhos, de Malcolm Gladwell, Sextante, 2016.

CAPÍTULO 8

As ideias centrais deste capítulo se referem à obra de Taleb, já mencionada.
Recomendamos também:
Um homem para qualquer mercado: De Las Vegas a Wall Street, como derrotei a banca e o mercado, de Edward Thorp, Portfolio Penguin, 2018.
O famoso *The Little Book That Beats the Market,* de Joel Greenblatt, foi traduzido no Brasil como *A fórmula mágica de Joel Greenblatt para bater o mercado de ações,* Benvirá, 2020.

Para conhecer melhor Ray Dalio:
Princípios: Vida e Trabalho, Intrínseca, 2018.

Referência essencial a esse capítulo:
Dominando o Ciclo de Mercado: Aprenda a reconhecer padrões para investir com segurança, de Howard Marks, Alta Books, 2020.

Sobre os mencionados ciclos do boi (pois é):
O Milagre do Boi Brasileiro, de Gitânio Fortes e Fernando Yassu, Publique, 2009.

Sobre euforias:
Desta vez é diferente: Oito séculos de loucura financeira, de Carmen Reinhart e Kenneth Rogoff, Actual, 2013.
Manias, pânicos e crises: Uma história das catástrofes econômicas mundiais, de Charles Kindleberger, Saraiva, 2013.

Sobre a Nova Matriz Econômica e a economia brasileira dos anos do PT:
Complacência: Entenda por que o Brasil cresce menos do que pode, de Fabio Giambiagi e Alexandre Schwartsman, Campus/Elsevier, 2014.

CAPÍTULO 9

Para conhecer a referência central a esse capítulo, Harry Markowitz:
Portfolio Selection: Efficient Diversification of Investments, de Harry Markowitz, Yale Press University, 2013.

Sobre John Burr Williams:
The Theory of Investment Value, de John Burr Williams. bnpublishing.com, 2014

Sobre alocação:
Pioneering Portfolio Management: An Unconventional Approach to Institutional Investment, de David F. Swensen, Free Press, 2009.

CAPÍTULO 10

Para encontrar a frase de Niki Lauda e outros livros de Gustavo Franco:
Antologia da maldade: Um dicionário de citações, associações ilícitas e ligações perigosas, de Gustavo H. B. Franco e Fabio Giambiagi, Zahar, 2015.
As leis secretas da economia: Revisitando Roberto Campos e as leis do Kafka, de Gustavo H. B. Franco. Zahar, 2012.
A moeda e a lei: Uma história monetária brasileira, 1933-2013, de Gustavo H. B. Franco. Zahar, 2017.

Sobre o valor da verdade, o já mencionado *Princípios*, de Ray Dalio.

Todos os livros de Drauzio Varella são bons, mas sugerimos especialmente:
O médico doente, de Drauzio Varella, Companhia das Letras, 2007.

Para a citação de Robert Skidelsky e uma ótima reflexão sobre enriquecimento e felicidade:
Quanto é suficiente? O amor pelo dinheiro e a defesa da vida boa, de Robert Skidelsky e Edward Skidelsky, Civilização Brasileira, 2017.

Sobre a travessia de Amyr Klink:
Cem dias entre céu e mar, de Amyr Klink. Companhia das Letras, 2005.

Sobre a teoria do mindset de Carol Dweck:
Mindset: A nova psicologia do sucesso, de Carol Dweck, Objetiva, 2017.

Nosso livro favorito de Antonio Prata:
Trinta e poucos, de Antonio Prata, Companhia das Letras, 2016.

Para captar o espírito deste livro:
A perfeição não existe: Paixão do futebol por um craque da crônica, de Tostão, Três Estrelas, 2012.

Para conhecer mais sobre Primo Levi
É isto um homem?, de Primo Levi, Rocco, 2019.

CAPÍTULO 11

Para concluir, o mais importante: se não leu, leia Guimarães Rosa e Dostoiévski.

APÊNDICE

TÉCNICO

ANÁLISE DE MÚLTIPLOS E FDC

Neste apêndice, damos mais detalhes técnicos sobre dois temas discutidos no capítulo 7. O primeiro são os principais múltiplos observáveis no balanço patrimonial ou nos resultados de uma empresa. O segundo é o método do fluxo de caixa descontado.

ANÁLISE DE MÚLTIPLOS

Como apresentado no capítulo 7, os múltiplos servem como uma tentativa de padronização de quanto se paga por uma ação. Com eles, é possível estabelecer comparações de empresas, apesar das limitações amplamente discutidas no livro.

Vamos começar pelos múltiplos que podem ser observados no balanço:

Valor de mercado/caixa (ou preço da ação/caixa por ação) Se for menor do que 1, a empresa vale menos do que tem no caixa, o que é uma indicação de que está muito barata. É uma aberração, mas acontece, ainda que muito raramente. Às vezes está assim, e faz sentido estar, porque a empresa é queimadora de caixa, ou seja, está torrando seu dinheiro de forma insustentável.

Valor de mercado/valor do ativo circulante
Se menor do que 1, a empresa vale menos do que ativos mais líquidos. Também é indicativo de que está barata. Ferbasa foi assim por bastante tempo.

Valor de mercado/valor patrimonial
Se menor do que 1, a empresa vale menos do que o capital social. É outra indicação de que está barata. Particularmente usado para banco. É preciso olhar ROE: às vezes a empresa não consegue rentabilizar o patrimônio. PDG foi um exemplo. Pode ser também que o patrimônio esteja inflado: se fosse vender aquilo no mercado, os valores reais seriam muito menores.

Preço/valor do ativo líquido (NAV)
Ao contrário do patrimônio líquido, aqui estamos somando todos os ativos *a valor de mercado*. Subtrai-se a dívida e temos o valor do ativo líquido, o NAV. Se o preço/NAV é menor do que 1, está barato. É um múltiplo muito usado para holdings ou fundos com participação em outras empresas. Na prática, compara o valor de mercado da holding com o valor dos investimentos. É preciso botar na conta os custos da holding.

Preço/valor de liquidação
Se a empresa for liquidada (ou seja, fechar e vender todos os ativos), quanto levanta? Depois de pagar as dívidas, quanto sobra? Se é menor do que 1, também seria um indicador de que está barato. Um problema é este: a empresa não está sendo liquidada, então do que adianta? Ela pode continuar torrando seu caixa por muito tempo e não fazer isso. Um exemplo clássico é HRT.

Preço/custo de reposição
Quanto custaria para montar uma empresa igual? Se mais do que o preço da empresa, medido pelo seu valor de mercado, seria interessante. Também é um indicador complicado. O custo de reposição de uma empresa pode ser elevadíssimo. Se ela não dá lucro, de que adianta?

Vamos agora nos deter nos múltiplos observáveis a partir dos resultados das empresas:

Preço/lucro

O famoso P/L. Aqui calculado como o valor de mercado (ou seja, o preço da ação vezes o número de ações) dividido pelos lucros anuais (que pode também, claro, ser calculado pelo preço da ação dividido pelo lucro por ação). É o múltiplo mais conhecido, mas sozinho não diz muita coisa. Uma incorporadora com P/L de 9 pode estar cara, uma empresa de tecnologia com P/L de 20 pode estar barata. É preciso sempre comparar. Com quem? 1) Com pares da Bolsa, dentro do mesmo setor. 2) Com renda fixa, se a ação tiver perfil mais estável, pois basicamente mostra quantos anos de lucros demora para devolver o preço. 3) Com o próprio histórico da empresa: se sempre negociou a 15 lucros, por que agora está apenas a 10 lucros?

Além disso, veja que o lucro é um indicador contábil, que pode ser afetado por elementos não recorrentes e não operacionais, como o resultado financeiro, a mudança de alíquota de impostos ou a depreciação e a amortização.

Enterprise value/Ebitda

Para resolver o problema citado no parágrafo acima, este indicador usa o Ebitda dos últimos 12 meses, que não inclui coisas como resultado financeiro ou depreciação. Veja que aqui é necessário usar o *enterprise value* (que é o valor de mercado mais a dívida líquida), não apenas o valor de mercado. Este representa apenas a participação dos acionistas. Ele é utilizado no P/L porque o lucro é o fluxo que pertence aos acionistas. O Ebitda, porém, será dividido entre acionistas e credores. Logo, é preciso considerar também a dívida líquida no numerador.

Se você misturar preço com Ebitda, terá problemas: uma empresa pode ter um Ebitda elevadíssimo, com uma razão Preço/Ebitda baixíssima que vai parecer muito atraente. Se a sua dívida também for alta, porém, todo o dinheiro pode ir para pagar juros. Veja se o Ebitda chega mesmo no acionista.

A exemplo do P/L, serve apenas como critério comparativo. Tome cuidado com Ebitda ajustado. De modo geral, preferimos lucro, observando se ele é recorrente.

Enterprise value/vendas
Ou seja, valor de mercado mais dívida líquida sobre vendas em um determinado período. Costuma ser usado por empresas de tecnologia, às vezes pelo varejo. Quanto menor, melhor: sinal de que a empresa vale pouco em proporção às suas vendas. É similar ao **enterprise value/backlog**, normalmente usado em empresas industriais, a partir da carteira de pedidos de prazo longo. Não gostamos muito desses dois porque não adianta ter receita e não ter margem. Como esses indicadores não incluem custos, não capturam quanto de valor se extrai da carteira de pedidos ou da receita.

FLUXO DE CAIXA DESCONTADO (FCD)

Calcula-se a fluxo de caixa descontado de uma determinada companhia a partir da seguinte equação:

$$DCF = \frac{CF_1}{(1+r)^1} + \frac{CF_2}{(1+r)^2} + \ldots + \frac{CF_n}{(1+r)^n}$$

Ou seja, o fluxo de caixa descontado (DCF, da sigla em inglês) é igual à soma dos fluxos de caixa de cada ano porvir (CF), dividido por uma taxa de desconto apropriada.

Peguemos o ano 1 (CF_1). Imaginemos um fluxo de caixa previsto de R$ 1.000. Trabalhemos com uma taxa de juros (r) de 10% ao ano. Dividiríamos, portanto, R$ 1.000 por $(1 + 10\%)^1$. Isso significa dividir R$ 1.000 por 1,1, o que nos dá o valor de R$ 909.

No ano seguinte, imaginemos um fluxo de caixa previsto de R$ 2.000. Mantendo a taxa de juros, ele será dividido por $(1 + 10\%)^2$ — perceba que agora estamos elevando ao quadrado, porque se passaram dois anos, ou seja, há uma segunda rodada de juros anuais incidindo. No ano seguinte elevaremos o denominador ao cubo e assim por diante. No caso do segundo ano, R$ 2.000/1,21 é igual a R$ 1.653.

Iremos somando esses valores até o infinito. Conforme o expoente n do denominador vai se tornando alto, o resultado das divisões tende a diminuir no longo prazo, ainda que os numeradores também cresçam. Ou seja, a fórmula privilegia os resultados dos anos mais próximos em detrimento dos mais distantes.

O CÁLCULO DO FLUXO DE CAIXA

O fluxo de caixa *da empresa* representa quanto sobra de dinheiro para os acionistas *e* para os credores. O fluxo de caixa (CF, na equação anterior) de um determinado ano pode ser encontrado da seguinte forma.

Fluxo de caixa = Ebit x (1 - impostos) + depreciação - investimento - variação do capital de giro

O Ebit, que é o lucro operacional, pode ser encontrado a partir da receita bruta, subtraindo impostos diretos, custo dos produtos vendidos, despesas gerais, administrativas e com vendas.

Os impostos precisam ser descontados do fluxo de caixa também. No caso acima, estamos multiplicando o Ebit por 1 - impostos. Imagine uma carga tributária de 20%. Isso significa multiplicar o Ebit por 80%, limpando-o dos tributos.

A depreciação é somada. Contabilmente ela representa uma despesa, mas não tem impacto no caixa. (Imagine uma máquina da empresa que perde valor. Isso é registrado contabilmente, mas não afeta a quantidade efetiva de dinheiro que a firma coloca no bolso dos acionistas e credores.)

O investimento é subtraído, porque este sim representa uma saída de caixa. Se a empresa compra uma máquina nova, o dinheiro deixa de ir para o bolso dos acionistas e credores.

Perceba que o investimento não aparece na DRE (demonstração do resultado do exercício) de uma empresa, e por isso não é descontado ao calcularmos o lucro operacional.

Por fim, há que se subtrair a variação do capital de giro. Se você teve de financiar seus fornecedores, isso consumiu o seu caixa. Isso também não transita pela DRE. A variação do capital de giro é calculada subtraindo-se o passivo circulante do ativo circulante.

COMO ESTIMAR RECEITA?

Perceba que arbitrar um fluxo de caixa de uma companhia para anos futuros envolve estimar uma série de valores.

O primeiro é a receita bruta ou líquida (não importa tanto, dado que os impostos são conhecidos).

Setores diferentes têm modos diferentes de estimar receita. Em consumo, por exemplo, utiliza-se uma projeção de crescimento de vendas para as lojas já existentes (o que o mercado chama de "receita mesmas lojas"). Para as lojas novas, é feita uma estimativa de vendas a partir do número de metros quadrados e considerando uma curva de maturação histórica das vendas — as lojas podem demorar um pouco a engrenar. Soma-se essas duas quantias para chegar a uma projeção de receita de uma varejista para um ano futuro qualquer.

Na indústria, normalmente se utiliza uma projeção de crescimento da quantidade produzida a partir do crescimento projetado do PIB. Isso é multiplicado pelo preço futuro do produto, que também precisa ser estimado. Para empresas que têm prazos longos de entrega, como uma fabricante de aviões, a carteira de pedidos serve como forma de enxergar o tamanho da demanda futura por seus produtos.

Aqui vale falar um pouco sobre projeções de preço futuro dos produtos. Em alguns setores isso é mais fácil, como em concessões, em que o preço em geral é previsto em contrato com a agência reguladora, embora no Brasil tudo possa acontecer. No caso de empresas produtoras de commodities, preço futuro é uma grande dificuldade.

O setor financeiro é um mundo à parte, porque não tem resultado operacional. Para empresas que não apresentam fluxo operacional (Ebit), como bancos, pode-se utilizar o modelo de Durant. A lógica é parecida, mas não estima fluxos de caixa, mas sim os fluxos descontados de dividendos. Nesse caso, em vez de dividir por uma taxa de juros ponderada exigida por credores e acionistas, calcula-se dividindo unicamente pela taxa dos acionistas, já que o dividendo pertence apenas a elas.

COMO ESTIMAR MARGEM?

A partir da receita, é preciso chegar ao lucro bruto. Isso pode ser feito estimando linha por linha os custos de cada insumo ou estipulando uma margem bruta razoável a partir de dados históricos.

O mesmo vale para o lucro operacional: é possível tentar estipular linha por linha previsões de despesas gerais e administrativas, com vendas e outras. Outra forma é buscar estimar uma margem operacional razoável.

Aqui não tem tanta particularidade setorial. É preciso olhar o preço dos componentes comprados e tentar entender a capacidade da empresa de gerir suas despesas operacionais. É meio inevitável aqui respeitar os padrões históricos e as tendências setoriais, sem maior pirotecnia. Uma empresa que sempre deu 40% de margem bruta não vai dar um pulo para 60%. Não conte com isso, ao menos.

Com isso, chega-se ao Ebit.

E MAIS...

Com o Ebit em mãos, ainda precisamos de outros valores.

Os impostos, como dito, não são tão problemáticos, porque suas alíquotas são conhecidas. Depreciação também não é difícil: olhamos quanto ativo fixo a empresa tem e colocamos uma taxa de depreciação, como 20% ao ano.

Variação do capital de giro: ou você estima linha por linha no balanço ou você supõe um percentual da variação da receita. Se a receita cresce x, você supõe que entre 10% e 20% de x serão destinados a aumentar o capital de giro. A lógica é que, conforme a empresa cresce, maior a sua necessidade de giro.

Sobre investimentos, é preciso ver o plano de expansão da companhia e conversar com ela. Normalmente, há *guidance* sobre isso, ou seja, a empresa tem um número público sobre quanto pretende investir, o chamado *capex*. De modo mais geral, fale sempre que necessário com o departamento de relações com os investidores da empresa. Eles estão lá para atendê-lo.

Com tudo isso, finalmente podemos calcular... o primeiro ano de fluxo de caixa. Replicando o procedimento com números estimados para o ano dois, podemos calcular o segundo e assim por diante, até n.

Até n? Se estamos supondo que a empresa vai existir para sempre, isso significa que o sujeito vai ficar fazendo essa conta até o infinito? Não, há uma solução para isso.

FCD EM DOIS ESTÁGIOS

Para estimar os fluxos de caixa descontados até o infinito, vamos quebrar o seu cálculo em dois estágios.

O primeiro é o que vamos chamar de **horizonte de projeção**.

Esse é o período para o qual de fato vamos estimar os fluxos anuais de caixa da forma que descrevemos acima. Estamos assumindo que há certa irregularidade nesses fluxos, estão vamos procurar conhecê-los um a um. Normalmente, considera-se um período entre cinco e quinze anos.

O segundo estágio é a **perpetuidade**.

Após esse período inicial, vamos assumir que a empresa entra em uma espécie de estado estacionário, crescendo sempre no mesmo ritmo, a uma taxa fixa.

Ou seja, vamos estimar os fluxos ano a ano no primeiro período. Se estivermos falando de dez anos, calcularemos CF1, CF2... CF9 e CF10.

Depois disso, arbitraremos uma taxa de crescimento fixa (como 5%). Ou seja, CF11 será CF10 * 1,05. CF12 será CF11 * 1,05 e assim por diante.

Se essa taxa de crescimento for menor do que a taxa de juros que estamos utilizando, perceba que ano a ano o fluxo de caixa descontado correspondente ficará menor, já que o denominador (a taxa de desconto) cresce mais rápido do que o numerador (o CFn) naquela nossa primeira equação.

Isso transforma a perpetuidade em uma progressão geométrica infinita decrescente. Não vamos entrar aqui na matemática, mas o valor residual no período n pode ser calculado então como CFn+1/r-g, sendo *CFn+1* o fluxo do caixa no ano imediatamente posterior ao fim do horizonte de projeção (no caso acima, CF11), *r* a taxa de juros e, por fim, *g* a taxa de crescimento.

A TAXA DE JUROS

Qual a taxa de juros apropriada para descontar os fluxos de uma empresa?

Essa taxa remunerará aqueles que ofereceram capital para a empresa. Há dois tipos de gente fazendo isso: os credores e os acionistas. A taxa de juros é uma média ponderada entre a taxa exigida por aqueles (custo da dívida) e a taxa exigida por estes (custo do *equity*).

Eis como se calcula a média ponderada do custo de capital (WACC, na sigla em inglês):

$$WACC = \frac{E}{E+D} * R_E + \frac{D}{E+D} * R_D * (1 - T)$$

E é o valor total de mercado da empresa. D é o valor total da dívida. R_D é o custo médio da dívida. R_E é o custo do *equity*. Já falaremos de (1 - T).

Imagine uma empresa em que os acionistas oferecem 60% do capital necessário; os credores, 40%. Os acionistas exigem um retorno de 10% ao ano. Os credores, de 5%. Essa empresa têm um capital de apenas R$ 100. Suponhamos, no momento, T igual a zero.

Isso implicaria um custo de capital de 60*10%/100 + 40*5%/100 = 8% ao ano.

T é a taxa de impostos. Ele entra na equação porque há benefício fiscal na dívida: ela não paga impostos. O WACC precisa ser ponderado por isso.

O custo médio da dívida é conhecido: sabemos quanto a empresa paga de juros e qual o tamanho da dívida, pois esses dados estão disponíveis no balanço. O valor de mercado também é conhecido.

A única coisa que não sabemos é o custo do *equity*, que só pode ser estimado a partir de modelos, como o CAPM (Capital Asset Pricing Model).

ÍNDICE REMISSIVO

11 de Setembro, 14-15
3G Capital, 110, 126, 131

A
AB InBev, 110, 128
Alexandre, o Grande, 23
Ali, Muhammad, 196
Alibaba, 17
All Weather Portfolio, 220
Amazon, 57, 125, 128, 142, 277
Ambev, 111, 113, 116, 121, 126, 128-29, 131, 136, 158, 160-61, 229, 269
América Latina Logística, 120
Amstalden, Rodolfo, 29, 31, 297
análise de múltiplos, 146, 284-88
análise fundamentalista, 145-46
análise técnica, 101
Andrade, Leonel, 161
antifragilidade, 174, 203, 273
Apple, 113, 117, 142, 170, 195-96
Aracruz, 182
Arezzo, 159
Arida, Pérsio, 60-61, 276
Artemis, 218

Asch, Solomon, 193
aversão à perda, 75-76, 87, 190

B
B3, 157, 229,
Banco Central do Brasil, 9-10, 202, 252
Banco do Brasil, 163, 172
Banco Inter, 174
Banrisul, 83-84
Barbell strategy, 220
Batista, Eike, 140
Batista, Joesley, 129-30, 207, 232
Berkeley, Universidade da Califórnia em, 66
Berkshire Hathaway, 47, 123, 154-55, 170-71, 259-60, 279
Berlin, Isaiah, 20, 22
Bernanke, Ben, 11
Bernardinho, 72, 257
Best, Pete, 55
Bezos, Jeff, 57, 277
Bogle, Jack, 171
bolhas, 10-11, 46, 48, 50-51, 62, 73, 94, 190, 198, 201

Bolsonaro, Jair, 7, 15, 207-08
Borges, Jorge Luis, 55, 276
Bossa Nova, 187
Bradesco, 132, 141, 161, 172, 228, 232
Brady, Tom, 256-58
Braskem, 120, 159
BRF, 125
Brito, Carlos, 136-37
Brooks, Arthur, 271
Brooks, David, 270
BTG Pactual, 110, 131-32, 161, 268
Buffett, Waren, 42, 44-48, 68-69, 72, 79-80, 105, 110, 117, 121, 123-24, 127, 136, 145, 152, 154-56, 169-71, 175, 179-80, 182, 192, 195, 198, 212, 258-60, 265, 269, 279
Bulhões, Otávio Gouvêa, 187
Bündchen, Gisele, 256
Bush, George (pai), 110
Bush, George W., 13, 15

C

Campos, Roberto, 187, 281
Caraíba Metais, 43
Carrefour, 112, 127-28
Ceticismo, 22, 80, 274
Chamberlain, Neville, 79
Chanos, Jim, 179
Chicago, Universidade de, 40, 45-46, 85, 196,
Churchill, Winston, 79,
cinco forças de Porter, 118-20, 159-60
Clinton, Bill, 110
CNN, 82
Collins, Jim, 137-38
Collor, Fernando, 110, 187

Columbia, Universidade, 43, 96, 145, 152, 172
convexidade, 164-68, 170, 176, 178, 183, 201, 203, 206
Copa do Mundo, 7, 12, 123, 186, 257-58
Cornell, Universidade de, 68-69
coronavírus, 7, 14-15, 183, 211, 217, 236, 269
Correa, Cristiane, 126-27, 278
Cosan, 162
Costco, 155
crise de 1929, 6, 106, 204, 269
crise de 1987, 147
crise de 2008, 51, 94, 188, 217, 236, 269
CSN, 269
culto à carga, 56
CVC, 161

D

Dalio, Ray, 180, 185, 187-88, 192, 203, 219-21, 224, 280-81
Darwin, Charles, 69, 74
day trade, 67, 80, 102
de Ávila, Teresa, 25-26
de Élis, Pirro, 22-23
Deaton, Angus, 261, 263
Deere, John, 116
desconto hiperbólico, 98
Dines, Alberto, 59
Disney, 136, 160
ditadura do argumento, 60-61, 259
ditadura do teste, 61, 259
Dodd, David, 145
Dólar, 9, 21, 70, 103-05, 121, 167, 175, 182, 200, 202-03, 213-14, 221, 224-27, 230-31

Dornbusch, Rudi, 142
Dorsey, Jack, 82
Dunning-Kruger, efeito, 68
Dweck, Carol, 254-55, 282
Dynamo, 43, 97-98, 135-36, 143

E

Easyinvest, 174
efeito dinheiro da casa, 76
efeito halo, 77-79
ego, 12, 66, 71-73, 89, 175, 182, 238
Empiricus, 29-32, 173-74, 199, 202, 220
Empiricus, Sextus, 23, 275
Equatorial Energia, 62
erros, tipos de, 247
Esteves, André, 110, 131
Experimento do Marshmallow, 99-102

F

Facebook, 21, 125, 141
falácia da narrativa, 51, 57, 277
falseacionismo, 28
Fama, Eugene, 40-46, 50-51, 62
Fed, 10-11, 187, 189, 225
felicidade, 55, 76-77, 235, 238, 260-64, 282
Ferdinando, Francisco, 15
Ferman, Dório, 191
Fernandes, Millôr, 15
Feynman, Richard, 8, 56, 190, 195-96, 274
FGV, 67, 101
Fiat, 114

finanças comportamentais, 48, 86, 88, 196
fintechs, 158, 173, 229
Fisher, Irving, 269
Fisher, Philip, 110, 114, 130, 152
fluxo de caixa descontado (FCD), 163, 285, 288, 292-93
Folha de S. Paulo, 114, 130
Ford, Henry, 115
Fraga, Armínio, 203
Framing, 53
Freud, Sigmund, 20
fundos imobiliários, 102, 105, 215, 221, 227-29
fundos passivos, 47, 171, 230
Furia, José Carlos, 250

G

Galbraith, John Kenneth, 15
Galló, José, 135-36, 161
Garantia, 132
Gates, Bill, 70, 81-82
Gaúcho, Renato, 24
Gaúcho, Ronaldinho, 257
GE, 70, 216
Gerdau, 130
Giambiagi, Fabio, 280-81
Giannetti, Eduardo, 54, 149, 276-77
Gigerenzer, Gerd, 86-88
Gilbert, Daniel, 55-56, 276
Gilberto, João, 187
Gladwell, Malcolm, 79, 81, 152, 277, 279
Goldman Sachs, 67
Google, 21, 44, 81, 113, 115, 142, 158, 278

Graham, Benjamin, 43, 145-48, 152, 155, 279
Greenblatt, Joel, 162, 172, 280
Greenspan, Alan, 10-11, 49, 116, 189, 274, 278

H

Harris, Sidney, 150-51
Harvard, 11, 55, 110, 118, 138, 145, 148, 271
Hayek, Friedrich, 38
Heineken, 116
Helbor, 136
hipótese dos mercados eficientes, 41, 44-46, 61, 63, 97, 200, 276
Hitler, Adolf, 6, 79, 80
home bias, 229-30
HP, 82
HRT Petróleo, 160, 286
Hussein, Saddam, 58

I

IBM, 82
ilusão da superioridade, 65
imóveis, 102-03, 105-06, 131, 183, 189, 199, 227-28
insider trading, 41-42, 147
Instagram, 141
intuição, 18, 152-54, 157, 177, 279
inveja da física, 59
IPOs, 136, 158, 198-99
IRB, 161
Ismail, Salim, 141
Itararé, Barão de, 129
Itaú, 48-50, 121, 129, 135, 141, 157, 160, 163, 172-74, 182, 201, 228-30, 232
Izquierdo, Ivan, 54-55, 276

J

Jakurski, André, 147, 246-47, 268
JBS, 120-21, 129-30, 160
Jensen, Michael, 45-46, 167
Jereissati Neto, Jean, 116
Jobs, Steve, 81-82, 196, 277
Jong-un, Kim, 6
Jordan, Michael, 256

K

Kahneman, Daniel, 74, 77-78, 82, 85, 100-01, 153, 234-35, 261, 263, 277
Kalanick, Travis, 82
Kelly, John Larry, 181
Keynes, John Maynard, 49, 97, 202
Kiss, André, 30
Klink, Amyr, 250, 282
Kodak, 138, 141
Kraft Heinz, 155

L

Lacta, 123
Lauda, Niki, 243-45, 281
Lazari, Octavio de, 132
Leão XIII, 245
Lego, 138
lei dos grandes números, 96, 177, 180
Leite, Eduardo, 83
Lemann, Jorge Paulo, 110, 126-28, 132, 140, 269, 278
Levi, Primo, 263, 282
Levy, Joaquim, 202
Lisboa, Marcos, 202
Lo, Andrew, 101

London School of Economics, 28
LTCM, 11-12, 274
Lula da Silva, Luiz Inácio, 94, 110, 130, 187, 208
Luther King, Martin, 196

M

Macunaíma, macunaímicos, 205
Magalhães, Zeca, 147
Magazine Luiza, 158, 160, 229
Malan, Pedro, 9
Malone, Michael, 141
Mappin, 135
Maquiavel, 77
Markowitz, Harry, 212, 214, 216, 219, 227, 281
Marks, Howard, 175, 191-94, 196-97, 200, 203, 209, 217, 253, 280
Mauboussin, Michel, 96
McCloskey, Deirdre, 61, 276
McCormick, Cyrus, 116
McKinsey, 123, 131-32, 142
McNealy, Scott, 81
memória, 54-55, 276
Merton, Robert, 11
Mesbla, 135
Mesquita, Caio, 29
mindset de crescimento, 194, 254-55
MIT, 101, 142
Montaigne, Michel de, 18, 22, 274
Munger, Charlie, 69, 110, 117, 141, 152, 155, 259
Musk, Elon, 140-41, 160, 278

N

Nantes, Bia, 31
Natura, 159-60
Netflix, 21, 112, 159, 251
Newton, Isaac, 26, 60, 72-73, 297
Nietzsche, Friedrich, 24, 245, 249, 275
niilismo, 24
Nova Matriz Econômica, 188, 203, 206, 208, 280
Nubank, 173-74

O

Oaktree, 191
Odean, Terrance, 66
Odebrecht, 130, 133-34, 161
Odebrecht, Norberto, 133
OGX, 160
Oi, 74, 123, 130, 135, 160
Olsen, Ken, 16
opções de venda, 230-33, 237
Orwell, George, 81, 168
ouro, 14, 103-05, 109, 200, 212-14, 221, 224-25, 227, 229, 231, 269
outsiders, 195-96

P

P&D, 114-17, 120, 134, 158
PAEG, 187
PagSeguro, 113, 173
Palocci, Antonio, 202
Pão de Açúcar, 112, 155
Parreira, Carlos Alberto, 248
Patricio, Miguel, 128
Pereio, Paulo César, 69
Pink Floyd, 23
Plano Collor, 27, 187

Plano Cruzado, 39, 94, 275
Plano Real, 94, 187, 203, 268
Pölzl, Klara, 5
Popper, Karl, 26-28, 275
Porter, Michael, 110, 118-19, 159
Portugal, Murilo, 202
Prata, Antonio, 262, 282
presunção da verdade, 79-80
Primavera Árabe, 16
primeiro teorema do bem-estar, 40

R

racionalidade ecológica, 87
Raia Drogasil, 229
Raskob, John, 106
reflexividade, 61, 151
Reinhart, Carmen, 190, 280
Renner, 135, 157, 159-61, 178, 229
República Velha, 38
Resende, André Lara, 59
retórica, 21, 60-61, 65, 71-72, 233, 259
Rodrigues, Nelson, 17, 37
Rogoff, Kenneth, 190, 280
Roosevelt, Theodore, 22
Rosa, Guimarães, 156, 282
Rosenzweig, Phil, 138-39, 160, 278
Rothschild, Nathan, 192
Rousseff, Dilma, 32, 94, 110, 172, 187-88, 202, 207-08
Rumsfeld, Donald, 13-15
Russell, Bertrand, 270

S

Sabesp, 111, 114
Sadia, 182
Sallouti, Roberto, 110, 132
Samuelson, Paul, 269
Santander, 172-74, 228
São Paulo (santo), 271
Sarney, José, 39
Schmidt, Eric, 81, 278
Scholes, Myron, 11
Schopenhauer, Arthur, 25
Schroeder, Alice, 145, 279
See's Candies, 117, 121, 123
Serginho, 44
Serra, José, 118
Setubal, Roberto, 129
Shakespeare, William, 32
Shiller, Robert, 46, 48, 51, 62, 85, 276
short selling, 179
Siegel, Jeremy, 103, 105-06, 277
Simons, Jim, 48
Sinclair, Upton, 98
sistema de preços, 35, 37-38
Skidelsky, Robert, 245, 282
skin in the game, 22
Smith, Adam, 35, 38, 66, 69
SoftBank, 17
Son, Masayoshi, 17-18
Soros, George, 26-28, 61, 151, 154, 195, 200-01, 203, 275
South Sea Company, 72-73
Spitznagel, Mark, 231, 234
Steinbruch, Benjamin, 269
Stone, 173
Stone, Brad, 57, 277
Stuhlberger, Luis, 27, 50, 221
Sun Microsystems, 81
Suzano, 118

T

Taleb, Nassim, 23, 32, 58, 68, 87, 167, 169, 174, 195, 203, 215, 220-21, 230-31, 234-35, 238, 273, 279
Tarpon, 147
Telles, Marcel, 110, 131
Temer, Michel, 207-08, 232
teoria do caos, 16
Tetlock, Philip E., 8, 274
Thaler, Richard, 46, 48, 51, 76, 85, 196, 276
The Agora, 31
The Beatles, 55-56
The New York Times, 12, 51, 114, 254
Thorndike, Edward, 78
títulos públicos, 106, 217, 221-24
Tolstói, Live, 5
Trabuco, Luiz Carlos, 133
turnarounds corporativos, 53, 124-25, 163, 229
Turner, Ted, 82
Twitter, 82

U

Uber, 82, 119, 125
Ultrapar, 229
Unilever, 115, 158
unknown unknowns, 13-15
UOL, 113

V

Vale, 118, 191, 218, 236
Valls, Pedro, 101
Vampeta, 12
van Geest, Yuri, 141
Varella, Drauzio, 55, 244, 281

viés da autoconveniência, 74, 245
viés de confirmação, 74
viés de retrospectiva, 51, 53, 80-81, 84, 138
viés do sobrevivente, 82, 84, 137
volatilidade, 162, 214-18, 224, 228, 250-52, 254
Volcker, Paul, 187

W

Walmart, 110, 117, 127-28, 278
Walton, Sam, 110, 127-28, 278
Waters, Muddy, 179
Welch, Jack, 70, 278
WeWork, 17-18, 125
Wichmann, Artur, 27-28
Williams, John Burr, 148, 281
Wilson, Edward O., 36
WYSIATI, 78-79

X

Xerox, 82
XP, 30, 158, 173-74, 221

Y

Yale, Universidade, 46, 85, 270
YouTube, 113, 258

Z

Zico, 12
Zuckerberg, Mark, 82

FELIPE MIRANDA é sócio-fundador e estrategista-chefe da Empiricus, onde escreve a newsletter Day One e comanda as séries Palavra do Estrategista e Carteira Empiricus. É economista pela USP e mestre em finanças pela FGV. Trabalhou no Deutsche Bank e na empresa de private equity Monitor Clipper.

RICARDO MIOTO é jornalista e diretor de comunicação da Empiricus. Foi repórter e editor da *Folha de S. Paulo* e, como sócio da FSB, consultor de comunicação de clientes multinacionais como McKinsey e Twitter. É autor do livro *Breve história bem-humorada do Brasil*.

1ª edição	OUTUBRO DE 2020
impressão	SANTA MARTA
papel de miolo	OFFSET 75G/M²
tipografia	MALAGA